文化创新发展实践丛书

刘洪一 主编

以文化人

学生思想政治工作成果集萃

姜慧颖 程浩 主编

中国社会科学出版社
南开大学出版社

图书在版编目（CIP）数据

以文化人：学生思想政治工作成果集萃／姜慧颖，程浩主编．—天津：南开大学出版社；北京：中国社会科学出版社，2020.12
（文化创新发展实践丛书／刘洪一主编）
ISBN 978-7-310-06099-3

Ⅰ．①以… Ⅱ．①姜…②程… Ⅲ．①大学生—思想政治教育—中国—文集 Ⅳ．①G641-53

中国版本图书馆CIP数据核字(2021)第013837号

版权所有　侵权必究

以文化人
学生思想政治工作成果集萃
YI WEN HUA REN
XUE SHENG SI XIANG ZHENG ZHI GONG ZUO CHENG GUO JI CUI

南开大学出版社
中国社会科学出版社　出版发行

出版人：陈　敬　赵剑英
地址：天津市南开区卫津路94号　邮政编码：300071
营销部电话：(022)23508339　营销部传真：(022)23508542
http://www.nkup.com.cn

北京君升印刷有限公司　全国各地新华书店经销
2020年12月第1版　2020年12月第1次印刷
240×170毫米　16开本　20.25印张　245千字
定价：99.00元

如遇图书印装质量问题，请与本社营销部联系调换，电话：(022)23508339

深圳大学
《文化创新发展实践丛书》
编委会

主　任：刘洪一

副主任：范志刚

委　员：戴纪峰　陈家喜　袁　磊　程其明
　　　　张革华　汪永成　傅鹤鸣　陈洪静

新时代大学文化建设的问题背景与实施路径（代序）

刘洪一

习近平总书记在党的十九大报告中提出，文化自信是一个国家、一个民族发展中更基本、更深沉、更持久的力量。大学文化也是一所大学最本质的标识和最深层的内核。缺乏文化自信的民族难以立足于世界民族之林，缺乏鲜明文化标识的大学也必然难以成为世人尊敬的好大学。在推进新时代中国高等教育的快速发展过程中，必须高度重视大学文化建设。

一　新时代要强调大学文化建设

进入新时代以来，伴随"双一流大学"的建设进程，中国高等教育也取得快速进步。不论是高校数量及在校生规模、高校科研人员数量及学术论文发表篇数，还是中国高校的国际排名，都得到显著提升。据统计显示，中国高等教育毛入学率超过世界平均水平，高校毕业生位居世界第一；高校承担国家自然科学基金面上项目接近80%，产生哲学社会科学成果占全国80%以上。

中国已经从高等教育的小国成长为高等教育的大国，也正在向高等教育的强国迈进。然而，在看到这些成绩的同时，我们也必须清醒地认识当前中国高等教育所面临的深层次问题。在有的高校，存在竞技化、功利化、碎片化等现象，教师队伍底线意识缺失。有的高校，在发展中重数量轻质量、重科研轻教学、重规模轻内涵、重智育轻德育、重业务轻党建。

大学文化建设不仅有助于塑造一所大学独特的气质和灵魂，还有助于矫治当前高等教育领域出现的诸多问题。通过大学精神、立德树人、师德师风、学术文化以及政治文化建设等具体文化建设，有助于纠正当前高校发展中的急功近利、追求速度规模忽视质量效益等现象，推动新时代高等教育的健康发展。基于上述认识，深圳大学于2017年9月出台《深圳大学文化创新发展纲要》，提出大学文化建设的"十大工程"，致力于将深圳大学建成文化自信的"排头兵"、文化立校的典范、城市文化的风标和先进文化的策源地，努力打造一所"有灵魂的大学"。深圳大学于2018年7月的第五次党代会又提出"文化引领、创新驱动、内涵发展"发展理念，努力争取在大学文化创新发展方面作出特区高校的探索。

二 以大学文化建设为动力 落实立德树人根本任务

习近平总书记指出："要把立德树人的成效作为检验学校一切工作的根本标准，真正做到以文化人、以德育人。"以文化人与以德育人是相互融通和协同互促的关系。通过大学精神的传承和弘扬，大学育人氛围的培育和塑造进而实现以文化人、以文育人的目标任务。

大学文化是一所大学的深层内核，而大学精神又是大学文化的深层内核。大学精神是一所大学经过历史积淀而形成的独特气质，是一所大学的灵魂所在，对于广大师生具有强烈的感召能力和潜移默化的教育效果。深圳大学把凝练和践行大学精神作为立德树人的重要途径。通过开展"深大精神"系列主题辩论赛，让"自立自律自强"的校训精神深入广大师生；将"脚踏实地、自强不息"的办学理念与学院办学育人特色相结合凝练学院精神。通过创设独具特色的典礼制度来更好地传承大学精神，在学校重要活动的仪式和程序体现大学精神内涵，增加活动的庄重感和荣誉感。通过开展践行大学精神的系列活动，组织多层次主题讨论、学科竞赛、文艺展演、学术沙龙、座谈研讨、名师访谈和校史梳理等活动，让深大精神内化于心外化于形，增进师生的归属感和认同感。

构建全方位的育人环境是高校立德树人的重要途径。构建全方位的育人环境需要发挥课堂教学、典型示范、社会实践、志愿服务、社会协同的综合效应，需要将核心价值、思政教学、素质教育有机结合起来。深圳大学实施"荔园树人"工程、"青年马克思主义者"培养工程，开展"我的中国梦——立志修身博学报国"主题教育系列活动、"自立、自律、自强"主题升旗仪式等活动来践行社会主义核心价值观。将思政课教学与校园文化活动、社区建设等校园实践紧密结合，与双休日及暑期社会实践、志愿者服务等社会实践无缝对接，将思政小课堂拓展到社会大课堂。作为"全国深化创新创业教育改革示范高校"，深圳大学将创新创业教育全面纳入人才培养计划，牵头组建"中国地方高校深创联盟"、深港大学生创新创业基地等协同育人平台，常态化开展创新创业主旋律活动，为社会培养创新创业人才。

三 以大学文化建设为路径 推进内涵式发展

内涵式发展要求高等教育领域摒弃片面追求速度、规模，乃至急功近利的发展模式，聚焦高等教育立德树人的初心本位。内涵式发展既要求中国高等教育发展理念及时转变，也要求各高校及时调整发展路径模式。推动高校朝向内涵式发展的路径转变，尤其需要突出师德师风、学术文化和高校党建等项工作的建设。

良好的师德师风要求教师具有高尚的情怀、清正的节操、卓越的学识，要关心学生热爱讲台，让讲台成为教师人生出彩的大舞台，也要求引导广大教师以德立身、以德立学、以德施教。深圳大学构建师德师风档案、行师德师风一票否决制；同时，把师德规范要求融入人才引进、课题申报、职称评审、考核晋升等各环节。密切师生关系，通过"书记下午茶"、"校长午餐会"、"每月一席谈"、学生顾问团等制度渠道，不断提升广大同学参与学校民主管理的积极性。升级"聚徒+"教育模式，通过"聚徒+创研"、"聚徒+实践"、"聚徒+创客"和"聚徒+悦读"四大模块，以"师带徒"模式提供师生直接交流的平台，实现学术经验传承。

学术文化的导向决定着学术创新的方向和结果。破除当前高校科研出现的泡沫化、竞技化和功利化取向，需要倡导顶天立地育人的学术文化，即以服务国家战略和社会需求为宗旨，突出源头创新，强化经世致用，注重科学研究与人才培养紧密结合。鼓励原创性研究，摒弃跟班式、无病呻吟式研究；鼓励研以致用，摒弃沽名钓誉式、学术泡沫式研究；鼓励潜心治学，反对急功近利型、唯利是图型研究。深圳大学围绕大数据、光电工程、脑科学等形成重大科研团队，组织协同集成攻关，力求基础原创突破。学校还与八个地方政府建立集约型科技成果孵化平台，将高校科研成果第一时间集中投放到产业发展的最前端，着力发挥对区域产业创新驱动的引擎作用；与腾讯、华为等顶尖企业签订合作协议，开展前沿项目攻关、共建重点实验室，设立研究生校外实践基地等，形成在技术创新、项目开发、人才培养等领域的全方位深度合作。深圳大学提倡将科研成果转化成教学内容，要求所有教授为本科生上课，各级各类实验室都必须向本科教学开放，促进科研与教学的深度融合。

政治文化建设是大学文化建设的重要组成，也是高校内涵式发展的保障。习近平总书记在全国教育大会上指出，"各级各类学校党组织要把抓好学校党建工作作为办学治校的基本功，把党的教育方针全面贯彻到学校工作各方面"。社会主义的办学方向要求高校必须贯彻党委领导下的校长负责制，明确党委管党治党、办学治校主体责任。深圳大学着力加强政治文化建设，以制度建设为中心，健全校党委校行政议事规则，健全学院（部）党政联席会议规则；推动党建工作常态化制度化，认真开展党委常委会、理论中心组学习、基层党组织书记例会、基层党建书记项目、基层党建工作述职评议等各项党建工作。健全学院（部）集体领导、党政分工合作、协调运行的工作机制，强化学院（部）党政领导班子"党政同责"和"一岗双责"意识，把党建工作责任制落实落细。扎实推进"双带头人"培育工程，设立"双带头人"教师党支部书记工作室；做好基层党组织书记党建述职评议考核，开展"书记项目"和党建研究课题，把高校党建工作做实做细。

四 突出虚功实做，扎实推进大学文化建设落地生根

大学文化内涵的积淀、传承与创新非一日之功。与高校的科研、教学、招生等工作相比，大学文化建设往往被视为相对软性和虚空的工作。在具体推进大学文化建设过程当中，需要关注具体的策略和路径，否则极易流于形式和口号，难以取得切实的成果。

突出系统设计，把大学文化建设融入办学治校的全过程整体推进。大学文化不等同于大学精神，它有着更为宽泛的内涵，是管党治党、办学治校的顶层设计与宏观规划，应当渗透大学治理的各个层面。深圳大学将大学文化建设作为一条主线，贯穿于大学精神与立德树人、师德师风与学术文化、校友文化与环境文化、社科与艺术、党建工作与思政工作等具体文化建设内容，成为指导各项工作的核心理念。大学文化建设统筹教师与学生、教学与科研、文科与理科，让广大师生和各院系广泛参与到文化建设当中来。

细化项目实施，扎实推进大学文化建设。大学文化建设必须有虚有实，有理念有规划，有措施有结果，需要虚功实做，把"软指标"变成"硬约束"。要善于把大学文化建设通过项目化的方式加以分解实施，要广泛动员机关处室、各个学院和广大师生共同参与，努力营造浓厚的文化建设氛围。自2017年9月《深圳大学文化创新发展纲要》出台以来，全校各部门、各学院凝心聚力，紧抓落实，协同推进。学校将大学精神、立德树人、师德师风、学术文化、人文社科、艺术体育、校友文化、环境平台、文化传播、政治文化等"十大文化工程"分解为35项基本任务、191项具体任务，落实到全校50家文化建设单位。每项工

程都沿着"出发点/着眼点—路径/方略—目标/愿景—举措抓手"的逻辑次序演进和实际工作部署，从"虚"（理念）出发，以"实"落地，以项目化管理方式驱动达成任务目标。此外，深圳大学还加强对文化建设项目明确的考核要求和绩效评价，年初签订建设责任书，年中、年末分别进行项目建设评估，将文化建设的战略目标、任务和动力传导到各承建单位；将各单位文化创新绩效评估结果与年终绩效、资源配置和领导班子任职考核挂钩，强化责任意识和执行力，确保文化建设的成果实实在在。

进入新时代，党和国家对高等教育发展提出新的更高要求。作为"特区大学、窗口大学、实验大学"，深圳大学应不负使命，在发展的过程中始终坚持立足特区、放眼全国、面向世界。当前，深圳大学迎来了粤港澳大湾区建设和深圳建设中国特色社会主义先行示范区的历史发展契机，正朝着建设与"双区"相匹配的高水平大学迈进。深圳大学将坚持文化引领、创新驱动、内涵发展，以一流的大学文化引领和贯穿建设人民满意的高水平特区大学建设发展全过程。

深圳大学《文化创新发展实践丛书》是对《深圳大学文化创新发展纲要》实施两年来的成果回顾和理论总结。其中，《荔园记忆：深圳大学建设者访谈录》是对深大建校历史的追根溯源，《荔园红旗：高校党的全面领导实践探索》着眼于高校党建的薪火相传；《以文化人：学生思想政治工作成果集萃》反映立德树人的初心坚守，《荔园师说：研究生导师文化解读》展开师德师风价值对话；《立德树人：德育课情境模拟实验创新研究》是对思政课主渠道的鲜活创新，《双创领航：创新创业教育改革路径探析》是对创新创业教育的崭新探索，《让梦起飞：学生辅导文化剪影》是为青年学子搭建梦想舞台。深圳大学《文化创新发展实践丛书》对落实立德树人、推进内涵发展、巩固党对高校领导等重要问题做了深入调研和理性思考,对于推动新时代大学文化建设、矫治高等教育发展深层问题,具有较强的现实意义和理论价值,希望能为广大读者提供一定的启发和借鉴。

2020 年 6 月

序 言
立德树人是教育的初心

杨移贻

教育不仅仅是一个家庭或个人的大计，更是国之大计、党之大计。我们党和国家一贯重视教育，把培养德智体美劳全面发展的社会主义建设者和接班人作为我们的教育方针。党的十八大以来，习近平总书记多次主持会议审议教育重大议题，深入基层考察，与师生座谈，作出重要指示，发表重要讲话，提出了一系列关于中国特色社会主义教育的新理念、新思想、新战略。今年9月10日，习近平总书记在全国教育大会上发表重要讲话，从党和国家事业发展全局的战略高度，系统总结了我国教育事业发展的成就与经验，深刻分析了教育工作面临的新形势新任务，对加快推进教育现代化、建设教育强国、办好人民满意的教育作出了全面部署。习近平总书记的重要讲话立意高远、内容丰富、思想深邃，为新时代教育事业发展指明了方向、提供了根本遵循。身处改革开放前沿的深圳大学，要认真学习领会和贯彻落实习近平总书记重要讲话精神，以习近平新时代中国特色社会主义思想为指导，准确把握教育事业发展面临的新形势新任务，牢牢抓住"立德树人"这一根本，努力培养社会主义建设者和接班人，把深圳大学建设成为新时代人民满意的高水平特区大学。

党的十八大报告中明确了我们党和国家的基本教育方针是：坚持教育为社会主义现代化建设服务、为人民服务，把立德树人作为教育的根本任务，培养德智体美全面发展的社会主义建设者和接班人。这是第一次把"立德树人"作为教育的根本任务写入我们的教育方针，具有十分深远的指导和引领意义。立德树人是教育的初心，特别是我们党和国家发展教育事业的初心。用学术化的语言来说，立德树人是教育的逻辑起点；用通俗的话来说，立德树人是我们教育的出发点和归宿。

什么是教育？教育的本质是什么？教育的任务和目的是什么？教育是人类一代又一代的文化传承，是在一定的社会背景下开展的促使个体社会化的实践活动，它以影响人的身心发展为直接目的。作为现代社会最主要的教育途径，学校教育是教育者依据一定的价值标准，按照法律法规、行业规范和学校条件，有目的、有计划、有系统、有组织地对受教育者的心智发展进行教化培育。换句话说，教育是根据一定社会的现实和未来的需要，遵循年青一代身心发展的规律，有目的、有计划、有组织、有系统地引导受教育者陶冶思想品德、确立价值观念、形成健全人格、获得知识技能，发展智力和体力的一种活动，以便把受教育者培养成为适应一定社会（或一定阶级）的需要和促进社会发展的人。因此，教育的初衷、本质和目的就是"立德树人"。立德，就是使受教育者确立世界观、人生观和价值观，形成符合社会规范和发展需要的思想品德；树人，就是将受教育者培养成为人格健全、身心健康、具备一定知识和技能、有利于个体发展和社会

序言：立德树人是教育的初心

进步的全面发展的人。

教育就是培养人，而培养什么人，是教育的首要问题。我国是中国共产党领导的社会主义国家，这就决定了我们必须把"立德树人"这一根本任务落实到培养社会主义建设者和接班人上来，去培养一代又一代拥护中国共产党领导和我国社会主义制度、立志为中国特色社会主义奋斗终生的有用人才。继党的十八大报告首次将"立德树人"确立为教育的根本任务，党的十九大报告进一步指出，要"落实立德树人根本任务"，"培养德智体美全面发展的社会主义建设者和接班人"。让广大青少年学生既有真才实学，又不断增进个人道德修养、社会担当、家国情怀，这样才能有益于国家、有益于社会、有益于个人，才能为中华民族伟大复兴提供强大的人才保障。

在最近召开的新时代第一次全国教育大会上，习近平总书记发表重要讲话，对教育工作进行了全面系统的阐述和部署，这在我国教育发展史上具有里程碑意义，必将推动我国教育事业跨上一个新的台阶。习近平总书记强调教育是国之大计、党之大计，提出培养德智体美劳全面发展的社会主义建设者和接班人，明确以凝聚人心、完善人格、开发人力、培育人才、造福人民为工作目标，提出扭转教育评价导向、深化教育改革等重要举措，特别是将新时代中国特色社会主义教育理论体系概括为"九个坚持"，标志着对我国教育事业的规律性认识达到一个新的高度。

高等教育是教育金字塔的顶端。习近平总书记在教育工作会议讲话中指出：我国高等教育肩负着培养德智体美劳全面发展的社会主义事业建设者和接班人的重大任务，必须坚持正确政治方向。高校立身之本在于立德树人。只有培养出一流人才的高校，才能够成为世界一流大学。办好我国高校，办出世界一流大学，必须牢牢抓住全面提高人才培养能力这个核心点,并以此来带动高校其他工作。这是我们建设新时代人民满意的高水平大学的指路明灯。

立德树人是教育的初心。不忘初心,牢记使命,砥砺前行,教育才能健康发展。

立德树人是教育的根本任务,教书育人则是教师的根本职责。"百年大计,教育为本;教育大计,教师为本。"教师是教育发展的第一资源,建设一支宏大的高素质专业化教师队伍,是办好教育最为重要的基础工作。习近平总书记高度重视教师队伍建设,党的十八大以来,他曾多次致信教师,真情真意,流露笔端。"三寸粉笔,三尺讲台系国运;一颗丹心,一生秉烛铸民魂。"这是习近平总书记对广大教师的赞誉,更是对教师职业提出的要求与期待。他提出了"四有"好老师、"四个引路人"、"四个相统一"等一系列要求,为教师队伍建设指明了方向。他殷切希望广大教师"学为人师,行为世范,做学生健康成长的指导者和引路人","努力做教育改革的奋进者、教育扶贫的先行者、学生成长的引导者"。

在这次教育大会上,习近平总书记又深刻指出:教师是人类灵魂的工程师,是人类文明的传承者,承载着传播知识、传播思想、传播真理,塑造灵魂、塑造生命、塑造新人的时代重任。要把全面加强教师队伍建设作为一项重大政治任务和根本性民生工程,建设一支政治素质过硬、业务能力精湛、育人水平高超的高素质教师队伍。要把师德师风作为评价教师队伍素质的第一标准,健全师德师风建设长效机制。实施教师教育振兴行动计划,提高教师专业素质能力。他勉励广大教师:人民教师无上光荣,每个教师都要珍惜这份光荣,爱惜这份职业,严格要求自己,不断完善自己。做老师就要执着于教书育人，有热爱教育的定力、淡泊名利的坚守。

高校加强教师队伍建设，将其作为基础工作来抓，要从教师思想建设入手，把师德师风建设摆在首位。要使每一位教师有理想信念、有道德情操、有扎实学识、有仁爱之心，视教书育人为天职，成为学生完善人格、学习知识、创新思维、奉献祖国的典范和引路人。习总书记对教师爱之切切，言之谆谆，寄予无限的期望。广大教师要认真学习习总书记讲话内容，深刻领会精神实质，要以习近平新时代中国特色社会主义思想为指导，坚持中国特色社会主义教育发展道路，以教书育人为天职，以立德树人为根本任务，努力为新时代教育发展贡献智慧和力量。

立德树人，首先是立德。国无德不兴，人无德不立。立德，就要着重开展思想道德、历史人文、传统文化、政治取向等方面的教育，"以文化人"。习近平总书记在教育大会讲话中对落实立德树人根本任务做了阐述，强调了6个"下功夫"："培养德智体美劳全面发展的社会主义建设者和接班人，要在坚定理想信念上下功夫，教育引导学生树立共产主义远大理想和中国特色社会主义共同理想，增强学生的中国特色社会主义道路自信、理论自信、制度自信、文化自信，立志肩负起民族复兴的时代重任。要在厚植爱国主义情怀上下功夫，让爱国主义精神在学生心中牢牢扎根，教育引导学生热爱和拥护中国共产党，立志听党话、跟党走，立志扎根人民、奉献国家。要在加强品德修养上下功夫，教育引导学生培育和践行社会主义核心价值观，踏踏实实修好品德，成为有大爱大德大情怀的人。要在增长知识见识上下功夫，教育引导学生珍惜学习时光，心无旁骛求知问学，增长见识，丰富学识，沿着求真理、悟道理、明事理的方向前进。要在培养奋斗精神上下功夫，教育引导学生树立高远志向，历练敢于担当、不懈奋斗的精神，具有勇于奋斗的精神状态、乐观向上的人生态度，做到刚健有为、自强不息。要在增强综合素质上下功夫，教育引导学生培养综合能力，培养创新思维。要树立健康第一的教育理念，开齐开足体育课，帮助学生在体育锻炼中享受乐趣、增强体质、健全人格、锤炼意志。要全面加强和改进学校美育，坚持以美育人、以文化人，提高学生审美和人文素养。要在学生中弘扬劳动精神，教育引导学生崇尚劳动、尊重劳动，懂得劳动最光荣、劳动最崇高、劳动最伟大、劳动最美丽的道理，长大后能够辛勤劳动、诚实劳动、创造性劳动。"这6个"下功夫"十分全面、具体，为我们指明了立德树人的方向和途径，是我们应遵循的圭臬。

　　以文化人是教育的正道。要以文化人，就要增强大学文化软实力。大学是文化建设的单位，本身必须有高的文化站位。一所大学的文化在一定意义上就是这所大学的名片，同时也是立德树人的底蕴。建设新时代人民满意的高水平特区大学，深圳大学要成为有灵魂、敢担当、高质量、有卓越贡献力的大学，就要贯彻落实习总书记"要把中国特色社会主义道路自信、理论自信、制度自信、文化自信转化为办好中国特色一流大学的自信"。要践行社会主义核心价值观，推动中华优秀教育文化的创造性转化和创新性发展，培育具有中国特色、时代精神的大学文化。要积极塑造追求卓越、鼓励创新的文化品格，弘扬勇于开拓、求真务实的学术精神，形成中外互鉴、开放包容的文化气质，传播科学理性与人文情怀，承担引领时代风气和社会未来、促进人类社会发展进步的使命。要以新时代中国特色社会主义文化为指导，建设具有鲜明特色的特区大学文化，以文化创新为引领，激发办学活力，使深圳大学成为文化自信的排头兵、文化立校的典范、先进文化的策源地和旗帜。为此，深圳大学制定和实施了《深圳大学文化创新发展纲要》，重点推进大学精神、立德树人、师德师风、学术文化、人文社科、艺术体育、校友文化、环境平台、文化传播和政治文化等十大文化工程，全面提升大学文化内涵和水平。这本《以文化人：学生思想政治工作成果集萃》，就是实施《深圳大学文化创新发展纲要》中的"立德树人工程"的实践总结。本书有理论探索，又有实践总结，还有工作案例，内容丰富而翔实，对高校学生思想政治工作有传承，有创新，有探索，有发展，是符合习近平总书记关于"立德树人"一系列重要讲话精神的。可以相信，本书将会为深圳大学进一步落实习总书记新时代中国特色社会主义教育思想，推进深圳大学以文化创新引领学校发展，培养一代又一代拥护中国共产党领导和我国社会主义制度、立志为中国特色社会主义奋斗终生的有用人才做出积极贡献。

2018 年 11 月 28 日

目 录

导论 立德树人、以文化人，不断推进高校学生思想
政治工作创新发展……………………………………（1）

第一章 理论探索 ……………………………………（14）

第一节 新形势下高校大学生思想政治工作
探索与研究 ………………………………（14）

第二节 当代大学生成长与成才的若干思考 ………（27）

第三节 习近平新时代中国特色社会主义思想指导下的
高校思想政治工作创新 …………………（36）

第四节 中国优秀传统文化融入大学生思想政治教育的
路径探究 …………………………………（47）

第五节 特区高校基层党组织加强思想政治工作
途径和机制 ………………………………（61）

第六节 论高校辅导员工作的实践智慧及评价体系 ……（83）

第七节 书院制模式下大学生思想政治教育的
创新与实践 ………………………………（95）

第八节　人本回归：高校学生社区育人工作探索……… (106)

第二章　实践育人……………………………………… (117)
　　第一节　坚持立德树人，强化思政教育和价值引领…… (117)
　　第二节　增进资助育人功效，助益学生自立自强……… (129)
　　第三节　倡导助人自助，加强学生心理健康教育……… (155)
　　第四节　团结民族心，扎实做好少数族群学生工作…… (183)
　　第五节　深化"双创"特色，培养高素质创新
　　　　　　创业人才……………………………………… (189)
　　第六节　秉承"以学生为本"，提升学生事务
　　　　　　服务质量……………………………………… (209)
　　第七节　紧贴思想政治工作本质，推进辅导员
　　　　　　队伍建设……………………………………… (218)
　　第八节　践行"三自"校训精神，深入开展
　　　　　　国防教育……………………………………… (235)

第三章　学生工作案例………………………………… (249)
　　第一节　思想政治引领类
　　　　　　——"青春团校·领跑未来"………………… (249)
　　第二节　学生危机处置类
　　　　　　——物理与能源学院构建学生思想政治
　　　　　　　　工作预警体系的探索…………………… (262)
　　第三节　学业规划指导类
　　　　　　——计算机与软件学院学业困难学生帮扶
　　　　　　　　模型构建与实践………………………… (271)

第四节　心理健康教育类
　　　　——用心陪伴，照亮你的"心房" …………（279）
第五节　就业创业辅导类
　　　　——大学生职业辅导常见案例与应对…………（285）

参考文献……………………………………………………（294）

后　记………………………………………………………（300）

导 论

立德树人、以文化人，不断推进高校学生思想政治工作创新发展

一 高校"立德树人"的文化省思

立德树人语意深远，内涵丰富，"立德"语出《左传·襄公二十四年》："大上有立德，其次有立功，其次有立言，虽久不废，此之谓不朽。""树人"语出《管子·权修》："一年之计，莫如树谷；十年之计，莫如树木；终身之计，莫如树人。"立德是树人的基础，树人是立德的目标和价值追求。立德树人是大学立身之本，即培育合格人才、培养健全人格、弘扬人性之善，正如《大学》开宗明义所言："大学之道，在明明德，在亲民，在止于至善"，强调教育的目标在于塑造人格，树立精神，培养德才兼备的人才。古人云："人以德立，邦以德兴；德者，才之帅也。"所谓"立德树人"，不仅是坚持中国特色社会主义办学方向对"培养什么人"做出的选择，亦是大学对育人为本使命的坚守。所以党和国家不仅把"立德树人"写入了有关高等教育改革发展的纲领性文件，而且国家最高领导人对"立德树人"不断加

以强调。党的十八大报告将"立德树人"确定为教育的根本任务。① 此后习近平总书记多次就"立德树人"发表重要讲话。2016年12月,习总书记在全国高校思想政治工作会议上发表重要讲话,明确指出,"高校立身之本在于立德树人……并以此来带动高校其他工作,努力开创我国高等教育事业发展新局面"。② 2017年习近平总书记在党的十九大报告中明确提出要全面贯彻党的教育方针,落实立德树人的根本任务,培养德智体美全面发展的社会主义建设者和接班人。③ 人才培养是高校最重要的责任和使命,习近平总书记强调:"只有培养出一流人才的高校,才能够成为世界一流大学。办好我国高校,办出世界一流大学,必须牢牢抓住全面提高人才培养能力这个核心点,并以此来带动高校其他工作。"④ 习近平总书记指出:"大学之为大,就是在传道授业中引人以大道、启人以大智,使人努力成为栋梁之材。尽管经济社会发展赋予大学不少使命和功能,但大学的根本还是培养人才。"⑤ 大学有多种功能,人才培养是最基本和最本质的功能,大学失去人才培养的功能,就失去存在的可能,也失去了存在的必要。正如英国教育家纽曼在《大学的理念》中明确指出,"如果大学的目的是为了科学和哲学的发现,我不明白为什么大学应该

---

① 胡锦涛:《坚定不移沿着中国特色社会主义道路前进,为全面建成小康社会而奋斗——在中国共产党第十八次全国代表大会上的报告》,人民出版社2012年版。
② 习近平:《把思想政治工作贯穿教育教学全过程 开创我国高等教育事业发展新局面》,《人民日报》2016年12月9日。
③ 习近平:《决胜全面建成小康社会 夺取新时代中国特色社会主义伟大胜利——在中国共产党第十九次全国代表大会上的报告》,人民出版社2017年版。
④ 习近平:《把思想政治工作贯穿教育教学全过程 开创我国高等教育事业发展新局面》,《人民日报》2016年12月9日。
⑤ 《三个"事关"定调高校思政工作:培养社会主义可靠接班人》,2017年10月25日,http://theory.people.com.cn/n1/2017/0228/c40555-29111913.html。

拥有学生"①。大学应把"立什么样的学生","培养什么样的人才"作为统领学校各项工作的基础。大学的所有办学活动,都应围绕人才培养这一中心来展开。保证和提高人才培养的质量,始终是经济社会发展对大学提出的本质要求,也是社会评判高等教育是否满足社会需要的终极指标。

立德树人是大学人才培养的目标和行动指南,也对大学人才培养提出了要求。"立德树人"强调教育的根本对象是人,是培养德才兼备、和谐发展的人,可以讲就是"使人文化"。文以载道,德以化人,欲"使人文化",则需"以文化人",这个"化",就是将"做人"之道、"处事"之道及科学精神、人文精神,渗入到个体,就是用先进的文化铸就思想灵魂,坚定文化自信,培养精神追求。"人是作为文化的存在而存在的",② 大学作为文化场域,"以文化人"是其本然所向,须知"大学是通过文化培养人才的;所谓教书育人、管理育人、服务育人、环境育人,说到底都是文化育人"。③ 所谓文化育人就是以人类创造的丰富精神文化成果来熏陶人、感染人、教化人,这是思想政治教育的重要命题。习近平总书记在全国高校思想政治工作会议上的讲话要求"更加注重以文化人以文育人"。他指出:"文化滋养心灵,文化涵育德行,文化引领时尚。加强高校思想政治工作,要注重文化浸润、感染、熏陶,既要重视显性教育,也要重视潜移默化的隐性教育,实现入芝兰之室久而自芳的效果。"在全国教

---

① 约翰·亨利·纽曼:《大学的理想》,徐辉等译,浙江教育出版社2001年版,第1页。
② 石中英:《人作为人的存在及其教育》,《北京大学教育评论》2003年第4期,第20—23页。
③ 袁贵仁:《加强大学文化研究 推进大学文化建设》,《中国大学教学》2002年第10期,第4—5页。

育大会上，习近平总书记再次要求，坚持以美育人、以文化人，提高学生审美和人文素养。① 人是活生生的生命体，有思想、有情感、有个性、有自己的精神世界。正如马克思所说："全部人类历史的第一个前提无疑是有生命的个人的存在。"② 当代教育的重要使命就在于，在全面发展、个性发展基础上充分发挥人的潜能，培养具有主体意识，富有社会责任感、创新精神和实践能力的自由人，而这正是立德树人的主旨所在，即以人为出发点，以人为归宿点，以人贯穿于各个方面及其始终。大学生既要成才，又要成人。要成才，先成人；要成人，先育德，这不仅是我国历代教育家共同遵循的教育理念，更是教育者的神圣使命，还是受教育者追求自我发展的根本目标。正如爱因斯坦所说："用专业知识教育人是不够的，通过专业教育，他可以成为一种有用的机器，但是不能成为和谐发展的人。要使学生对价值有所理解并且产生热烈的感情，那是最基本的，他必须获得对美和道德上的'善'的鲜明的辨别力。否则，他——连同他的专业知识——就更像一只受过很好训练的狗，而不像一个和谐发展的人。"③ 高校开展大学生教育的目标是培养高素质的人才。高素质的人才不仅需要具备良好的科学文化素质，更需要具备良好的道德品格素养。培养新时代大学生，要弘扬新风正气，以崇德向善的文明环境熏陶人、塑造人，要广泛弘扬中华优秀传统文化，营造良好的文化宣传氛围，树楷模、立榜样、扬先进，引导当代大学生确立正确的世界观、人生观和价值观，要明确新时代、新形势下人才

---

① 习近平：《坚持中国特色社会主义教育发展道路 培养德智体美劳全面发展的社会主义建设者和接班人》，《人民日报》2018年9月11日。
② 《马克思恩格斯文集》（第1卷），人民出版社2009年版，第519页。
③ 《爱因斯坦文集》（第3卷），商务印书馆1979年版，第310页。

培养的特点和规律,坚持立德树人、以文化人,切实提高当代大学生的思想觉悟、道德水准和文明素养。

二 新时代高校"立德树人"的新要求

大学应该培养什么样的人才?这是每个大学必须深入思考的核心问题。中国特色社会主义进入新时代,对我国青年教育工作提出了更高的要求,也对中国"培养什么样的青年"提出了更高的标准。党的十八大以来,以习近平同志为核心的党中央就"新时代培养什么样的青年"这一重要课题进行了长期的理论探索,提出"三有"青年的培养目标。党的十九大明确提出"青年兴则国家兴,青年强则国家强。青年一代有理想、有本领、有担当,国家就有前途,民族就有希望"。有理想、有本领、有担当的"三有"青年作为一个有机整体写进了党的重大报告,这是以习近平同志为核心的党中央站在新时代的历史方位对"培养什么样的青年"这一重大课题作出的深刻回答。因此,培养以中华民族伟大复兴为己任的有理想、有本领、有担当的时代新人,就是对当前高校立德树人新的时代要求。这既是实现中华民族伟大复兴历史任务的需要,也是中国特色社会主义进入新时代赋予大学生的全新时代使命。时代给予大学生更加广阔的实践舞台,大学生有责任,也完全有能力在不懈奋斗中创造属于自己、属于中华民族的美好未来。

"有理想"是立德树人的价值指向,指明当代大学生"要往哪里去""为什么要去"的方向性、目的性问题。青年学生是一

---

① 习近平:《决胜全面建成小康社会 夺取新时代中国特色社会主义伟大胜利——在中国共产党第十九次全国代表大会上的报告》,人民出版社2017年版,第70页。

个昂扬向上的群体,他们是不是有坚定的理想信念,是不是有追求有情操,直接关系着中国特色社会主义事业的推进。习近平总书记首次点评"95后"大学生:"现在高校学生大多是'95后',再过两年,新世纪出生的青少年也将走进高校校园。他们朝气蓬勃、好学上进、视野宽广、开放自信,是可爱、可信、可为的一代。"① 习近平总书记寄语广大青年,"广大青年一定要坚定理想信念。'功崇惟志,业广惟勤。'理想指引人生方向,信念决定事业成败。没有理想信念,就会导致精神上'缺钙'"。当今世界各种思想文化相互激荡、多元并存,后现代主义、新自由主义、历史虚无主义等社会思潮给大学生的思想认知、价值判断带来极大的负面影响。相当一部分大学生的理想信念趋于低层次化、个人化,倾向于工具性而非价值性,个人理想与社会理想相脱离。北京大学钱理群教授对育出之人的"空心化和功利化"提出批评,他认为我们的一些大学正在培养一些"精致的利己主义者",当下教育培养出的人不论是眼光还是格局都只局限在个人的小圈子中:他们不谈道德情怀,只重眼前的实利;没有精神追求,只拘囿于追逐世俗化的潮流。② 如果教育不能正本清源,发挥育人的引领作用,那么整个社会的风气都将被利益湮没,又何谈所育之人能对社会、对国家、对人类有所贡献呢?习近平总书记强调青年人要"是非明,方向清,路子正",就是要青年人明确自己"为什么而奋斗,为谁而奋斗"的问题。习近平总书记强调指出:"理想信念动摇是最危险的动摇,理想信念滑坡是最危

---

① 《习近平首次点评"95后"大学生》,《人民日报》2017年1月3日。
② 《理想的大学离我们有多远》,《中国青年报》2012年5月3日。

险的滑坡。"① 青年大学生的理想信念是否正确且是否坚定直接决定着党和国家的前途命运。有理想、有信念、有追求应该成为当代青年大学生自我成长和发展的指向和航标，只有这样，他们才能坚定理想信念，实现自我价值，才能在自我成长中绽放青春光芒，为国家的发展和进步贡献自己的力量。

"有本领"是立德树人的重点目标，强调当代中国青年"能不能去""怎么去"的现实问题。高等教育培养的人才，必须是掌握现代科学文化知识的高素质人才。大学生的素质与本领直接影响着实现中国梦的进程，时代的需要呼唤大学生加强自身本领建设。习近平总书记曾经指出，"现在在高校学习的大学生都是20岁左右，到2020年全面建成小康社会时，很多人还不到30岁；到本世纪中叶基本实现现代化时，很多人还不到60岁。也就是说，实现'两个一百年'奋斗目标，你们和千千万万青年将全过程参与"②。那么，依靠什么参与和承担？毫无疑问，唯有在时代变迁中打磨出一身本领。作为中国特色社会主义事业的生力军和突击队，搞好本领建设是自身所求也是时代所需。习近平总书记在党的十九大报告中对当代大学生寄予厚望，"中国梦是历史的、现实的，也是未来的；是我们这一代的，更是青年一代的。中华民族伟大复兴的中国梦终将在一代代青年的接力奋斗中变为现实"。所以，青年大学生要担当起建设社会主义现代化强国、实现中华民族伟大复兴的历史使命，就必须具备更高更全面的素质和能力。青年一代如何掌握新时代建设、发展的本领？习

---

① 习近平：《在庆祝中国共产党成立95周年大会上的讲话》，《人民日报》2016年7月2日。

② 习近平：《青年要自觉践行社会主义核心价值观——在北京大学师生座谈会上的讲话》，《人民日报》2014年5月5日。

近平总书记在同各界优秀青年代表座谈时指出,"广大青年一定要练就过硬本领。学习是成长进步的阶梯,实践是提高本领的途径……青年人正处于学习的黄金时期,应该把学习作为首要任务,作为一种责任、一种精神追求、一种生活方式,树立梦想从学习开始、事业靠本领成就的观念","广大青年要坚持面向现代化、面向世界、面向未来,增强知识更新的紧迫感,如饥似渴学习,既扎实打牢基础知识又及时更新知识,既刻苦钻研理论又积极掌握技能,不断提高与时代发展和事业要求相适应的素质和能力"。[①] 有用的本领不可能毕其功于一役,必定要通过孜孜不倦地学习与踏踏实实地实践磨炼而成。新时代大学生要不断学习,厚积薄发,在学有所长、术有专攻的基础上躬身实践,真正将自身的本领用于社会发展的现实所需上。

"有担当"是立德树人的灵魂旨归,诠释了当代中国青年"敢不敢去"的精神状态问题。高素质人才首先应具备高度的社会责任感和担当精神,如果把品德、知识、能力、素质作为衡量人才的标准,品德则是人才标准的统帅。美国教育家德怀特·艾伦曾指出:"如果我们使学生变得聪明而未使他们具备道德性的话,那么我们就在为社会制造危害。"[②] 因此,大学的人才培养既要"道问学",更要"尊德性"。大学生担当精神的本质在于责任意识与家国情怀,中华民族自古以来就崇尚"修身、齐家、治国、平天下",而今"为天地立心、为生民立命、为往圣继绝学、为万世开太平"仍是激励大学生勇于担当时代重任的箴言。大学生能否将个人的成才之路与人民幸福生活的实现结合起来是其责

[①] 习近平:《在同各界优秀青年代表座谈时的讲话》,《人民日报》2013年5月5日。
[②] 杨玉良:《大学没有"精神围墙"》,《中国教育报》2009年6月29日。

导论 立德树人、以文化人,不断推进高校学生思想政治工作创新发展

任担当的重要检验标准。当前,过分沉浸于自我经营,淡漠他人与公益的现象越来越普遍。"90后"是弘扬自我、张扬个性的一代,但自我和个性不应是"人人为我",大学生不应成为智商很高、世俗老到的"精致的利己主义者"或"优秀的绵羊"。习近平总书记在党的十九大报告中明确要求,青年大学生必须强化使命意识、责任意识、规则意识和奉献意识。大学生应培育公共精神,主动担当社会使命和责任,将社会责任转化为责任认知,内化为强大的情感认同,最终外化为实际行动。立德树人需要始终立足中国国情、脚踏中国大地,用优秀的传统文化和先进的现代文化浸润青年学子的心田,不断激发他们的家国情怀,增强他们的文化自信,帮助他们终身树立坚定的人民立场。

三 高校学生思想政治工作的关键在于落实"立德树人"根本任务

习近平总书记关于"坚持把立德树人作为中心环节"的重要观点,是站在时代发展的战略制高点对高等教育根本任务的科学论断。作为培养人才的系统工程,高等教育要始终紧紧围绕立德树人这个中心,思想政治教育更要紧紧抓住立德树人这个根本。"立德树人"是教育的根本任务,也是大学生思想政治教育的内在要求。"立德树人与思想政治教育有着内在一致的价值追求,立德树人是思想政治教育的灵魂所在,集中体现了思想政治教育的本质要求。"[1] 在高校落实"立德树人"的根本任务,必须加强和改进大学生思想政治教育,使学生成为自主自立、道德品质

---

[1] 李毅:《把握"立德树人"根本任务的思想政治教育》,《毛泽东思想研究》2013年第7期,第155—157页。

高尚的社会发展主体。习近平总书记在全国教育大会上强调，"要在坚定理想信念上下功夫，教育引导学生树立共产主义远大理想和中国特色社会主义共同理想，增强学生的中国特色社会主义道路自信、理论自信、制度自信、文化自信，立志肩负起民族复兴的时代重任。要在厚植爱国主义情怀上下功夫，让爱国主义精神在学生心中牢牢扎根，教育引导学生热爱和拥护中国共产党，立志听党话、跟党走，立志扎根人民、奉献国家。要在加强品德修养上下功夫，教育引导学生培育和践行社会主义核心价值观，踏踏实实修好品德，成为有大爱大德大情怀的人。要在增长知识见识上下功夫，教育引导学生珍惜学习时光，心无旁骛求知问学，增长见识，丰富学识，沿着求真理、悟道理、明事理的方向前进。要在培养奋斗精神上下功夫，教育引导学生树立高远志向，历练敢于担当、不懈奋斗的精神，具有勇于奋斗的精神状态、乐观向上的人生态度，做到刚健有为、自强不息。要在增强综合素质上下功夫，教育引导学生培养综合能力，培养创新思维"[①]。这对于高校思想政治工作来说，具有极强的时代感和针对性，为我们培养"95后""00后"大学生成为全面发展的人才，指明了方向。

（一）重视价值观念的塑造，引导学生以德立身、以德立学

大学生，作为新时代中国特色社会主义建设的生力军，如何在价值多元化背景下有效树立这个群体的文化自信，不断用健康向上的文化价值观念来塑造大学生的思想，促使他们真正成为特色社会主义先进文化的倡导者和实践者，这是具有重要现实意义

---

① 习近平：《坚持中国特色社会主义教育发展道路 培养德智体美劳全面发展的社会主义建设者和接班人》，《人民日报》2018年9月11日。

和深远历史意义的重大问题。当代大学生以"95后""00后"为主体,在改革开放和现代化建设不断深入的背景下成长起来,他们突出表现为个体特征鲜明,开放程度较高,文化需求多样,政治需求现实,但与此同时,他们思想变化较快,易受外界影响,可塑性较强。虽然当代大学生理想信念状况的主流是积极、健康、向上的,但是,我们更应该清醒地认识到,伴随着经济全球化进程的日益深入,潮水般涌入的各种文化思潮和价值观念冲击着大学生的思想,某些腐朽落后的生活方式也侵蚀着大学生的心灵,西方的人生观、价值观对大学生的影响不可低估。某些大学生不同程度地存在着政治信仰迷茫、理想信念模糊、价值取向扭曲、诚信意识淡薄、社会责任感缺失等问题,因此,在21世纪的今天,更加需要把大学生的价值观培养放在高等教育重中之重的位置,改变高等教育重"器"轻"道"的理念。

　　大学生的价值观养成是一项长期工程、战略工程,需要常抓不懈、久久为功。当前,"立德树人"要发挥课程育人的吸引力、说服力和影响力,紧密联系改革开放和社会主义现代化建设的实际,紧密联系学生的思想实际,围绕现实问题进行理论教育。在发挥思想政治理论课主渠道作用的同时,还可通过开展人文教育、通识教育、经典阅读等形式,引导学生正确认识个人与社会、与国家、与人类之间的辩证关系,促使学生将个人的理想与社会的整体发展目标结合起来,在追求个人目标、实现个人价值的基础上推动社会的进步。同时,在微校园时代,要充分利用新媒体制作传播贴近大学生特点的新媒体内容产品,传播网络正能量,通过网络平台关注并引导学生群体的思想动态、讨论热点等信息动向,加强与学生的良性互动。

（二）重视综合素质的培育，鼓励学生学以致用、勇于创新

在当今知识经济的时代，一个人能否发挥自身才能、推动社会进步，不完全取决于他掌握的知识量，而更依赖于综合素质。大学教育的目的在于培养学生全面发展，并非培养只具有某一方面的知识、能力的人，而是塑造具有基本知识、独立个性、创新意识、严谨态度和强烈社会责任感的人。首先要通过社会实践、校园环境等挖掘大学生的发展潜能，培养大学生人际交往、组织管理、领导决策的能力，"知者行之始，行者知之成"，要引导学生将所学知识转化为推动经济社会发展的力量源泉，真正做到学以致用。其次要特别重视大学生创新能力的培养，这是高素质人才必备的核心竞争力。钱学森曾说："所谓优秀学生，就是要有创新。没有创新，死记硬背，考试成绩再好也不是优秀学生。"这就要求高校应打破固化的教育观念，真正做到以"学生为本"，鼓励个性发展、尊重求同存异，充分激发学生的探索欲和好奇心，真正形成鼓励独立思考、自由探索、勇于创新的教育环境。此外，21世纪是"知识爆炸"的时代，知识老化加速，技术更替频繁，任何人都不可能一劳永逸地拥有足够的知识，因而培养大学生自主学习、终身学习的能力显得尤为重要。学校要为学生创造良好的校园环境，引导学生利用书籍、互联网等相关工具更新已有知识，学习新知识新技能，以适应复杂多变的社会环境，成为具备较强综合素质的高端人才。

（三）重视格局视野的拓展，倡导学生志存高远、勇担使命

现代高等教育的人才培养不仅要造就脚踏实地、知行合一的大学生，更要倡导大学生仰望星空、志存高远，具有大格局、大视野、大境界，具有世界眼光和对全人类的悲悯情怀。早在20世纪初，李大钊就曾寄语青年"为世界进文明，为人类造幸福，以青春之我，创建青春之人类"①。大学生只有具备更宽广的国际视野，才能更好地适应国际化建设，为自身发展和国家经济进步做好前瞻性储备。习近平总书记在二十国集团工商峰会开幕式上发表主旨演讲时强调："同为地球村居民，我们要树立人类命运共同体意识。"随着全球化的不断深入发展，建立一个政治互信、经济融合、文化包容的利益共同体、命运共同体和责任共同体是大势所趋，迫切需要高校思想政治工作关注学生国际视野培养，构筑具有国际化时代特征的话语体系，逐步契合中国国际化发展的现实需求。因此，培养出一批具有世界格局和国际视野，能够承担起全球责任、具备国际交往能力的新一代青年已成为新形势下国家地位提升和高校人才培养的战略需求。为实现这一目标，学校思想政治教育工作者应充分发挥思想政治工作载体的作用，积极引导学生扩大国际视野，培养国际化理念。高校思想政治理论课程和形势政策课程要与时俱进，融入时代因素，如将"一带一路"思想糅于课堂教育中，把课堂思想政治教育工作和国际国内新问题新变化紧密结合起来，有针对性地对大学生普遍关注的国际问题进行系统、客观的分析和评述，积极引导大学生自觉关注全球性的问题，不断培养国际化理念。更重要的是，学校必须重视开展通识教育，将中国的传统人文教育思想和西方科学教育思想结合起来，实现科学教育与人文教育的统一，在培育大学生开阔的国际视野的同时，提升大学生的民族自尊心和自信心，使大学生能在当今国际舞台上自信地彰显新时代中国青年大学生的风范。

---

① 胡锦涛：《在庆祝中国共产党成立九十周年大会上的讲话》，人民出版社2011年版。

第一章 理论探索

第一节　新形势下高校大学生思想政治工作探索与研究

习近平总书记在全国高校思想政治工作会议上指出,"高校思想政治工作关系高校培养什么样的人、如何培养人以及为谁培养人这个根本问题"[①]。思想政治工作始终是一项极其重要的工作,也是我们党长期保持生机与活力的根本原因。在当前全面建成小康社会、实现中华民族伟大复兴的关键时刻,"我们对高等教育的需要比以往任何时候都更加迫切,对科学知识和卓越人才的渴求比以往任何时候都更加强烈"[②]。而加强高校思想政治工作是确保中国高等教育健康发展,落实立德树人根本任务,培养更多优秀人才的根本保证。

[①] 习近平:《把思想政治工作贯穿教育教学全过程　开创我国高等教育事业发展新局面》,《人民日报》2016年12月9日。
[②] 同上。

一 深刻认识加强高校思想政治工作的重大意义

(一) 高校坚持社会主义办学方向的保证

我们要办的大学是立足于中国历史、中国国情、中国文化的社会主义大学,必须坚持正确的社会主义办学方向,"立"什么样的"德","树"什么样的"人",归根结底是由社会主义办学方向决定的。方向是旗帜,是航标,是实现立德树人的根本任务的保证。1978年,邓小平在全国教育工作会议上指出:"毫无疑问,学校应该永远把坚定正确的政治方向放在第一位。"① 在全国高校思想政治工作会议讲话中,习近平总书记指出,"对于今天的高校来说,培养什么样的人始终是一个根本问题。一旦在办学方向上走错了,在培养人的问题上走偏了,那就像一株歪脖子树,无论如何都长不成参天大树"②。坚持把立德树人作为中心环节,加强高校思想政治工作,最重要的就是在事关办学方向和人才培养的问题上站稳立场。中国高等教育作为我国社会主义文化建设的重要组成部分,其本质属性就要求必须始终不渝地坚持社会主义办学方向,这在任何时候都不能发生任何原则性的错误和偏差。列宁曾经严肃地指出,"所谓教育'不问政治',教育'不讲政治',都是资产阶级的伪善说法"③。只有坚定不移地加强高校思想政治工作,坚持用马克思主义和中国特色社会主义理论体系武装师生,才能从思想上、组织上保证高校坚持正确的办学方向,实现健康快速发展。正如习近平总书记指出:"高校思

---

① 《邓小平文选》(第2卷),人民出版社1994年版,第104页。
② 《始终坚持社会主义办学方向——二论学习贯彻习近平总书记高校思想政治工作会议讲话》,《人民日报》2016年12月10日第1版。
③ 《列宁选集》(第4卷),人民出版社1995年版,第302页。

想政治工作既是我国高校的特色也是办好我国高校的优势。高校思想政治工作只能加强不能削弱，只能前进不能停滞不前，只能积极作为不能消极应对。"① 这不仅是对高校思想政治工作的地位与作用的高度肯定，更是对中国高等教育和思想政治教育的高度自信，为推进高校思想政治工作创新增添了底气。

（二）高校实现立德树人根本任务的保证

高校培养的学生是未来社会主义建设的主力军，他们的政治素质和知识能力，直接关系到中国特色社会主义事业的兴衰成败，关系到我们民族和国家的前途命运。因此，立德树人必然成为我国高校的根本任务。习近平总书记在全国高校思想政治工作会议上明确提出把立德树人作为"中心环节"。从"根本任务"到"中心环节"，党和国家对立德树人的认识实现了巨大飞跃，立德树人在高等教育和高校思想政治工作中被提升到了前所未有的重要地位。习近平总书记在全国高校思想政治工作会议上指出，"思想政治工作从根本上说是做人的工作"。思想政治工作所做的"人"的工作，本质上就是要做人的思想工作，做思想上的认知引导和价值认同工作，以及思想上的释疑解惑工作。加强高校思想政治工作，牢牢把握高校意识形态工作领导权，强化思想引领和价值传播，这是高校实现培养中国特色社会主义事业建设者和接班人这个重大任务的关键。实践证明，高校思想政治工作抓住了、抓好了，高等教育和高校各项工作就能沿着正确方向前进，就会取得应有成效；高校思想政治工作放松了、丢弃了，就会迷失方向，就会徒劳无功。

---

① 《坚持走自己的高等教育发展道路——一论学习贯彻习近平总书记高校思想政治工作会议讲话》，《人民日报》2016年12月9日第1版。

二 当前高校大学生思想政治工作面临的挑战

第一，社会思潮多元化，理想信念弱化。在接受社会主义核心价值观教育的同时，许多大学生受经济全球化、文化思潮多元化等因素的影响，出现思想意志不够坚定，缺乏韧劲等理想信念危机。对重大理论问题有的同学从未进行深入思考，有的缺乏切身体验，有的对社会政治不太关注，导致他们对一些重大思想理论问题认识模糊，简单对待。在重大社会事件和舆论热点中价值判断模糊，辨别是非能力差，容易被错误思潮蛊惑。"高校是各种思想文化交流交融交锋的前沿阵地，也是各种社会思潮集散、论辩和斗争的前沿阵地。"[①] 在意识形态领域的激烈斗争中，我国高校在实际工作的部分领域存在"马克思主义被边缘化、空泛化、标签化"[②]的现象，大学生价值观和世界观尚未定型，批判思辨能力还有待提升，在错误思潮的冲击下，容易表现出感性、非理性的情绪化状态，导致意识危机，这为高校思想政治教育工作者带来巨大挑战。

另外，当前社会急剧发展、竞争急剧上升、外来文化纷繁复杂、道德评判标准异化使整个社会充满浮躁气息，这种社会心态也反映在大学生身上。比如，生活理想上，追求物质享受和新奇刺激，追求高精尖科技产品和名牌服饰，艰苦奋斗精神淡化；道德理想上，奉行利己主义，强调个人利益，诚信意识淡薄；职业理想上，追求舒适生活、高薪收入和职业地位，社会责任感缺

---

① 王易：《社会思潮是高校思想政治教育的重要内容》，《思想教育研究》2016 年第 1 期，第 23 页。

② 习近平：《在哲学社会科学工作座谈会上的讲话》，《人民日报》2016 年 5 月 19 日。

乏，团结协作观念较差等。《2016年度大学生思想政治状况调查分析》① 数据显示，一些消极的人生观对大学生具有一定影响。如，15.2%的大学生赞同"生死由命，富贵在天"的宿命论观点；16.2%的大学生赞同"人为财死，鸟为食亡"的拜金主义观点；33.4%的大学生赞同"人生苦短，应及时行乐"的享乐主义观点。对上述三种消极人生观的代表性观点，分别有19.3%、17.7%和23.0%的大学生表示"说不清楚"。而且，微媒体高度的开放性和共享性加快各种文化思想的传播，"标题党""快餐文化"风气盛行，学生的人际沟通、主动思考和实践总结能力却不断弱化，久而久之就造成了部分大学生在看待和处理问题时缺乏深刻的思考和批判性思维。

第二，高校思想政治教育队伍素质有待提升。目前全国高校思政工作队伍自我认同度不高，知识结构不合理，思想政治教育理论水平不高，难以应对复杂多变的思想政治教育形势。而且当前辅导员队伍越来越年轻化，作为年轻的辅导员，在亲和力、创新意识等方面的确有突出优势，更容易与学生打成一片，但在给学生做思想理论教育和价值引领中，尤其是进行世界观、人生观和价值观教育时，往往显得力不从心，说服力不强，实效性不高。党、国家和社会对辅导员的定位是"人生导师"，然而，能够担当"人生导师"是建立在具有丰富的社会阅历和深刻的人生体验基础上的，对年轻辅导员来说的确有些吃力，比如说辅导员要说的未必是学生想听的，而学生想听的辅导员未必能说得清，在一些重大理论问题上一些辅导员也存在"讲不清"的问题。此

---

① 沈壮海等：《2016年度大学生思想政治状况调查分析》，《思想政治教育研究》2017年第1期。

外，随着信息化的发展，传统思想政治教育者主体地位受到威胁，教师已不是实施思想政治教育绝对的主导者与掌握者，教师的权威性和话语权也在一定程度上被弱化。而多数教师依然坚守传统的教育理念和教育方式，以单纯的口头讲授和一味灌输为主，不少教师还固守课本的条条框框，而不主动将马克思主义中国化的最新理论成果向学生宣讲，不主动将课程内容与时事政治相结合，因此未能有效激发学生的学习热情，逼迫越来越多的学生成为"低头族"，甚至逃离课堂。

三 新形势下改进大学生思想政治工作的实践路径

（一）增强政治意识、阵地意识和问题意识

大学生思想政治工作具有鲜明的政治属性，其首要功能在于帮助和引领大学生树立正确的政治信仰，养成良好的政治品行，使高校培养出能担当民族复兴大任的时代新人。党的十九大报告指出："意识形态决定文化前进方向和发展道路。"[1] 高校历来是意识形态工作的前沿，世界上各种文化和思潮在这里汇聚碰撞。西方对中国进行意识形态渗透的形式、手段更隐秘、更复杂，也更具有迷惑性和欺骗性。[2] 高校是培养社会主义事业建设者和接班人的重要基地，是引领社会思潮的重要力量，加强高校的思想政治工作，必须坚定政治立场和政治信仰，在思想上、政治上、行动上同以习近平同志为核心的党中央保持高度一致，牢牢把握社会主义办学方向。在思想战线，始终存在谁占领阵地的问题。

---

[1] 习近平：《决胜全面建成小康社会 夺取新时代中国特色社会主义伟大胜利——在中国共产党第十九次全国代表大会上的报告》，人民出版社2017年版。

[2] 朱继东：《新时期高校思想政治工作存在的问题及其应对——学习习近平在全国高校思想政治工作会议上的重要讲话精神》，《党政研究》2017年第2期。

"马克思主义不去占领,非马克思主义、反马克思主义必然去占领。在这里,不存在'真空',不可能保持'中立'。"① 面对高等教育迅猛发展的形势,要始终保持政治清醒和政治定力,提高政治观察力、鉴别力和判断力,让各种错误观点和思潮无法在高校生根发芽。

第一,要筑牢思想基石,要巩固和强化马克思主义在意识形态领域的指导地位,理直气壮地开展马克思主义宣传教育活动,将马克思主义及其中国化的成果系统、全面、生动地向大学生进行普及教育,指引新时代大学生的成长发展。要旗帜鲜明地反对历史虚无主义、新自由主义等错误思潮,敢于回应各种意识形态挑战,为学生树立正确的人生观、世界观和价值观指明正确方向。同时切实做好习近平新时代中国特色社会主义思想和党的十九大精神"进教材、进课堂、进头脑"工作,确保党的政治方向、政治信仰、政治立场以及战略部署真正内化为大学生的行动指南。第二,增强阵地意识,发挥高校的学科、人才等优势,综合运用社科阵地的研究功能、文化阵地的涵育功能、新闻阵地的传播功能、网络阵地的导向功能等,增强大学生"四个自信",并做到课堂、论坛讲座、校园媒体、网络新媒体等各种有形无形的阵地都可管可控,不留死角盲点。第三,在微媒体时代,高校思想政治教育工作者要有战略眼光,顺应潮流,主动作为,争夺网络思想教育阵地的影响力和话语权。当前校园生活中流行的诸如"剁手""佛系""网红"等亚文化符号,折射出大学生群体网络生活中日渐强盛的泛娱乐化心理;同时,网络信息的碎片化传播极大地干扰了大学生的价值判断,尤其是某些所谓"网络大

---

① 周新城:《坚持把思想理论建设放在首位》,《学习论坛》2009年第10期,第27页。

V"的舆论造势使不少大学生往往容易走向民粹主义和泛政治化。面对人们思想焦点从社稷向个体的漂移、情感重点从国家向小我的转换、行为热点从现实向虚拟的倾斜,部分主流的思想政治教育阵地,面对碎片鲜活的微话语表达"失语",在社会思潮的激荡碰撞下"失声",在移动生活的网络空间阵地"失踪"。①习近平总书记指出:"很多人特别是年轻人基本不看主流媒体,大部分信息都从网上获取。必须正视这个事实,加大力量投入,尽快掌握这个舆论战场上的主动权,不能被边缘化了。"② 因此,高校思想政治教育工作者要强化载体创新,综合运用微媒体的优势,将社会主义主流意识形态具体化、形象化、艺术化,探索"利用各种时机和场合,形成有利于培育和弘扬社会主义核心价值观的生活情景和社会氛围,使核心价值观的影响像空气一样无处不在、无时不有",③ 使学生坚定理想信念,自觉主动地抵制各种错误腐朽的社会思潮。第四,思想政治教育工作者自身应注重独立批判性思维和政治敏感度的培养,强化"政治意识、大局意识、核心意识、看齐意识",厘清边界,使自己能够在纷繁复杂的资讯中始终保持理性冷静的眼光,透视其背后的意识形态和精神价值,引导学生向上向善。

(二) 注重人文关怀和心理疏导

马克思主义自创立以来就贯穿着深刻的人文关怀思想,"人文关怀是马克思哲学的基本维度之一。人文关怀是对人的生存状

---

① 蒲清平:《把习近平新时代中国特色社会主义思想全面融入大学生思想政治教育》,《高校辅导员》2018 年第 4 期。

② 习近平:《关于全面深化改革论述摘编》,中央文献出版社 2014 年版,第 83 页。

③ 习近平:《把培育和弘扬社会主义核心价值观作为凝魂聚气强基固本的基础工程》,《人民日报》2014 年 2 月 26 日。

况的关注、对人的尊严与符合人性的生活条件的肯定和对人类的解放与自由的追求等等"①。习近平总书记在全国高校思想政治工作会议上明确指出："要坚持不懈促进高校和谐稳定，培育理性平和的健康心态，加强人文关怀和心理疏导，把高校建设成为安定团结的模范之地。"②党的十九大报告从更高层次上提出要求，强调坚持以人民为中心，逻辑地内含着加强人文关怀的方法要求。人文关怀是思想政治教育的题中之义，正如习近平总书记所指出的："青年的人生之路很长，前进途中，有平川也有高山，有缓流也有险滩，有丽日也有风雨，有喜悦也有哀伤。"③青年大学生正值人生发展的特殊阶段和关键时期，也是面临人生课题、人生选择、人生矛盾最多的阶段，更是最需要得到关心指导、教育帮助的重要时期。④"教育的本质意味着一棵树摇动一棵树，一朵云推动一朵云，一个灵魂唤醒一个灵魂。"这是著名教育家雅斯贝尔斯在《什么是教育》中对教育本质的诗意表达。实施人文关怀是大学生思想政治教育工作的题中应有之义。思想政治教育的主体和客体是人，出发点和归宿也是人，人是思想政治教育的核心。如果思想政治教育无视受教育者的存在，不能围绕、关照、服务他们的成长、成熟、成才的需要和规律，那么思想政治教育就难免成为居高临下施压及流俗于说教的"假大空"，难以取得实效。因此，教育者只有注重人文关怀，建立平等交流、心

---

① 俞吾金：《人文关怀：马克思哲学的另一个维度》，《光明日报》2001年2月6日。
② 习近平：《把思想政治工作贯穿教育教学全过程 开创我国高等教育事业发展新局面》，《人民日报》2016年12月9日。
③ 习近平：《在知识分子、劳动模范、青年代表座谈会上的讲话》，《人民日报》2016年4月30日。
④ 陈流汀等：《试论大学生人生教育的丰厚意蕴与有效进路》，《江苏高教》2017年第2期。

灵沟通的良好氛围，才能充分唤醒受教育者积极向上的主动意识，最大限度地激发大学生学习的积极性和主动性，促进大学生思想道德素质、科学文化素质、健康心理素质和实践创新素质的全面和谐发展。可见，思想政治教育本质上就是一种人文关怀，体现着深刻的人文精神，具有丰富的人文关怀内涵。

注重人文关怀是实现大学生思想政治教育工作终极目标的内在要求，思想政治教育所关注的是人的本质、人的价值、人生意义等终极发展目标。人文关怀作为一种理念集中表现为"对人的生命和人的存在的关爱，对人的合理需求和生活质量的关心，对人的人格尊严和社会地位的关切，对人的理想追求和自我完善的关照，对人的发展前途和终极命运的关注"[①]。在思想政治工作中注重人文关怀就是关怀学生的精神生活，要让大学生的生命自由生长，让学校成为师生的精神家园。其实质在于树立以人为本的理念，强调人的主体地位，强调对人的尊重、理解、关心和爱护，注重从人的精神层面去关怀人、重视人内在潜能的发挥，使人"能够对生存环境和主体自身进行自觉的自我调节和控制，能合理利用自主选择的权利达到自我完善和功能的充分发挥。"[②] 因此，注重人文关怀是对马克思主义思想政治教育的价值回归，同时也丰富和完善了现代思想政治教育的价值取向。只有在思想教育中融入人文关怀，才能增强思想政治教育工作的亲和力和针对性，尊重人的个体多样性，满足学生的发展需要。加强人文关怀，就是要在思想政治教育中把学生作为目的，"摒弃工具理性以'物'来衡量生命的一切的思维方式，关怀人的精神和心理，

---

① 寇东亮等：《人文关怀论》，中国社会科学出版社2015年版，第14页。
② 蒋永华：《人文关怀：高等教育的核心理念》，《江苏大学学报》（高教研究版）2002年第9期。

重新倡导树立人的理想信念和高尚情操,还人以本来面目,人的价值和尊严"①。在大学生思想政治教育中注重人文关怀就是要立足大学生全面发展的需要,以尊重大学生、理解大学生、关心大学生和教育引导大学生为根本出发点,营造适合大学生全面发展的人文环境,用大学生更易接受的方式将教育的内容传递给他们,使他们在更高的境界、更广阔的领域去理解和领悟生命、生存和生活的意义,理解人生的价值真谛。

因此,人文关怀和心理疏导应该成为创新大学生思想政治工作的新的着力点。首先,在新的形势下,高校大学生思想政治教育工作要坚持以人为本,树立科学的学生观。要从落实大学生的主体地位入手,使他们能够积极、主动、平等地参与到思想政治教育活动中。通过讨论、探究、平等沟通等方式,使师生在思想和感情上实现相互信任和相互理解,从而达到认识上的共同提升。应加强师生间的平等交流,建立畅通和谐的师生交流渠道,通过平等交流和民主讨论的方式,采用更加人性化、个性化的方法,让大学生在自我教育、自我管理、自我约束和自我服务中真正成为思想政治教育的主角。其次,高校应努力创建宽松、和谐的校园文化环境,营造既重视科学精神又崇尚人文关怀的良好氛围。高校思想政治工作"必须讲求春风化雨,润物无声,耐心细致,潜移默化"②,要更加重视校园文化的内涵建设,用优秀的文化成果陶冶大学生的情操,以丰富多彩的校园文化活动为载体,让大学生在充满人文关怀的校园文化中享受学习、体验生活和感悟人生真谛。最后,高校思想政治工作者要把促进学生身心全面

---

① 刘大椿:《社会和谐与人文关怀》,中国人民大学出版社2006年版,第56页。
② 《江泽民文选》(第3卷),人民出版社2006年版,第93页。

和谐发展作为工作的出发点和落脚点，进一步改进思想政治工作的方式方法，从而实现思想政治教育的价值诉求，使学生在追求真、善、美的过程中不断获得自我认同、自我提升和自我发展。

（三）推进网络思政工作改革创新

根据中国互联网络信息中心发布的报告显示，截至 2017 年 12 月，中国网民规模达到 7.72 亿，手机网民规模达 7.53 亿，网民中学生群体占比最高，为 25.4%。[1] 当代大学生是伴随网络成长起来的一代，错综复杂的互联网信息深刻影响着他们世界观和价值观的形成。当前，互联网已经不仅仅融入了第一课堂，走进了第二课堂，越发成为学生的"第三课堂"。[2] 因此，在某种意义上讲，赢得了互联网，就赢得了广大青年学生。当前，微媒体已全方位渗透到大学生的学习、生活中，引发大学生生活方式、行为方式、思维方式和价值观念的深刻变革。因而正值价值观成型时期的大学生如果沉溺于"对虚拟性的过度依赖和使用，就会进入到由'别人'所构建的价值体系中，被别人的信息殖民"。[3] 在此背景下，高校思想政治工作者要充分利用微媒体作为思想政治教育载体，着力提升微媒体的运用能力，主动探寻微媒体的传播发展特征与规律，不断创新思想政治教育工作思维，切实增强思想政治教育工作实效。如何将思想政治教育的传统优势与新媒体新技术相融合，实现扬长避短，是时代赋予高校思想政治工作的新课题。

---

[1] 第 41 次《中国互联网络发展状况统计报告》2018 年 3 月 5 日，中国互联网络信息中心（http://cnnic.cn/gywm/xwzx/rdxw/201708/t20170804_69449.htm）。

[2] 赵扬：《德育如何走进"第三课堂"》，《光明日报》2013 年 7 月 22 日。

[3] 刘刚等：《微信新媒介对大学生思想行为双重影响的实证研究》，《思想教育研究》2017 年第 5 期。

互联网是当前高校思想政治工作必须占领、主导和巩固的阵地,对高校思想政治教育来说,网络信息化既提出了严峻的挑战,同时也提供了创新的动力和工作的平台。首先,加强对网络思想政治工作的领导,形成学校党委统一领导,分工负责、分类落实、协同推进的大学生网络思想政治教育工作新格局。在此基础上加强高校网络思想政治工作队伍建设,建立党政干部、一线教师、辅导员、学生骨干等网络意见领袖、网络评论员队伍,形成网络思想政治教育工作体系,积极开展学生喜闻乐见、生动活泼的网络思想政治教育活动,使网络成为高校开展思想政治教育的重要阵地和新的工作平台。加强主流网络文化建设,建设好融思想性、知识性、趣味性、服务性为一体的主题教育网站和网页,增强网络思想政治教育的吸引力。其次,"大学生网络生活中信息交互的圈层化现象,在一定程度上使教育者、教育平台与大学生间的信息交互陷入困境",造成"主流声音无法精准传达""网络异见无法有效过滤""思想动态无法准确把握"和"错误倾向无法及时纠偏",削弱了思想政治教育工作的针对性和实效性。[①] 因此迫切需要建立有效的校园网信息发布制度和舆情监控制度,积极引导并规范大学生的网络言行,及时纠正大学生网络言行的错误倾向,牢牢把握网络思想政治教育的主动权。面对微媒体产生的复杂舆论场,在涉及意识形态等原则问题时,高校思想政治教育工作者要"坚持学术研究无禁区、课堂讲授有纪律,在大是大非问题、政治原则问题方面态度鲜明、立场坚定,

---

[①] 陈志勇:《"圈层化"困境:高校网络思想政治教育的新挑战》,《思想教育研究》2016年第5期,第72页。

对各种错误思想、政治观点和言论敢抓敢管、善抓善管",① 明确态度,守住底线,坚持刚性原则。最后,高校可以利用信息技术手段,研判大学生思想新动态,并借助大数据进行动态把控和追踪分析,还可以利用校园云媒体延展思想政治教育互动空间,利用自媒体搭建学校与学生的网络交流平台,有效开展网上思想疏导与舆论引导,扩展思想政治工作的覆盖面和辐射力,形成舆论引领的"高位势"。

思想政治教育传统优势与新媒体新技术高度融合实现了扬长避短,增强了高校立德树人的实效性。但思想政治教育工作是"做人的工作",通过深入课堂、走访宿舍等方式融入学生的学习生活中,仍是思想政治教育不可或缺的路径。只有线上线下并进,才能确保学生思想政治教育工作更加全面、深入。

第二节 当代大学生成长与成才的若干思考

一 思想政治教育对大学生成长成才具有深刻的引导作用

(一)帮助大学生确立正确的价值取向

大学阶段是学生人生观、价值观和世界观形成和确立的重要时期,正确的价值观和人生观引导着大学生道德观、政治观和文化观的形成,引导着大学生的行为选择和价值判断,引导着大学生成长成才的方向。习近平总书记强调指出:青年的价值取向决定了未来整个社会的价值取向,而青年又处在价值观形成和确立

---

① 王建南:《把握高校形态工作复杂性和主动性》,《思想教育研究》2014年第10期,第56页。

的时期，抓好这一时期的价值观养成十分重要。① 习近平总书记形象地比喻道："这就像穿衣服扣扣子一样，如果第一粒扣子扣错了，剩余的扣子都会扣错。人生的扣子从一开始就要扣好。"② 习近平总书记多次强调大学生要用理想信念和社会主义核心价值观武装自己，用正确的思维方式和价值取向去引领学习生活和实践。当前高校大学生的价值取向总体上是积极的，但由于多元环境的影响，大学生的世界观、价值观以及人生观呈现出新的特点和问题。在现实压力下，一些学生在思想上和行为上表现出漠视国家、集体和他人的利益，价值取向功利化，人生目标狭隘化。思想政治教育本质上是核心价值观教育，即引导教育对象进行正确的价值判断与价值选择。习近平总书记指出："高校思想政治工作，面上看做的是学生思想政治工作，实际上将影响青年一代的思想观念、价值取向、精神风貌。所以，高校必须引导学生铸就理想信念、掌握丰富知识、锤炼高尚品格，打下成长成才的基础。"③ 当然，思想政治教育不是把一个又一个的价值准则和规范变成生硬死板的教条，不是通过"照本宣科""死记硬背"或者其他外在的强制使核心价值观得以传递。它需要通过不断地发掘大学生自身的需要和潜能，通过思想政治理论课、校园文化熏陶、社会实践锤炼等途径，使价值观得以内化。

（二）引导大学生明确成才目标，把握成才导向

培养德才兼备、掌握现代科学知识和扎实本领的优秀大学生

---

① 习近平：《青年要自觉践行社会主义核心价值观——在北京大学师生座谈会上的讲话》，《人民日报》2014年5月5日。
② 同上。
③ 中共中央文献研究室：《习近平关于青少年和共青团论述摘编》，中央文献出版社2017年版，第38页。

是知识经济时代的迫切要求，也是大学生思想政治教育的重要任务。习近平总书记指出，国家的前途、民族的命运、人民的幸福，是当代中国青年必须和必将承担的重任；每一代青年都有自己的际遇和机缘，都要在自己所处的时代条件下谋划人生、创造历史；紧跟时代砥砺前行，担当责任奋发有为是我国青年的光荣传统，也是党和人民对广大青年的殷切期望。这些重要论述，充分展现了以习近平同志为核心的党中央对青年学生使命担当的重托与厚望。在当今这样一个呼唤人才、成就人才的时代，大学生应早日树立成才目标，为尽快成才迈出第一步。大学生成才既需要学生自身努力学习，也需要思想政治教育者帮助大学生确立成才目标，提供发展动力。思想政治教育能帮助大学生树立远大理想和科学信念，激励大学生确立正确的成才目标，并持之以恒地为之努力；思想政治教育能帮助大学生正确认识自身肩负的责任和使命，增强大学生的责任意识和竞争意识，促使大学生立志成才；思想政治教育能引导大学生确立适合自身实际的成长目标，设定符合自身的学习规划和职业发展规划，并采取措施去完成自己的规划；思想政治教育能指导大学生把远大理想与具体的成才目标结合起来，鼓励大学生勤于学习、善于创造、甘于奉献。高校思想政治教育工作者应在指导大学生正确选择成才目标上下功夫，切实解决大学生成长成才中的实际问题，发挥思想政治教育贴近学生、服务学生的优势。

（三）促进大学生提高自身道德素质和文化素养

修业必先修德。国无德不兴，人无德不立。近代教育家蔡元培先生也说过："若无德，则虽体魄智力发达，适足助其为恶。""德"是每个人成长成才的前提和基础，一个人的"才"只有与"德"相匹配，以"德"为引领，才能真正成为国家和人民需要的栋梁之材。正像习近平总书记说的那样:"道德之于个人、之于社会,都具有基础性意义,做人做事第一位的是崇德修身""一个人只有明大德、守公德、严私德,其才方能用得其所。"中华民族历来以"礼仪之邦"著称于世,青年是引风气之先的社会力量,一个民族的文明素养很大程度上体现在青年一代的道德水准和精神风貌上。为此,广大青年一定要大力加强道德修养,注重道德实践,自觉弘扬爱国主义、集体主义、社会主义思想,积极倡导社会公德、职业道德、家庭美德和个人品德,带头倡导良好社会风气,以自己的实际行动促进社会道德进步。

从目前的大环境来看,我国高校大学生的思想道德素质主流是积极健康而且向上的,大多数的大学生诚实守信、乐于助人,道德高尚并具有牺牲和奉献精神。但是,也有部分学生在思想道德素质方面表现得不尽如人意。北大学者钱理群曾经这样评价当今的大学生:"我们的一些大学,包括北京大学,正在培养一些'精致的利己主义者',他们高智商,世故,老到,善于表演,懂得配合,更善于利用体制达到自己的目的。这种人一旦掌握权力,比一般的贪官污吏危害更大。"[1] "大学生既要成才,又要成人,成人是成才的前提。"[2] 新一代的大学生具有正确的道德观和良好的思想道德素质,不仅决定着他们个人的顺利成长和成才,其发挥的巨大示范作用更影响着我国社会的整体精神面貌。思想政治教育以促进大学生全面发展为根本目的,大学生科学文化素质和道德素养是大学生全面发展的核心要义,前者是全面发展的素质基础,后者是全面发展的道德保证,二者缺一不可。

---

[1] 钱理群:《北大清华再争状元就没有希望》,《中国青年报》2012年5月3日。
[2] 刘献君:《立德树人是教育的根本目的》,《中国高等教育》2014年第3期,第62页。

二 实践教育是大学生成长成才的关键途径

社会实践是青年学生练就过硬本领的"大熔炉"。习近平总书记多次强调,青年要成长为国家栋梁之材,要读万卷书、行万里路,既要多读有字之书,也要多读无字之书,注重学习人生经验和社会知识,注重在实践中加强磨炼、增长本领;要不怕困难、攻坚克难,到基层、到西部、到祖国最需要的地方去,做成一番事业、做好一番事业。习近平总书记提倡各行各业的青年都要积极深入基层锻炼,拜群众为师,拜实践为师,在实践中奉献青春智慧,在基层锻炼过硬本领。党的十八大以来,习近平总书记先后给青年志愿者、大学生村官和西部支教的毕业生写信或者回信,勉励他们在基层接受实践锻炼和各种考验,在实践中尽快成长起来。习近平总书记指出,要重视和加强第二课堂建设,重视实践育人,坚持教育同生产劳动和社会实践相结合,广泛开展各类社会实践,让学生在亲身参与中认识国情、了解社会,受教育、长才干。这些重要论述,为当代青年成长成才道路标注了鲜明的时代坐标和导向。人们只有投身和参与社会实践过程,才能接触实际,了解社会,深刻认识社会实践的发展需要,把握社会实践的本质,认识社会实践的价值,概括出反映社会实践本质需要的时代精神,提出回答和解决社会实践新课题的新的思想理论和意见、办法,形成社会实践所需要的新的思想观念,在促进社会实践发展的同时,促进自身的健康成长。①

社会实践是正确思想形成、发展的源泉和基础。荀子说:"不闻不若闻之,闻之不若见之,见之不若知之,知之不若行之。

---

① 骆郁廷:《精神动力论》,武汉大学出版社2003年版。

学至于行而止矣。行之，明也。"实践可以帮助学生了解社会，了解国情，增强社会责任感；锻炼毅力，培养品格；增长才干，奉献社会。习近平总书记在全国高校思想政治工作会议上指出，许多学生在社会观察和实践活动中树立了对人民的感情、对社会的责任、对国家的忠诚。① 社会实践不仅是课堂讲授的补充，而且会产生"倍增"放大的效果，能真正解决"进头脑"的问题。大学生通过参加社会实践，了解乡情、国情、世情，才能认识到不仅要"坐而论"，更要"起而做"。同时，大学生通过参加社会实践，加深对现代科学技术知识和思想道德理论的现实体验，才能恰当地认识自我、评价自我并完善自我，成为全面发展的"四有"新人。大学生也只有在实践中才能摆正个人与群众的关系，虚心学习人民群众的优秀品质和丰富的实践经验，认识和克服自身的差距，消除自身存在的不良习气，摆脱成长中产生的迷茫和困惑。为此，中共中央、国务院《关于进一步加强和改进大学生思想政治教育的意见》明确指出："要建立大学生社会实践保障体系，探索实践育人的长效机制。"

目前，绝大多数大学生由于与社会接触少，缺乏吃苦耐劳精神，缺乏必要的独立生活能力，体会不到劳动人民的艰辛和父母的养育之苦，不珍惜劳动成果，而社会实践则是培养大学生成长成才最有效和最直接的途径。大学生的实践活动，主要包括专业实践与社会实践。专业实践是由学校教学计划统一安排的对大学生进行的比较集中的实践教育环节，如理工科学生的实验能力、动手能力的培养，文科学生的社会调查能力培养和师范类学生的师范技能的训练等；社会实践是让大学生走出校门，投入社会的

---

① 习近平：《首次点评"95后"大学生》，《人民日报》2017年1月3日。

一系列实践活动，比如参观访问、社会调查、勤工助学、义务劳动等。通过深入基层、深入群众、深入实际，将促进专业知识与社会实践相结合、与服务社会相结合、与道德修养相结合、与择业就业相结合、与创新创业相结合。另外，在社会实践中，通过参加科学研究、技术开发和推广、社会服务等活动，把所学到的知识应用于社会，转化为生产力，可以使大学生更加深刻地意识到成才的重要性，从而强化成才意识，这是学校内部教育所无法代替的。因此，要定期组织大学生赴革命圣地开展以"感受红色经典，传承革命精神，争做时代先锋"为主题的社会实践活动；组织大学生利用寒暑假，围绕"三农"问题、教育公平、住房保障、医疗改革等社会热点问题，深入社区和农村，开展"我的中国梦"主题调研和实践活动，深入了解基层社会的新变化和基层民众的新期待，深刻感知"中国梦"的时代内涵。鼓励大学生深入敬老院、孤儿院、救助站、打工子弟学校等单位，利用专业知识开展爱心助残助孤、助老和支教扫盲、科技兴农、医疗卫生、法律援助、文化下乡等志愿服务活动，引导大学生践行公益"人人可为、时时可为、处处可为"的理念。参加社会实践，是大学生锻炼成长的有效途径，是大学生成才的必由之路。我们要从学生发展的长远考虑，主动将学生带出"象牙塔"，走入生动丰富的社会生活，帮助学生正确认识社会现象，主动适应社会生活，引领社会进步。

三 培养大学生创新素质是现代大学人才培养的重要任务

时代呼唤创新，青年渴望创新。习近平总书记曾反复强调，创新是民族进步的灵魂，是一个国家兴旺发达的不竭源泉，也是中华民族最深沉的民族禀赋。当下"95 后""00 后"大学生网民，重视自我，个性鲜明，尊崇自由，追求和渴望自我价值的实现。习近平总书记多次强调，"青年人是社会上最富活力、最具创造性的群体，理所当然应该走在创新创造的前列，做锐意进取、开拓创新的时代先锋；青年学生富有想象力和创造力，是创新创业的有生力量，要敢于做先锋，而不做过客、当看客"①。习近平总书记勉励广大青年，要有敢为人先的锐气，勇于解放思想、与时俱进，敢于上下求索、开拓进取，树立在继承前人的基础上超越前人的雄心壮志；要扎根中国大地了解国情民情，在创新创业中增长智慧才干。高校是培养创新人才的重要阵地，培养学生创新精神，就是要营造尊重创新、重视创新的良好氛围，激发学生创新欲望，培养学生创新意识和创新能力。

培养大学生的创新素质，第一，需要更新我们的教育理念，克服狭隘的实用主义教育观，以培养高素质人才为根本目标，引导大学生去树立高远的人生理想，从而激发大学生的创新激情并开拓他们的创新视野。第二，培养大学生的创新素质，必须以创新教学方式来培养他们的创新思维和创新观念。创新思维是创新活动的灵魂，是创新型人才的重要品质。培养大学生的创新思维，必须打破传统的僵化教学模式，改革教学内容，更新教学方式。第三，通过教育管理的改革为大学生营造创新活动的良好氛围。培养创新型人才，要树立以人为本的学生工作理念，打造有利于学生独立思考、自由探索和创新实践的"硬环境"，更要积极营造鼓励创新、宽容失败的氛围，营造更加开放、浓厚的学术交流氛围，打造有利于培养学生创新精神的"软环境"。因此，

---

① 习近平：《在同各界优秀青年代表座谈时的讲话》，《中国高等教育》2013 年第 10 期。

在学院、学校、国家三级层面要积极打造多层次的大学生创新实践工作体系，通过引导大学生结合专业开展大学生学科竞赛和课外科技文化活动，使学生在参赛的过程中，增强专业认知、培养创新意识。在学院层面，首先要加强对大学生科技活动的规划和指导。学院应立足学生专业，搭建学生课外科技文化活动平台，加大宣传力度，激发学生加强专业实践及创新能力培养的积极性，积极组织开展各类科技、文化、体育、艺术等活动和与专业紧密结合的各类学科比赛，以赛带学，以学促赛，提高竞赛水平。学院要加强对大学生科技活动的管理，既要尽可能提供各种保障条件，以使大学生科技活动顺利开展，更要落实审批程序，加强大学生科技活动的过程控制，确保活动安全有序，取得积极成效。其次要完善大学生参与科技活动的激励机制。制定和完善相应激励机制，积极鼓励有积极性且具有丰富经验的教师担任学生科技导师，为学生提供研究课题和科研项目，带领学生开展科研活动或指导科技竞赛。学院要进一步完善相应激励机制，将科技创新活动成绩与奖学金评定、研究生推免、科技创新学分认定、科技创新成果替代毕业论文等工作紧密结合起来，最大限度地调动学生的学习积极性，促进学风建设。在学校层面，以大学生创新创业项目和大学生课外科技竞赛为依托，引导学生组建创新团队，走进实验室开展创新实践活动。在国家层面，组织学生积极参与国家各类各级学科竞赛活动，拓宽学生专业视野，增强学生的动手实践能力，实现大学生参与科技创新活动的全覆盖，激发学生参与创新实践活动的热情，不断增强创新意识和创新能力。

第三节　习近平新时代中国特色社会主义思想指导下的高校思想政治工作创新

时代是思想之母。习近平新时代中国特色社会主义思想是从一个时代向新时代跃升之际而形成的新思想，是划时代的理论飞跃，深刻回答了新时代坚持和发展什么样的中国特色社会主义、怎样坚持和发展中国特色社会主义这个重大时代课题，是21世纪马克思主义中最具创新特色、最具时代价值、最具指导意义的重大理论成果。党的十九大报告明确指出"用新时代中国特色社会主义思想武装全党"，"推动新时代中国特色社会主义思想深入人心"的任务，这既是对思想政治教育内容的深化和拓展，也对新时代思想政治教育提出了更高的要求。毫无疑问，习近平新时代中国特色社会主义思想是当前开展思想政治教育的主要纲领、主要内容，或者说是新时代思想政治教育工作的理论基础。[①] 高校思想政治工作是习近平新时代中国特色社会主义思想的重要组成部分，习近平新时代中国特色社会主义思想指导地位的确立对高校思想政治工作提出了新目标、新内容、新任务和新要求，是加强和改进高校思想政治工作的"纲"和"魂"。

一　习近平新时代中国特色社会主义思想是高校思想政治工作的科学指南

高校不仅要培养人，而且要培养新时代中国特色社会主义事

---

① 刘宏达：《新时代思想政治教育的历史使命、理论基础与实践要求》，《学校党建与思想教育》2017年第12期。

业建设者和接班人。习近平总书记认为，我国高校的发展方向要与党和国家的发展方向保持一致，"我国高等教育发展方向要同我国发展的现实目标和未来方向紧密联系在一起，为人民服务，为中国共产党治国理政服务，为巩固和发展中国特色社会主义制度服务，为改革开放和社会主义现代化建设服务"①。习近平新时代中国特色社会主义思想，明确了我国所处的历史方位，同时也清晰界定和赋予了新时代大学生思想政治工作肩负的历史使命。习近平总书记在党的十九大报告中强调，要"培养担当民族复兴大任的时代新人"，能够"担当民族复兴大任的时代新人"不仅需要具备坚定的共产主义远大理想，能够将个人梦想与中华民族伟大复兴中国梦有机结合起来，还必须具备较高的思想水平，熟练掌握马克思主义的基本立场、观点和方法，能够正确认识国际比较与中国特色、时代责任与历史使命、理想目标与实际行动等。同时还需要具备较高的道德品质和文化素养，能够将社会主义核心价值观转化为情感认同和行为习惯，能深入学习中华优秀传统文化、革命文化和社会主义先进文化，批判吸收外来文化。

因此，坚持用习近平新时代中国特色社会主义思想培育和造就能够"担当民族复兴大任的时代新人"，高校思想政治工作要服务于新时代建设中国特色社会主义现代化强国的梦想，既要全面准确地领会习近平新时代中国特色社会主义思想的精神实质和丰富内涵，又要运用习近平新时代中国特色社会主义思想去武装当代大学生，帮助大学生提升综合素养，教育引导他们树立正确的世界观、人生观和价值观。

---

① 习近平：《把思想政治工作贯穿教育教学全过程 开创我国高等教育事业发展新局面》，《人民日报》2016年12月9日。

二 用习近平新时代中国特色社会主义思想武装当代大学生是高校思想政治工作的时代使命

每个时代都有每个时代的历史使命，一代青年有一代青年的历史际遇。现在的大学生，刚 20 来岁，从现在到 2050 年，正是现在青年大学生成长成才、服务国家社会的黄金时间。正如习近平总书记对青年所说，"实现'两个一百年'奋斗目标，你们和千千万万青年将全过程参与"。不难想象，青年不但是现在的生力军，更是未来的主力军。习近平总书记反复强调青年之于国家和民族的责任，深意不言而喻。青年学子要紧紧抓住难得的历史机遇，把人生理想融入到实现中华民族伟大复兴的"中国梦"的奋斗中，把爱国之情、强国之志、报国之行统一起来。

每一位青年大学生都需要深刻理解习近平新时代中国特色社会主义思想的指导意义、历史地位、丰富内涵、精神实质和实践要求，需要全面领悟其中蕴含的新理念、新思想、新观点、新论断的价值内涵，领会其所体现出的政治立场、使命意识和担当精神，学会运用马克思主义的观点和方法，不断提升政治觉悟和思想理论水平，真正把习近平新时代中国特色社会主义思想内化于心、外化于行，做到善学善用，真学真用。因此，当前高校思想政治教育的重点，就是要将习近平新时代中国特色社会主义思想融入高校课堂教学中，坚定大学生的理想信念和"四种意识"，增强其抵御各种非马克思主义思潮尤其是错误思潮侵蚀的能力，培养更多为建设新时代中国特色社会主义事业和实现中华民族伟大复兴中国梦的时代新人。党的十九大报告对习近平新时代中国特色社会主义思想进行了全面阐述，形成了一个严密的逻辑体系，实现了一系列重大理论创新，为新时代改进、加强与创新高校思想政治教育工作既提供了理论指导，又赋予了新的时代内涵，既给高校思想政治教育工作带来了新的机遇和新的课题，也为当前高校思想政治教育工作增添了新内容和新要求。原教育部思想政治工作司司长冯刚说："创新思想政治教育要求具有世界眼光、中国情怀和时代特征。"[①] 如何将习近平新时代中国特色社会主义思想有机融入高校思想政治教育工作，以进一步增强高校思想政治教育的时代感和时效性，这是高校思想政治工作亟待研究和解决的重要课题。

三 推动习近平新时代中国特色社会主义思想"进教材、进课堂、进头脑"是高校思想政治工作者的重要职责

紧跟时代步伐，把握时代脉搏，才能培养出符合时代要求的新青年。习近平新时代中国特色社会主义思想是推动高等教育内涵式发展的"纲"，是新时期加强和改进高校思想政治工作的"魂"，用这一重要思想武装头脑、指导实践、推动工作，是当前高校做好思想政治工作的头等大事。我们要紧密结合实际，深入推进习近平新时代中国特色社会主义思想系统进教材、生动进课堂、扎实进头脑，用马克思主义中国化最新成果武装师生头脑，使高校发展方向同国家发展的现实目标和未来方向紧密联系在一起。党的十九大作出了"中国特色社会主义进入新时代"的重大政治论断，明确了中国发展新的历史方位，实现中华民族伟大复兴的中国梦是新时代中国共产党人的历史使命，是全党全国各族人民共同的奋斗目标，也是新时代赋予青年的使命和责任。立德树人是高校的立身之本，其关键就在于将习近平新时代中国特色

---

① 李辽宁：《论思想政治教育学科的世界眼光、中国情怀与时代特征》，《思想教育研究》2015 年第 2 期。

社会主义思想贯穿于教育教学和人才培养全过程，通过习近平新时代中国特色社会主义思想"三进"工作不断提高学生的思想水平、政治觉悟、道德品质及文化素养，激励学生自觉把个人的理想追求融入国家和民族的事业中，勇做走在时代前列的奋进者、开拓者，为实现"两个一百年"奋斗目标，实现中华民族伟大复兴中国梦提供有力人才支撑。

进教材、进课堂、进头脑的"三进"工作，是用习近平新时代中国特色社会主义思想武装大学生的重要载体和平台。推进"三进"工作，进教材是基础，进课堂是关键，进头脑是目的。进了教材，师生才有"本"和"纲"，才能有的放矢。"进教材"不是简单地摘录习近平的系列重要讲话和党中央的报告文献进入教材，而是要根据习近平新时代中国特色社会主义思想、结合新时代实际来完善优化教材内容，满足广大学生的学习需求。课堂教学是用习近平新时代中国特色社会主义思想武装大学生的主阵地和主渠道，进课堂重点是进思政课堂，同时要进专业课堂；进课堂不仅要进传统课堂，也要进网络课堂。高校教师要"以德立身、以德立学、以德施教"，[①]"进课堂"要求高校思想政治理论课教师依托教材但不能照本宣科，否则只会导致"言者谆谆，听者藐藐"。教师应先学一步，确保学深学透，实现精准授课，并适应学生特点，因材因人施教，让学生不仅受益更乐学。为创新教学方式和途径，可探索开展习近平新时代中国特色社会主义思想精品课、优质课、示范课评选，采取专家系列讲座、专题讲授、网络课堂相结合的模式，充分发挥信息技术的优势，开设微

[①] 习近平：《把思想政治工作贯穿教育教学全过程 开创我国高等教育事业发展新局面》，《人民日报》2016年12月9日。

课、MOOC 教学，还可以不断创新工作载体，如利用班会、队会、团会等平台载体，举办主题思想报告会、研究生学术论坛，探索"互联网＋学习"新模式，以微视频、微电影、动漫等现代传播手段丰富"三进"工作等，切实提高"三进"的实效。当然，高校思想政治工作者自身要加强对习近平新时代中国特色社会主义思想的学习和理解，做到"真学真懂真信真用"，并以习近平新时代中国特色社会主义思想为遵循，在做好深层次思想理论问题辨析引导上创新形式、下足功夫，使教育引导工作真正"解渴""管用"。只有这样才能真正推动习近平新时代中国特色社会主义思想"进头脑"，增进青年学生政治认同、思想认同和情感认同。

四　习近平新时代中国特色社会主义思想融入高校思想政治教育的思路举措

（一）坚持以社会主义核心价值观为引领，切实增强大学生的"四个自信"

邓小平同志明确指出："学校应该永远把坚定正确的政治方向放在第一位。"[①]"四个自信"实质是对中国特色社会主义的认同，它不仅是对社会主义和资本主义的斗争以及中国传统文化和西方外来文化碰撞的直接回应，也彰显了我们的时代精神。"四个自信"既规范了高校思想政治工作的内容，又为高校思想政治工作健康发展明确了方向。将"四个自信"融入大学生思想政治教育是高校思想政治教育工作创新的必然要求，是巩固和加强意识形态阵地建设的时代诉求。朝气蓬勃的青年大学生是实现中华

---

① 中共中央文献编辑委员会：《邓小平文选》（第2卷），人民出版社1994年版。

民族伟大"中国梦"的希望,是实现第二个"百年目标"的主要力量。坚定"四个自信",青年不能"缺位"。新时代加强高校大学生思想政治工作,必须把为大学生铸魂和价值引领放在首位,自觉加强"四个自信"教育引领,不仅要培养具有创新精神、全球视野、国际竞争力的领军型人才,更要培养具有历史使命感和时代责任感的合格建设者和可靠接班人。

当代大学生思维活跃、视野开阔、个性张扬、主张互动,渴求成为教育活动的互动者而非单向接受者。习近平新时代中国特色社会主义思想融入要"找准思想认识的共同点、情感交流的共鸣点、利益关系的交汇点、化解矛盾的切入点",[①] 要主动适应大学生发展规律,牢牢把握新时代大学生的新变化,既解决他们的现实际遇问题,也注重精神心理愉悦的获得感,以新时代精神切实回应大学生的思想困惑,化解大学生关注的焦点问题,在缺位处补位,在越位处正位,使习近平新时代中国特色社会主义思想理论上有高度,实践上接地气,既严谨又生动。当然,满足大学生主体需求并不意味着一味迎合需求,思想政治教育具有超越性的特征,要主动掌握引领的主导权,超越大学生的现实发展诉求,提升大学生思想境界。

(二)推动高校思想政治工作方法创新,实现理论引导与实践养成相结合

在大学生思想政治教育中,既要注重理论教育,又要注重实践教育,强调行为养成,实现知行统一。[②] 习近平新时代中国特色社会主义思想博大精深,必须通过理论引导的方式使学生掌握

[①] 中共中央文献研究室编:《习近平总书记重要讲话文章选编》,中央文献出版社 2016 年版,第 432 页。

[②] 张耀灿:《现代思想政治教育学》,人民出版社 2006 年版。

其基本内涵和重要意义。但是"灌输"未必"入脑","知道"未必就能"做到",高校思想政治工作者既要讲深讲透社会历史发展规律、国家民族梦想的大道理,也要通过实践活动让学生感悟一个又一个具体的道理,并通过无数的小道理贯通大道理。大学生是思想最活跃、生命力最旺盛、求知欲最强烈的群体,这一群体的特点决定了其"易以理服,难以力胜"。毛泽东指出:"要人家服,只能说服,不能压服。压服的结果总是压而不服。以力服人是不行的""我们一定要学会通过辩论的方法、说理的方法,来克服各种错误思想。"[①] 习近平总书记强调:"要注重表达方式、传播艺术,以理服人、以情动人,多讲鲜活故事,多作交流互动,有针对性地释疑解惑,吸引学生主动靠近、自动连接。"[②] 当代思想政治理论课必须与时俱进,习近平新时代中国特色社会主义思想是重大的理论创新,我们要利用课堂主渠道,坚持不懈地阐释、传播其深刻的思想内涵,用我们党的创新理论和真理力量,以实事求是的态度讲好"中国故事",讲透"中国成绩",让中国道路、中国理论、中国制度深入学生的内心。同时,还要针对大学生群体中的个体差异、不同专业学生的文化差异,打造翻转课堂、慕课、微课,采取研究型、启发式、典型案例教学,及时为学生释疑解惑。习近平总书记在全国高校思想政治工作会议上指出,"要用好课堂教学这个主渠道,思想政治理论课要坚持在改进中加强,提升思想政治教育亲和力和针对性,满足学生成长发展需求和期待"。因此,高校在发挥好思想政治理论课主渠道作用的同时,要深入发掘各类课程的育人资源和潜力,通识课和

---

① 《毛泽东文集》(第7卷),人民出版社1999年版,第278—279页。
② 习近平:《把思想政治工作贯穿教育教学全过程 开创我国高等教育事业发展新局面》,《人民日报》2016年12月9日。

专业课要润物无声地植入理想信念教育，达到全课程育人效果。

实践也同样是实现大学生思想政治教育价值的关键所在。2014年五四青年节，习近平总书记在同北京大学师生代表座谈时，强调实践对于青少年核心价值观养成的重要性，他指出，"道不可坐论，德不能空谈。于实处用力，从知行合一上下功夫，核心价值观才能内化为人们的精神追求，外化为人们的自觉行动"[①]。第一，鼓励学生亲身参与义务支教、三下乡支农、志愿者行动等社会实践，鼓励大学生面向基层、服务基层，支持西部地区、偏远贫困地区和农村的教育、卫生、扶贫等社会事业的发展，组织考察改革开放前沿地区、参观经济社会发展成就展等，充分引导大学生在实践中了解国情、经受锻炼、增长才干，在活动中树立对人民的感情，践行对社会的责任。第二，建设实践教育基地，积极主动与政府部门、企事业单位、社会组织合作，让大学生开展实习实训活动，为学生参与社会实践创造更多机会和舞台。第三，健全和规范实践活动的相关配套制度，进一步完善社会实践体制机制，建立成果鉴定和成绩考核制度、指导教师激励制度、归口管理制度等，将社会实践纳入教学计划和大学生综合素质测评体系之中，将社会实践指导的工作量和成绩与教师的津贴和评优晋升挂钩。第四，完善学生志愿服务工作体系、评价体系和保障体系，将志愿服务情况纳入大学生综合素质评价指标。

（三）创新高校思想政治工作者之间的联动机制，形成思想政治教育"协同效应"

当前，高校学生思想政治工作在认知和实践层面上不同程度

---

① 习近平：《青年要自觉践行社会主义核心价值观——在北京大学师生座谈会上的讲话》，《人民日报》2014年5月5日。

地存在"孤立、封闭、分散"等不协调、不和谐、不平衡的状况,协同意识和协同效能较弱,长效协同机制尚未形成,协同工作的合力未能落实到位。习近平总书记在全国高校思想政治工作会议上提出:"把思想政治工作贯穿教育教学全过程,实现全程育人、全方位育人。"① 高校是意识形态斗争的前沿阵地,高校教育工作者要"同向同行",发挥高校党委的领导作用,创新高校思想政治工作者之间与其他教育工作者之间的协作机制,形成思想政治教育"协同效应",这是遵循高校思想政治教育规律的内在要求,也会为推动新时代高校思想政治工作"三全育人"发挥重要作用。思想政治工作者的合力育人机制不是一个简单叠加,它需要组织、经费、人员、场所等众多环节相互配合,因此建立和谐高效、健康发展的运行机制十分关键。高校党委要将意识形态工作和思想政治工作放在重要位置,要为思想政治工作者提供平台和舞台,要确保思想政治工作者的物质待遇与职业发展空间。高校党委还要严格管理好教师队伍,对师德师风和意识形态问题"一票否决",确保高校始终成为培养新时代中国特色社会主义事业建设者和接班人的坚强阵地。

高校思想政治教育的协同不仅表现在日常思想政治教育与思想政治理论课之间,还体现在文化育人、管理育人、科研育人等各个育人平台之间。通过课程育人平台、文化育人平台、管理育人平台、科研育人平台的联动,构建多平台协同的育人模式,可以实现教育资源的统筹利用、教育阶段的合理衔接及教育内容的有效互补,最终实现立德树人的根本目标。

---

① 习近平:《把思想政治工作贯穿教育教学全过程 开创我国高等教育事业发展新局面》,《人民日报》2016年12月9日。

（四）树立"以学生为中心"的工作导向，把教育、引导与服务学生结合起来

习近平总书记强调，思想政治工作必须围绕学生、关照学生、服务学生。习近平新时代中国特色社会主义思想融入要强调生活化、日常化、体验化、大众化的时代趋势，把习近平新时代中国特色社会主义思想以日常思维的"通俗逻辑"、生活行为的"道德核准"、共同价值的"庄严辩护"、大众心理的"普遍安慰"渗入生活世界①，使学生在情感中内化于心，在实践中外化于行。思想政治教育工作的本质是做人的工作，高校在教育和管理大学生过程中，必须树立以学生为中心的工作导向，坚持学生主体地位，必须坚持把解决大学生思想问题与解决大学生实际问题结合起来，把教育引导学生与管理服务学生结合起来，既要教育大学生、引导大学生，又要关心大学生、帮助大学生，以满足大学生健康成长、成才的实际需求为宗旨，健全管理和服务大学生的各种机制。如不断完善"奖、助、贷、补、减"多元化助学体系，努力推进资助育人，为贫困家庭学生健康成才搭建平台；构建大学心理健康教育与服务咨询平台，从大学生健康成长需要出发，积极开展多种形式的心理健康教育和心理咨询服务，实现心理健康教育工作制度化、危机干预全员化，切实提高大学生心理健康素质；构建大学生科技创新和社会实践平台，积极培育大学生的创新精神和实践能力；积极开辟就业市场，认真落实大学生基层就业和自主创业扶持政策，不断提高大学生就业能力和竞争力；完善大学生就业指导与咨询体系建设，加强大学生就业指导与职业生涯规划课程体系，努力实现就业指导工作全程化、全员化、多元化和

---

① 《马克思恩格斯全集》（第1卷），人民出版社1956年版，第452页。

个性化等。大学生活总少不了一些迷茫与困惑，高校思想政治工作要注重为学生解疑释惑，及时解答学生在学习、生活、社会实践中遇到的困惑，不断提升思想政治工作的亲和力和针对性。

习近平总书记指出："做好高校思想政治工作，要因事而化、因时而进、因势而新。要遵循思想政治工作规律，遵循教书育人规律，遵循学生成长规律，沿用好办法，改进老办法，探索新办法，不断提高工作能力和水平。"[1] 做好新时代大学生思想政治教育，要全面把握"事""时""势"的内在逻辑，谋事敦行、识时言理、循势育人，不断推进新时代大学生思想政治教育改革创新。

第四节 中国优秀传统文化融入大学生思想政治教育的路径探究

中华优秀传统文化是中华民族的精神标识，在习近平总书记看来，"中华民族在几千年历史中创造和延续的中华优秀传统文化，是中华民族的根和魂"[2]。把中华民族五千多年文明历史所孕育的中华优秀传统文化作为社会主义先进文化建设的精神基因，是以习近平同志为核心的党中央对中华优秀传统文化的鲜明态度。中华优秀传统文化内在的理想信念、价值取向、基本精神和育人方式中蕴含着滋养思想政治教育的宝贵智慧，从中华优秀传统文化中汲取丰富的智慧，发挥其情感与道德感召力，有助于思想政治教育深入人心。党的十九大报告指出，要"深入挖掘中华优秀

---

[1] 习近平：《把思想政治工作贯穿教育教学全过程 开创我国高等教育事业发展新局面》，《人民日报》2016年12月9日。

[2] 习近平：《在庆祝澳门回归15周年大会上讲话》2014年12月20日，http://cpc.people.com.cn/n/2014/1221/c64094－26246398.html。

传统文化蕴含的思想观念、人文精神、道德规范，结合时代要求继承创新，让中华文化展现出永久魅力和时代风采"①。《中共中央 国务院关于进一步加强和改进大学生思想政治教育的意见》也明确要求，在新时期大学生思想政治教育中要充分发挥中华民族优秀传统文化的作用。这为思想政治教育的理论研究和教育实践提出了新的目标任务、创造了新的发展机遇。

一 中国优秀传统文化在大学生思想政治教育中的价值

（一）优秀传统文化有助于培养大学生爱国主义精神，增强民族自信心

中国古代历来讲格物致知、诚意正心、修身齐家、治国平天下。中华优秀传统文化以"内圣外王"作为理想人格与人生追求，激励人们加强道德修养，提高人生境界，完成"内圣"的实践功夫，同时通过社会实践，将内在人格力量外化于现实社会价值的创造中，实现治国平天下的宏大抱负。孔子提出"学而优则仕"，张载提出"为天地立心、为生民立命、为往圣继绝学、为万世开太平"，顾炎武提出"天下兴亡、匹夫有责"，林则徐提出"苟利国家生死以，岂因祸福避趋之"。习近平总书记在中央党校建校80周年庆祝大会上指出："古人所说的'先天下之忧而忧，后天下之乐而乐'的政治抱负，'位卑未敢忘忧国'、'苟利国家生死以，岂因祸福避趋之'的报国情怀，'富贵不能淫，贫贱不能移，威武不能屈'的浩然正气，'人生自古谁无死，留取丹心照汗青'、'鞠躬尽瘁，死而后已'的献身精神等，都体现了中华民族的优秀传统

---

① 习近平：《决胜全面建成小康社会 夺取新时代中国特色社会主义伟大胜利——在中国共产党第十九次全国代表大会上的报告》，《人民日报》2017年10月28日。

文化和民族精神,我们都应该继承和发扬。"① 教育是为了培养有理想有担当、有家国情怀的有志之士,这是中华民族文化传统中的重要思想精粹。

优秀传统文化蕴含着深刻的家国意识和爱国情怀,既能催人奋进,又能砥砺人格。大学生思想政治教育要构筑高尚道德情操、关注民族前途与国家命运,把个人理想与国家兴盛、民族富强、百姓幸福紧密相连。习近平总书记在全国高校思想政治工作会议上指出,高校思想政治工作要教育引导大学生树立"四个正确认识",即教育引导学生正确认识世界和中国发展大势,不断树立为共产主义远大理想和中国特色社会主义共同理想而奋斗的信念和信心;正确认识中国特色和国际比较,全面客观认识当代中国、看待外部世界;正确认识时代责任和历史使命,用中国梦激扬青春梦,点亮理想的灯、照亮前行的路;正确认识远大抱负和脚踏实地,把远大抱负落实到实际行动中,让勤奋学习成为青春飞扬的动力,让增长本领成为青春搏击的能量。中华优秀传统文化以爱国主义为核心的民族精神鼓舞人心、凝聚动力,有利于大学生增强国家认同,培养爱国情感,树立民族自信。正如张岱年指出,高校中华传统文化教育有助于大学生准确认识国情与民族。②

(二) 优秀传统文化有助于培育大学生社会主义核心价值观,树立远大理想

习近平总书记在同北大师生座谈时指出:"人类社会发展的历史表明,对一个民族、一个国家来说,最持久、最深层的力量是全社会共同认可的核心价值观。核心价值观,承载着一个民族、

---

① 《习近平在中央党校建校 80 周年庆祝大会暨 2013 年春季学期开学典礼上的讲话》,《人民日报》2013 年 3 月 3 日。
② 张岱年等:《中国文化概论》,北京师范大学出版社 2004 年版,第 7 页。

一个国家的精神追求，体现着一个社会评判是非曲直的价值标准。"① 中华优秀传统文化是社会主义核心价值观的重要基石。习近平总书记指出："中华优秀传统文化是社会主义核心价值观的深厚沃土，离开优秀传统文化的滋养，社会主义核心价值观将变成无源之水、无本之木。"② 社会主义核心价值观借鉴并汲取了中华传统文化的精髓，将国家、社会、公民三个层面的价值追求融为一体。中华文化强调"民惟邦本""天人合一""和而不同"；强调"天行健，君子以自强不息""大道之行也，天下为公"；强调"天下兴亡、匹夫有责"；强调"君子喻于义""诚者，天之道也；思诚者，人之道也""言必信、行必果""人而无信，不知其可也"；强调"仁者爱人""己所不欲，勿施于人""老吾老以及人之老，幼吾幼以及人之幼""出入相友，守望相助""扶贫济困""不患寡而患不均"等，中华文化讲仁爱、重民本、守诚信、崇正义、尚和合、求大同等核心思想理念，与社会主义核心价值观血脉相承、文脉相连。习近平总书记指出："中华优秀传统文化已经成为中华民族的基因，我们提倡和弘扬社会主义核心价值观，必须从中汲取丰富营养，否则就不会有生命力和影响力。"将优秀传统文化融入育人体系，根本上是要让大学生认同和践行社会主义核心价值观，这正是"德"的要求，是培养合格建设者和可靠接班人的首要条件，也是高校思想政治工作的中心任务。这就需要深入挖掘中华优秀传统文化价值内涵，进一步激发中华优秀传统文化的生机与活力，大力传承和延续中华民族思想精髓、精神基因、文化血脉，更好地构筑中国精神、中国价值和中国力量。

---

① 习近平：《同北京师范大学师生代表座谈时的讲话》2014 年 9 月 10 日，http://politics.people.com.cn/n/2014/0910/c70731-25629093.html。

② 宋乃庆：《社会主义核心价值观与中华优秀文化》，《光明日报》2014 年 10 月 7 日。

（三）优秀传统文化有助于全面提升大学生的人文素养，塑造理想人格

在改革开放的大环境下，我国经济高速发展，科学技术日新月异，但大学生工具理性的不断膨胀，价值理性的日渐式微等问题也随之而来。而且当今社会随着西方文化思潮的涌入，一些大学生文化认同逐渐弱化，文化观念受到挑战，文化自主逐渐丧失，参与意识日趋淡化。在部分大学生中存在着文化缺失现象，这种现象导致部分大学生出现有知识没文化、有技艺没灵魂、有智力没情怀等问题，从而直接影响大学生价值观、人生观和世界观的形成。社会发展实践证明，没有人文素质教育，人类将堕入科技进步带来的文化黑暗及社会灭亡、文化消亡的深渊。中国传统文化最丰厚的资源在人文领域，其最主要的特点是鲜明的人文精神和伦理精神，其最鲜明的载体是哲学、史学、文学、宗教、艺术等。习近平总书记指出："中国传统文化博大精深，学习和掌握其中的各种思想精华，对树立正确的世界观、人生观、价值观很有益处。学史可以看成败、鉴得失、知兴替；学诗可以情飞扬、志高昂、人灵秀；学伦理可以知廉耻、懂荣辱、辨是非。"[①]《大学》三纲领讲"明明德、亲民、止于至善"，宗旨在于彰显人的品德，向内成己，向外成物，使人达到最完美的境界。中国传统教育思想始终注重"德性"的养成，注重修身养性。修身是陶冶身心，涵养德性，是为了培养优秀的道德品格与高尚的道德人格而进行的自我磨炼与力求完美的品格追求。儒家的"君子之道""穷则独善其身，达则兼济天下""修己以安人""国无德不兴，人无德不

[①]《习近平在中央党校建校80周年庆祝大会暨2013年春季学期开学典礼上的讲话》，《人民日报》2013年3月3日。

兴"，充分体现了以德为先的精神，《大学》的"诚意正心"，《中庸》的"明善诚身"强调了崇德修身的"个人之德"，都在强调通过教育培养德才兼备的人。加强大学生的优秀传统文化教育，有助于提高大学生的人文素养。

二 当前中国优秀传统文化与思想政治教育融合过程中存在的问题

（一）对大学生思想政治教育中融入传统文化的重要性认识不足

根据《2016年度大学生思想政治状况调查分析》[①]数据显示，高达95.8%大学生为中华文化感到自豪，91.1%的大学生认为"中华民族一定能创造文化新辉煌"，89.6%大学生认为"中华优秀传统文化具有超越时空的永恒魅力"，中华优秀传统文化的价值获得了当代大学生的高度认同。大学生普遍认为中华优秀传统文化需要积极传承，具有较强的学习传统文化的兴趣和意愿。86.2%的大学生认为学校开展传承中华优秀传统文化的教学实践活动"很有必要"或"比较必要"，93.2%的大学生对中国古代经史子集、诗词歌赋、琴棋书画、舞蹈、武术等传统文化表现出不同程度的学习兴趣，79.1%的大学生表示愿意参加学校开设的有关中华传统文化课程，另有79.5%的大学生表示愿意参加学校开展的"阅读中国古代经典、学习民族乐器、练习中国功夫"等中华传统文化传承活动。当前，国内高校在推动传统文化与思想政治教育的结合中做了一些工作，如在学生入学后的第一课上，湖南大学

---

① 沈壮海等：《2016年度大学生思想政治状况调查分析》，《思想政治教育研究》2017年第1期。

安排学生走进书院,感受书院的文化气息,从文化和传统的角度去感受湖南大学的教育传统,感悟千年来历史文化留给书院的文化功底;再如,东北师范大学开设了传统文化相关课程,将文化、历史和经典传诵等作为选修课程进行鉴赏和考试,在教学过程中注重传统文化在学生价值观念中的渗透和指导,尤其是在教学活动中开展的经典传诵课程,引导学生阅读经典,感受经典文化产物的魅力;武汉大学不断推动社会传统文化品牌的树立,在著名的樱花节举办的各式文化宣传活动,为校园的文化娱乐带来新的亮点,在推动传统文化精神与学生思想政治教育的结合过程中收到显著的成效。

但是,总体上高校对大学生思想政治教育中融入传统文化的重要性认识不足,导致中华优秀传统文化的继承和发扬工作面临思想重视、行动欠缺的尴尬境地,在当前的大学生思想政治教育实践中,开展传统文化教育的主动性还不够,缺乏体系化,比较零散,不能满足大学生对于传统文化教育的需求。大多数高校没有设置专项传统文化教育的方案,传统文化的教育宣传过程缺少实施的载体,没有确定性的教育宣传内容。高校必须结合学校实际需要,充分认识思想政治教育中融入传统文化的重要性,让传统文化的教育工作真正落地开花。

(二) 大学生思想政治教育中开展传统文化教育的载体单一

有效的载体是实现传统文化在大学生思想政治教育的教育价值的重要保障,互联网、选修课、第二课堂、社会实践、传统节日等都应该成为中华优秀传统文化融入思想政治理论课教学的有效载体。当前,大学生主要通过思想政治理论课与公共选修课这两类课程学习中华优秀传统文化,教育内容偏于政治性和说教性,教育方式单一,而举办以中华优秀传统文化为主题的校园文化活动明显过少。可见,高校在开展传统文化教育时缺乏生动有效、丰富有趣的适合大学生学习特点的教育载体，无法适应维系大学生对传统优秀文化认同的需要。而且，以互联网为代表的新兴媒体对大学生的思想观念、价值选择和行为模式等都产生了深远影响，也为大学生中华优秀传统文化教育提供了更加广阔的平台。但是，从目前来看，许多高校基本上还未将互联网与大学生中华优秀传统文化教育真正有效结合起来，使互联网成为传播中华优秀传统文化的新兴阵地。

（三）思想政治教育工作者的传统文化素养有待提升

每一位高校教师都担负着指导和引领学生健康成长的责任，师者先善其德，是立教之道，也是人师的责任担当。习近平总书记在强调教师自身思想政治素质的重要性时指出："在学生眼里，老师是'吐辞为经、举足为法'，一言一行都给学生以极大影响。教师思想政治状况具有很强的示范性。"[1] 一个教师就是一本活的教科书，教师的人格魅力对学生本身就是一种隐性的德育体验。梅贻琦先生曾讲道："学校犹水也，师生犹鱼也，其行动犹游泳也，大鱼前导，小鱼尾随，是从游也，从游既久，其濡染观摩之效，自不求而至，不为而成。"[2] 因此，提升从事思想政治教育工作者的传统文化素养和言传身教能力至关重要。高校思想政治教育工作者要从自身做起，准确把握中华优秀传统文化的精髓，夯实理论功底，并通过各种渠道和方式，讲清楚中华优秀传统文化的历史渊源、发展脉络、基本走向，讲清楚中华文化的独特创造、价值理念、鲜明特色，引导大学生认知中华优秀传统文化的内涵，正如习近平总书记所言，"传道者只有自己首先明道、信

---

[1] 习近平：《在北京大学师生座谈会上的讲话》，《人民日报》2018年5月3日。
[2] 梅贻琦：《中国人的教育》，中国工人出版社2013年版，第15页。

道,坚持教育者先受教育,才能成为先进思想文化的传播者,更好地承担起学生健康成长指导者和引路人的责任"。所以,推进高校以文化人工作,不但离不开整个社会人文环境的优化,而且离不开整个高校教师队伍的协同发力。

三 中国优秀传统文化与大学生思想政治教育融合的实现路径

千百年来浸润人心、为人们所"日用而不觉"的中华优秀传统文化,无疑是大学生思想政治教育创新的不竭之源。加强对中华优秀传统文化的学习与传承,积极开展各类文化课程和大学生文化实践活动,从博大精深的中华文化中汲取丰富的精神滋养,提升大学生的文化自信和文化认同,应成为高校思想政治教育高度关注并持续着力的一个重要方面。习近平总书记反复强调:"对历史文化特别是先人传承下来的价值理念和道德规范,要坚持古为今用、推陈出新,有鉴别地加以对待,有扬弃地予以继承,努力用中华民族创造的一切精神财富来以文化人、以文育人。"① 将中华优秀传统文化融入大学生思想政治教育,其核心是"融入"。"融入"不是简单的"复制"或"组合",而是两者的彼此融合、共生共长。如何发挥传统文化的现实价值,找到两者相融合的"契合点",关键取决于我们如何从现实出发来诠释和理解它,并结合时代精神进行创造性转化和创新性发展。

(一)把握优秀传统文化精髓,增强高校思想政治教育的文化自觉

国学大师张岱年先生指出:"必须正确理解民族文化中的优

---

① 《习近平谈治国理政》,外文出版社2014年版,第155页。

秀传统，才能具有民族自尊心、民族自信心。"① 强调"以文化人"，首先要明确"文"必须是体现人类社会发展方向的社会主义先进文化。"文"是"以文化人"的基础，中华传统文化经历上千年的沉淀和流传，其中必定有糟粕文化，需要我们加以剔除，但是，其中也有许多优秀传统文化值得我们继承和发扬，了解和传播这些优秀传统文化，有利于增强大学生的民族自尊心和自信心。将中华优秀传统文化融入思想政治教育，既要体现继承、发扬中华优秀文化传统的要求，又要体现与时俱进、不断创新的要求。黑格尔说过："传统并不仅仅是一个管家婆，只是把她所接受过来的忠实地保存着，然后毫不改变地保持着并传给后代。它也不像自然的过程那样，在它的形态和形式的无限变化与活动里，仍然永远保持其原始的规律，没有进步。"② 因此，对于中华传统文化要做到古为今用，守正开新，取其精华，去其糟粕，不复古泥古，不简单否定，不断赋予优秀传统文化新的时代内涵，实现传统与现代、继承与超越、民族性与时代性的有机统一，正如习近平总书记在中央政治局第十二次集体学习时的讲话中所指出的："要使中华民族最基本的文化基因与当代文化相适应、与现代社会相协调，把跨越时空、超越国界、富有永恒魅力、具有当代价值的文化精神弘扬起来，把继承传统优秀文化又弘扬时代精神、立足本国又面向世界的当代中国文化创新成果传播出去。"

在中华优秀传统文化融入高校思想政治教育过程中，需要充分尊重和调动大学生的主体意识，促进他们对中华优秀传统文化的自觉关注、认知，培养对中华优秀传统文化的情感，最终实现

---

① 《张岱年全集》（第7卷），河北人民出版社1996年版。
② 黑格尔：《哲学史讲演录》（第1卷），商务印书馆2011年版，第8页。

对中华优秀传统文化的高度自信。费孝通先生提出了"文化自觉论",它是指"生活在一定文化中的人对其文化有自知之明,明白它的来历、形成过程、所具有的特色和它发展的走向"。① 用中华优秀传统文化教育人,就要在大学生中传承和弘扬中华传统文化的思想精华,引导大学生认知中华优秀传统文化的内涵,从而达到习近平总书记提出的"让13亿人的每一分子都成为传播中华美德、中华文化的主体"的目标。习近平总书记强调,"要讲清楚每个国家和民族的历史传统、文化积淀、基本国情不同,其发展道路必然有自己的特色;讲清楚中华文化积淀着中华民族最深沉的精神追求,是中华民族生生不息、发展壮大的丰厚滋养;讲清楚中华优秀传统文化是中华民族的突出优势,是我们最深厚的文化软实力;讲清楚中国特色社会主义植根于中华文化沃土、反映中国人民意愿、适应中国和时代发展进步要求,有着深厚历史渊源和广泛现实基础"②。我们需要坚持马克思主义的理论和方法指导,以中华民族伟大复兴为理想信念,以社会主义核心价值观为价值基石,对源远流长的中华优秀传统文化做深入的挖掘和阐发,以更好地发挥传统文化的滋养作用,在新时代焕发光芒。

(二)提升传统文化价值意蕴,发挥通识教育课程的主渠道作用

课堂教学是大学生接受教育的主阵地,也是大学生思想政治教育中开发利用传统文化资源的重要场所,在优秀传统文化教育方面发挥着主渠道的作用。中华优秀传统文化融入高校思想政治理论课是思想政治理论课创新的重要生长点,有利于增进大学生

---

① 费孝通:《论人类学与文化自觉》,华夏出版社2004年版。
② 《意识形态工作是党的一项极端重要的工作》,《人民日报》2013年8月20日。

对世情、国情、党情的了解，增进学生对中国共产党、中国特色社会主义的认知与认同。教育部颁发的《完善中华优秀传统文化教育指导纲要》指出，要深入挖掘中华优秀传统文化中蕴含的丰富思想政治教育资源，进一步丰富高校思想政治理论课的教学内容，充分发挥其在传承发展中华优秀传统文化中的重要作用。中华优秀传统文化蕴含着丰富的教育教学资源，需要思政课教师加强学术研究，提升中华优秀传统文化知识和素养水平，打牢理论功底，提炼和挖掘中华优秀传统文化资源，使传统与现代有机结合起来，让思政课更"活"、更"接地气"。通过讲道理以理服人，通过讲故事以情感人，学生才能有更深刻的领悟和更真切的体验，才能将爱国情怀融入社会实践。当然，将中华优秀传统文化融入思想政治理论课教学，既不能将思想政治理论课演变成传统文化的普及课，也不能仅仅将中华优秀传统文化简化成思想政治理论课的教学素材或注脚，而是要实现思想政治理论课教学的政治功能与文化使命的有机统一。

另外，大学可在本科生培养方案中加入中华优秀传统文化的选修通识课，例如要求全体在校学生在"人文社科类"课程中至少修读一定学分。学校可以鼓励教师开设《四书》与中华民族精神、《周易》与中国文化、先秦诸子思想、唐诗经典研读、两汉文化研究等各类与中华优秀传统文化息息相关的课程，为学生感悟优秀传统文化、提升人文素养搭建坚实平台。此外，还要注重发挥教师自身的榜样和示范作用。教师要以身作则，"不仅要善于言教，还要善于身教，应该言行一致地带头实践所提倡的优良道德品质和价值观念"。[①] 因此，提高教师自身人文素质，有利于

---

① 郑永廷：《思想政治教育方法论》，高等教育出版社1999年版，第255页。

在专业教学中渗透人文教育,进而提高大学生人文素养,提高学校文化品位。

(三)积极开展优秀的校园文化活动,建立有效的人文教育机制

让学生从内心深处真正服膺认同,内化于心、外化于行,一定离不开文化的浸润、感染、熏陶。以文化人是注重精神成长、思想提升,通过人们喜闻乐见的方式,逐渐地感染人、影响人、转化人,实现"蓬生麻中不扶自直"的教育效果。优秀的校园文化对大学生思想观念、价值取向和行为方式具有积极影响,是其他思想政治教育方式难以替代的。积极开展优秀的校园文化活动,是传播中华优秀传统文化的重要渠道。学校要立足于满足大学生的精神文化需求,组织开展内容丰富、形式新颖、吸引力和感染力强的学习先进活动、主题教育活动、科技创新活动、文艺体育活动、社会实践活动等,把德育与智育、体育、美育有机结合起来,寓教育于文化活动之中,让学生在主动参加这些活动的过程中体验中国优秀传统文化的精华,陶冶道德情操,提升人文素养,积淀文化基础,增强文化内涵,树立文化自信。比如清华大学国学院近年来设立"梁启超讲座""王国维讲座""陈寅恪讲座",三大讲座每年各举办一次,每次分若干专题讲,邀约文、史、哲等领域的世界级学者,围绕特定的专题进行讲演,对提升学生的国学素养起到了良好的效果。学校可以利用校史馆、博物馆,组织学生定期学习学校的历史,在校史的讲授中发挥传统文化的影响作用;可以组织参观博物馆、图书馆、名胜古迹、遗址等,增强学生民族认同感;可以大力发展兴趣爱好、理论学习类学生社团;可以面向高年级学生开展经典书籍专题报告会、读书交流会,努力营造"爱读书、读好书、善读书、品好书"的学习氛围；可以结合学校各方面的资源优势，举办传统文化的系列讲座；可以组织学生参与社会实践活动，例如参与假期支教活动等，提升学生的爱国情操，培养学生为社会奉献的精神。同时，关注传统文化的重大节日，结合春节、清明节、端午节、中秋节、重阳节、七夕节等传统节日来开展传统文化宣传。让高校大学生能亲身融入到感受传统文化的氛围中，进一步强化大学生对中华优秀传统文化的认同感。

（四）发挥新媒体的广泛影响力，使优秀传统文化的传播更加深入人心

"95后""00后"学生已成为高校大学生主流，在思想政治教育的方法应用上，不仅需要针对思想政治教育的内容有所选择，更"要运用新媒体新技术使工作活起来，推动思想政治工作传统优势同信息技术高度融合，增强时代感和吸引力"[①]，真正让传统文化在他们心中产生积极影响。新媒体平台传播速度快、形式多元、互动性强，使传统的教学方法和教学模式日渐受到挑战。推进中国优秀传统文化融入大学生思想政治教育，就要及时把握新态势，适应新媒体、新技术的发展趋势，推动中华优秀传统文化传播与新媒体融合，推进宣传教育平台载体、方式、手段的创新。高校可充分利用新媒体，拓宽传播渠道，以大学生喜闻乐见的方式传播中华优秀传统文化，实现传统媒体与新媒体"两条腿走路"，让媒体联动成为中华优秀传统文化的传播利器。高校思想政治教育工作者可以建设中国优秀传统文化的专题网站，介绍中国优秀传统文化的杰出代表及其主要思想，并鼓励对中国

---

① 习近平：《把思想政治工作贯穿教育教学全过程　开创我国高等教育事业发展新局面》，《人民日报》2016年12月9日。

传统文化有兴趣的同学线上参与讨论、线下互助学习交流；也可以创建校园传统文化 APP 和公共微信平台，不断丰富表达内容，更新话语形式，增强传统文化网络黏性，使其在现代科技的助力下焕发新的生机与活力。

第五节 特区高校基层党组织加强思想政治工作途径和机制

一 深刻认识高校基层党组织加强思想政治工作的重大意义

（一）深入贯彻党的十九大和习近平总书记全国高校思想政治工作会议精神的需要

加强和改进新形势下高校思想政治工作是一项重大的政治任务和战略工程。高校党组织要贯彻习近平总书记在全国高校思想政治工作会议中的重要讲话精神，始终以立德树人为根本，围绕立德树人开展思想政治工作，履行好自己的主体责任。高校基层党组织是党开展高校全部工作的基础，不仅担负着联系群众、组织群众、团结群众，把党的路线、方针、政策落实到基层的重要职责，而且在构建和谐高校的过程中肩负着义不容辞的历史使命。习近平总书记强调："做好高校思想政治工作，要加强高校党的基层组织建设，创新体制机制，改进工作方式，提高党的基层组织做好思想政治工作的能力。"[①] 这一重要思想指明了高校基层党组织加强思想政治工作的努力方向。基层思想政治工作是落

---

① 习近平：《把思想政治工作贯穿教育教学全过程 开创我国高等教育事业发展新局面》，《人民日报》2016 年 12 月 9 日。

地工程，直接关系着高校思想政治工作的成效，高校基层党组织必须承担起富有成效开展思想政治工作的重要责任和神圣使命，持续提升开展思想政治工作的能力。

（二）积极应对新形势下高校思想政治工作新问题新挑战的需要

当前，国际国内形势变化深刻而复杂，社会文化趋向多元，思想碰撞日趋激烈，西方对中国进行意识形态渗透的形式、手段更隐秘、更复杂，也更具有迷惑性和欺骗性。大学生价值观和世界观尚未定型，批判思辨能力还有待提升，在错误思潮的冲击下，容易表现出感性、非理性的情绪化状态，导致意识形态危机。而且微媒体时代网络信息的碎片化传播极大地干扰了大学生的价值判断，这为高校思想政治教育工作者带来巨大挑战。高校是意识形态工作的前沿阵地，在意识形态领域的激烈斗争中，我国高校在实际工作的部分领域存在"马克思主义被边缘化、空泛化、标签化，在一些学科中'失语'、教材中'失踪'、论坛上'失声'"[1]的现象。巩固马克思主义在高校意识形态领域的指导地位，抵制错误思想观点的传播与蔓延，迫切要求加强和改进高校思想政治工作。

（三）加强深圳特区高校思想政治工作具有现实的紧迫性

我国进入中国特色社会主义新时代，在改革开放40周年、粤港澳大湾区建设全面推进的关键时刻，习近平总书记亲临广东视察指导并发表重要讲话[2]，提出了深化改革开放、推动高质量发展、提高发展平衡性和协调性、加强党的领导和党的建设等方

---

[1] 习近平：《在哲学社会科学工作座谈会上的讲话》，《人民日报》2016年5月19日。
[2] 《以坚定的信心有力的措施把改革开放不断推向深入——习近平总书记广东考察重要讲话引发热烈反响》，《人民日报》2018年10月29日。

面的工作要求。站在新时代的历史起点，习近平总书记对广东提出了"四个走在全国前列"，以新的更大作为开创工作新局面，这意味着高等教育的战略地位更加突出。深圳勇当"四个走在前列"尖兵，率先建设社会主义现代化先行区，对优质高等教育的需要更加迫切。深圳作为我国第一个经济特区，处在改革开放的最前沿，同时毗邻香港、澳门，国际化发展要求不断升级。近年来世界范围内各种思想文化交流、交融、交锋日益频繁，意识形态领域渗透和反渗透的斗争仍然十分尖锐复杂，深圳作为国际化城市具有问题先遇、矛盾先发等特点，维护中国文化安全和意识形态安全面临新的挑战，需要不断深化对做好高校思想政治工作紧迫性和必要性的认识。

二 深圳特区高校基层党组织加强思想政治工作的突出经验

高校思想政治工作既要坚定政治立场，也要深刻把握时代环境的变化，创新方式方法，更接地气、更顺应时代、更有成效。为切实增强高校思想政治工作的针对性，深圳市各高校在理念思路、内容和形式、方法手段和工作机制等方面不断创新。

（一）成立高校思想政治工作研究中心

2017年5月，由深圳大学发起，联合全市14所高校在全国率先成立深圳市高校思想政治工作研究中心，成为高校思想政治教育工作研究的重要平台。中心着眼于培养什么样的人、如何培养人以及为谁培养人这个根本问题，整合深圳市和全国的专家学者资源，共同为高校思想政治工作改革创新凝聚思想共识。中心围绕马克思主义重大理论和现实问题，注重理论与实践相结合，不断推进马克思主义中国化、时代化、大众化研究。同时发挥哲学社会科学领域专家的作用，对照中央文件要求分解工作任务，探索新的着力点和突破点，推动思想政治工作的改革创新。作为一个平台，中心将不断完善协同机制，进一步凝聚和整合全市高校思想政治教学资源，推动全市高校思想政治教育工作的组织协同、研究协同、教学协同和资源协同，落实立德树人的教育根本任务，创新高校思想政治工作理念和方式方法，共同打造深圳高等教育的思想政治教育工作特色品牌。

此外，深圳职业技术学院专门筹建了社会主义先进文化研究与传播中心，致力于成为深圳市乃至国内社会主义先进文化研究的中心，成为总结和传播改革开放以来深圳社会主义文化建设先进经验的重要平台，成为全国职业院校开展社会主义先进文化传播与教育的重要平台。

（二）打造基层党建特色平台

深圳市各高校党委高举习近平新时代中国特色社会主义思想伟大旗帜，以"两学一做"为抓手，坚持党的一切工作下沉到支部的鲜明导向，积极打造基层党建特色平台，发挥基层党组织的政治引领作用。

深圳大学党委在学生事务服务中心的基础上，打造党群服务中心。中心整合全校12个部门业务，为全校师生提供集党员和群众教育、服务、培训于一体的一站式服务，突出党组织在服务群众工作中的作用，从发挥政治引领作用、探索党建育人模式、拓宽沟通渠道等方面着手，打造高校基层党建特色平台。中心通过搭建党员发挥先锋模范作用的平台，党员师生主动亮出身份、作出服务承诺，在日均服务600人次的中心大厅工作中当先锋、做表率。中心在54大项、100多小项业务中开展"党员示范岗"创建活动，激发了党员为师生办好事办实事的积极性和主动性。

中心从发展党员的"源头"抓起,注重从大厅服务的百余名学生团队中发现优秀青年,在开展各类业务、技能、领导力培训的同时,积极引导他们向党组织靠拢。中心还搭建领导干部与群众、老师与学生的沟通平台,每年举办"书记下午茶""校长午餐会""校领导每月一席谈""荔事话你知"等系列师生交流活动近20场,向学生通报学校发展规划、日常建设和校园管理工作最新进展。学校领导、管理部门及时掌握师生需求并积极回应落实,拉近了党员与群众、领导与师生的距离。

深圳市一些高校在按院(系)内教学科研机构设置教师党支部、按年级或院(系)设置学生党支部的基础上,根据实际需要,探索依托重大项目组、课题组和学生公寓、社区、社团组织等建立党组织,形成严密的组织建构。南方科技大学创新完善学工、团委、书院"三位一体"的学生思想政治工作特色,将党、团工作紧密融入书院建设和学生管理工作。按照学校党委部署,2016年3月学工书院党总支成立,将支部建在学生工作一线,成立了学生社团联合会党支部、致仁书院党支部、树仁书院党支部、致诚书院党支部、树德书院党支部等5个支部,正在筹建致新书院党支部、树礼书院党支部,明确各书院团总支书记由党支部委员担任,进一步强化党对团的领导。深圳职业技术学院自2013年开始进行书院建设,各大学生组织进驻书院参与书院管理,书院建设引入各类社团,将书院制建设与学生党建、党员教育相结合。书院学生思想教育与宿舍管理结合起来,大学生及其入党积极分子的参与,给书院建设管理打下了扎实基础。

(三)注重思想政治教育课程实践教学

深圳大学制定《深圳大学思想政治理论课教学改革整体方案》,推动思政改革创新,在全国首创高校思想政治理论课实验教学方法，开发了 18 个思想政治理论课实验教学软件。近年来，第二课堂在学生思想政治教育中发挥着越来越大的作用，深圳大学围绕创设"四育"载体，打造思想政治教育平台，做好理论教育、形势教育、主题教育、实践教育；营造"四创"氛围，打造学术科技育人平台，鼓励基于创意、勤于创新、勇于创业、乐做创客；坚持"四向"引导，打造文化艺术育人平台，引导向上、向真、向善、向美；建立"四化"机制，打造社会实践育人平台，推进基地化、专业化、社会化、课题化；建设"八类"抓手，以思想引领、组织建设、社会实践、志愿服务、创新创业、见习实习、校园文化建设、搭建沟通平台等八大类工作为抓手，不断深化，做实做好育人工作。

南方科技大学学生工作部会同教学工作部出台并实施了《南方科技大学思想政治理论课实践教学实施方案（试行）》，将学生各类实践活动与思政理论课实践教学结合起来，结合学生"求新知、喜探索"的实际，组织学生寒暑假社会实践团队围绕"一带一路"建设、基层社会治理、支农支教等主题开展社会实践活动，在实践中不断提高思想水平、政治觉悟、报国情怀。

香港中文大学（深圳）根据教育部关于开设思想政治理论课的指示，已严格依照国家对中外合作办学机构的有关规定开设相关课程，其课程注重"体验式教学"，在教学形式上，除教师讲授之外，同时还开展小组讨论、角色扮演、观看纪录片和情景模拟等多种教学方式。如讲述中国的法治专题时，组织监狱参观、法院旁听以及田园考察等活动；在讲述文学艺术鉴赏时，组织学生赴何香凝美术馆参观交流等。同时将"新媒体手段"引入通识教育，组建了微信公众平台，联合校内学生社团，分享、传播在通识教育中的感受与收获。

深圳职业技术学院推行"课外交互式自学＋课内专题讲授＋精品选修课＋实践教学"四位一体的思想政治理论课模块化教学法，推出系列讲座"菜单"，思政课教师送课上门，结合学生各类寒暑期社会实践活动的需要，推出内容丰富多彩的"微课"。如2016年暑期，思想政治理论课教学部与学生处、团委联合举办"重走长征路"活动，精心准备了9堂微课，在革命纪念地现场授课，使参加活动的同学受到了生动活泼、印象深刻的爱国主义教育。

（四）创新思政教育 UOOC（优课）平台

在移动互联网时代，深圳市高校不断推进思政课教学同信息技术高度融合，增强思想政治理论课程教学的时代感和吸引力，打造具有特色的课程体系。2014年5月，深大发起成立"全国地方高校UOOC联盟"，截至目前，加盟高校达105所，遍布全国28个省市自治区，62座城市，覆盖师生人数260万。UOOC联盟整合了全国各类地方高校的优质资源，是规模最大、影响最广的全国地方高校MOOC联盟。UOOC联盟积极创建教学资源共享平台，打造注重中华优秀传统文化、注重提升大学生科学文明素养的通识MOOC 58门，并开发《毛泽东思想和中国特色社会主义体系概论》《思想道德修养与法律基础》等思想政治教育公共课程及"一带一路""世界政治导论"时事政治类课程，深圳大学聘请香港科技大学丁学良教授开设"一带一路"MOOC，旨在向学生分析国际形势、解读国家政策，以形成正确的世界观、人生观与价值观。

（五）注重党建标准体系建设

根据教育部、广东省委教育工委关于建立党建工作标准化体系的要求，深圳市各高校开展基层党组织党建工作标准化建设，形成内容全面、制度健全、运转规范、职责明确的党建工作新机制，以标准化建设夯实党建工作根基。第一，扎实推进"两学一做"学习教育常态化制度化,严格落实好"三会一课"、组织生活会和民主生活会、民主评议党员等制度,确保党内政治生活严肃认真、生动活泼地开展,依托党校党群服务中心以及红色资源,开展多形式、分层次、全覆盖的党员教育培训;第二,把制度建设贯穿于基层党组织党建工作标准化建设之中,在认真贯彻落实"三会一课"、组织生活会、谈心谈话、民主评议党员等党的组织生活基本制度的基础上,制定工作机制和议事规则、领导班子成员党建责任清单、党支部工作指引等,确保基层党组织在开展工作时更加有章可依、有规可循;第三,优化基层党组织设置,加大在创新平台、新兴学科交叉团队、重大项目平台、学生社区社团等创新组建党支部的工作力度,加强对教师党支部、学生党支部的分类指导,探索建立支部党建工作标准,从党支部设置、班子队伍建设、党员发展教育、党内组织生活、工作载体建设、工作运行机制、基本工作保障等方面绘就党组织标准化建设组织施工图;第四,规范基层党组织会议和党政联席会议制度,细化责任要求,进一步强化党委(总支)书记履行第一责任人、班子成员履行"一岗双责";第五,严格党员发展质量关,规范发展程序,认真贯彻落实《中国共产党发展党员工作细则》,完善党员考核评价机制;第六,抓实基层党组织"书记项目",围绕党建工作突出问题,开展深入基层一线的系列调研活动,打造党建工作优质品牌;第七,建立检查监督工作机制,加强党建检查督导力度,全面开展基层党组织书记党建述职评议考核工作;第八,开展先进基层党委(总支)、"学习型、服务型、创新型"党支部、优秀党员等评选,发挥示范和引领作用。

(六)倡导营造志愿服务风尚

志愿服务活动是深圳高校落实思想政治工作的重要抓手和特

色项目,深圳大学成立志愿者服务队 97 个,服务项目 871 个、志愿者 19936 人,"大学生志愿服务西部计划"工作在全省及全国名列前茅。通过送医下乡、留守儿童现状调研、U 站义工、普法宣传等特色主题载体,为学生搭建实践服务平台,激励大学生做到学思践悟、知行合一。深圳大学义工联合会是全国高校第一个成立的义工组织,也是全国第一个成立"社工+义工"联动站的组织。深大义工联连续 21 年组织深圳市无偿献血工作,连续 20 年开展"雏鹏计划"对外来务工子女进行课业辅导,连续 11 年参与"萤火虫计划"山区支教活动,连续 10 年参加中国杯帆船赛志愿服务,连续 9 年开展"雏菊计划"对救助站流浪儿童进行辅导等。

南方科技大学初步建立起了以南科大义工队为核心的大学生志愿者工作体系,现有注册学生志愿者 1127 名,约占校内学生总人数的 1/3。义工团队开展了涵盖助学服务、助童服务、环保宣传、卫生清洁、资源再利用、动植物关爱、科普宣传、义工培训项目、应急救援等类别的志愿服务活动 30 余项,创立了"四点半课堂""助飞小候鸟""南科校园行"等志愿服务品牌活动,年度累计义工服务时长约 7800 小时。

深圳职业技术学院为配合"志愿者之校"建设,将志愿精神纳入思政课教学内容,引导学生树立正确的志愿服务动机,积极参与志愿服务。

三 新形势下深圳特区高校基层党组织思想政治工作存在的问题

(一) 特殊性问题

1. 深圳特区环境特殊、使命特殊、问题特殊

近年来,深圳将更多的目光投向高等院校的引入和建设,在

较短的时间内走上了高起点筹建高校、引入知名高校办学、合作举办特色学院等多种模式并举的发展之路，深圳全市普通高校在校生人数从2012年约7.5万，增至2017年9.67万，其中本科及研究生层次在校生从约4万人增加至约5.5万人。目前已经拥有深圳大学、南方科技大学、香港中文大学（深圳）、深圳北理莫斯科大学等13所高校。根据2016年10月深圳市委市政府出台的《关于加快高等教育发展的若干意见》，到2020年，预计深圳市高校将达到18所左右，在校生达到20万人，其中全日制在校生15万人，研究生比例进一步提高；到2025年，预计高校达到20所左右，在校生达到25万人，其中全日制在校生20万人，研究生规模约4万人，实现较大规模高校和特色学院建设并举，普通高等教育和职业高等教育同步推进，经过10年左右努力，建立国际化开放式创新型高等教育体系，建设成为南方重要的高等教育中心，办学形式不断丰富，教育国际交流日益频繁。

深圳毗邻港澳，处在改革开放和敌对斗争最前沿，处在世界范围内思想文化交流交融交锋的最前沿，国际化程度和互联网普及率较高，人口结构复杂、人口流动性大。近年来世界范围内意识形态领域渗透和反渗透的斗争仍然十分尖锐复杂，深圳作为国际化城市具有问题先遇、矛盾先发等特点，维护中国文化安全和意识形态安全面临新的挑战，需要不断深化对加强高校思想政治工作的认识。

深圳各高校还招收了一部分少数民族学生，而且深圳市是广东省接收新疆学生最多的城市，也是全国接收新疆学生最多的城市。如何更有效地疏导和防范民族学生的问题，任重道远。因此，需要深刻认识我们地处"两个前沿"的复杂形势和面临的新问题，不断增强风险防范能力，严格落实意识形态和政治安全"六项责任制"，进一步加强对报告会、论坛、讲座等管理，加强互联网阵地建设，筑牢意识形态和政治安全的"护城河"和"防火墙"，确保校园安全稳定。

2. 深圳高校的大学生本土化特征明显，信教比例呈缓慢上升趋势

从深圳大学生的人口结构来看，近五成的学生属于深圳市生源，三成多的学生是广东省内深圳市外生源，而且经调研发现，近九成的学生大学毕业后愿意留在深圳工作。深圳特区是中国改革开放的试验田，传统与现代观念在这里激烈碰撞，中西文化在这里相互交汇，形成了多元、开放的现代文化环境。这里的大学生深受这种文化环境的影响和熏陶，思想上既有一般大学生的共性，又表现出独特的个性。尤其作为在深圳成长起来的"90后"大学生，由于其成长的时代背景、社会环境、生活条件发生了巨大变化，其性格特点和教育需求也与以往的学生迥然不同。另外，处在深圳特区大环境中，少数大学生由于自身学识水平、人生阅历和社会因素的制约和影响，世界观尚未完全成熟，对理论内涵的深层认识不足，极容易被错误思想舆论左右，在思想上存在疑虑和困惑，对一些重大思想理论问题既认知不深又不愿认真探究。而且，通过对深圳市高校学生的思想政治状况进行调查发现，大学生的人生观和价值观总体上是正确的、积极的，但部分大学生在具体价值选择上更注重自我发展、自我实现，更多地考虑个人利益和物质追求，理想信念缺乏，这也是不容忽视的。在有关入党动机的调查中，尤其反映出大学生思想动机的实用性和复杂性，部分大学生价值取向功利色彩明显。因此，加强和改进思想政治工作需要不断创新思政教育内容及方式方法。

3. 深圳国际化程度迅速提升，外籍教师数量较多

近年来，深圳市中外合作办学高校得到跨越式的发展。现有4所已招生（深圳香港中文大学、深圳北理莫斯科大学、清华大学—伯克利深圳学院、天津大学佐治亚理工深圳学院），目前还在全力推进10所特色学院筹建，到2020年将成为中外合作办学集聚区。中外合作办学机构因外籍教师加盟、国外教材引进、国外教育模式借鉴、师生视野特殊等因素，学校在防宗教传播、防西方思潮渗透等方面，较其他高校面临着更大的挑战。

深圳市目前举办的中外合作办学机构，主要由外国教育机构与中国教育机构根据2003年9月1日实施的《中华人民共和国中外合作办学条例》合作举办的，市委市政府出台《关于加强和改进新形势下高校思想政治工作的实施意见》，明确要求向市属民办和中外合作办学高校选派党组织书记和组织员，党组织书记要进入学校决策层和管理层。新的形势下，中外合作办学高校必须承认党组织在学校中的政治核心地位，这不仅仅是宪法、党章等赋予党组织的神圣职责，也是中外合作办学高校在发展过程中保证社会主义办学方向，保障学校能够健康、和谐、长远发展的需要。无论什么学校，在坚持正确政治方向、正确育人导向上没有例外，必须旗帜鲜明坚持党对高校工作的领导，确保高校党建和思想政治工作全覆盖。这是对习近平总书记"党政军民学，东西南北中，党是领导一切的"这一重要思想的生动体现。

另外，随着深圳市高等教育的快速发展，教育国际化规模逐步扩大，越来越多的外籍教师被引进深圳市的高等教育事业中来。深圳市外籍教师和海归教师相对较多，比如南方科技大学九成以上的教师都是海归，香港中文大学（深圳）外籍教师

比例高达21.67%，深圳大学海归教师数量更是高达33.79%。这些外籍教师和海归教师长期受到西方意识形态熏陶，难免对于国内政治体制存有偏见和误解，在课堂教学、讲座论坛和网络言论上存在一定程度上的政治安全风险。因此，在推动深圳市人才培养和师资队伍建设国际化的同时，需要大力探索如何进一步加强高校思想政治工作，把握正确的办学方向，提升外籍教师队伍的师德水平。

（二）普遍性问题

1. 对高校基层党组织思想政治工作的重要性认识不足

在学校党组织纵向的上下级关系上，存在着校党委、院系党组织、基层党组织三级组织关系不顺、联动不够、传导不力、运转不畅的状况，存在着党的思想政治工作越到基层越薄弱的现象。有些思政工作者与党务工作者并没有认识到高校基层党组织思想政治工作的重要性，认为思政工作是虚功，再加上思政工作纷繁复杂，从而导致部分基层干部只重视容易凸显绩效的科研工作而忽视思政工作。一些思政工作者与党务工作者的日常工作只是停留在发展入党积极分子与考察预备党员的流程层面，并没有真正下到学生中开展思政与党建工作，没有针对学生的思想变化开展教育。

2. 基层思政和党务工作者理论和业务水平有待提升

当前高校基层党组织思想政治工作人员中，除了专门从事高校思政专业教学科研的教师外，大部分缺少思想政治理论学习的环境。同时，相对于学校层面的干部理论学习，基层党组织的理论学习相对比较薄弱，或有名无实，或走走过场，或以会代学，或学而无果。另外，通过调查我们发现，大多数高校党务工作者往往由刚工作不久的新同志担任，由于缺乏工作经验和专业理论,导致对党建工作的认识与重视不足,经常会把党建工作简单看作政治理论课、会议报告,无法通过更加深刻的方式把党建工作贯穿于学校的教育和服务的具体工作中去。这些状况对高校党建工作的有效开展产生了消极的影响。

3. 基层党组织思政工作载体单一,难以构建思政工作的长效机制

目前,部分高校的党组织思想政治工作形式单一,教育方法呆板,缺乏针对性,大多以阅读党内文件与报告,观看思想教育类的影片,组织召开专家学者的报告会,参观纪念馆、博物馆,参加义务劳动的形式进行。党员学习只一味地开展党性教育、理论教育、组织纪律教育等党的基本理论的学习,较少地围绕学生所学专业、时事政治和党员所关心的热点问题开展一些形式多样、内容丰富的活动,一定程度上影响了教育效果。而且,党支部的活动一般只是按照活动的主题,并根据以往的经验直接开展,甚至直接拿上届的材料按部就班地组织活动,这样的活动形式陈旧,缺乏创新,往往很难有针对性地提高党员队伍的党性修养。新时代的大学生思想极为活跃,排斥灌输式、说教式的工作方式,党建工作载体不更新、方法不创新,很难提升党组织思想政治工作的吸引力和凝聚力。

4. 青年教师的思想政治工作需引起高度重视

在高校基层党组织思想政治工作中,青年教师思想政治工作是一个重点、难点,也是一个薄弱环节。当前高校发展党员工作中一个值得注意的问题是,青年教师党员的比例偏低,而且青年教师要求入党的积极分子较少。高校青年教师思想政治工作之所以薄弱,一个突出的原因,就是缺乏一支责任明确、紧密衔接的教师思想政治工作骨干队伍。青年教师大多分配在教学、科研、

管理等一线岗位，他们具备较高的学历，视野开阔，思维活跃，通过出国留学、短期访问等机会接触到多元的文化，难免造成意识形态上的冲击，再加上青年教师对国情和世情了解不深，对实现中华民族伟大复兴的中国梦的责任感和使命感还不足，使得青年教师很容易产生政治意识淡薄的问题。当前教师党支部作为高校的基层党组织，不可避免地存在重教学科研，轻思政工作的问题。教师党支部对青年教师的思想政治教育的针对性不强，经常以读读文件、学学材料的方式开展思想政治教育工作，与新媒体环境下青年教师接收信息的方式相比过于单一，使思想政治工作缺乏一定的吸引力。

5. 新媒体条件下高校基层党组织思想政治工作面临新的挑战

在"提速降费"的互联网时代，"互联网＋"使思想政治工作面临着前所未有的新情况。通过调查我们发现，网络是学生了解国内外时事的最主要的途径，其中，微信是学生获取网络信息最重要的媒介，其次是微博和QQ，然而，现阶段学生对于党史的了解还主要通过传统的教材、影视剧、报纸、杂志等媒介，网络的作用还没有得到充分发挥。各大高校虽建立了党建网络平台，但是工作效果并不是很理想。由于党务工作者缺乏技术支持与创新意识，网页设置往往大同小异，刊登的内容多以党中央的文件、学校党组织的规章制度为主，缺乏对学校日常党建活动的报道与总结、对时政热点的分析，没有贴近群众，不能调动起广大教职工与学生参与党建工作的积极性。探索高校如何掌握网上思想舆论主导权，建设具有广泛影响力的思想文化传播平台，从而在当代大学生群体中有效传播科学理论和先进文化、巩固马克思主义在意识形态领域的主导地位，是基层党组织思想政治工作者义不容辞的责任。

四 深圳特区高校基层党组织加强思想政治工作途径和机制

（一）强化基层党组织思想政治工作的主体责任

坚持学校党委、院（系）党组织、基层党组织三级联动，强化上下级关系中党组织的主导联动责任，把从严治党的体系建立健全起来，责任延伸落实下去。各级党组织对本单位基层党建负总责，党组织书记是第一责任人，分管领导是直接责任人，领导班子其他成员要根据分工抓好职责范围内的基层党建工作，主动支持基层党建工作。其中院系党组织是党在高校工作的基层单位，要围绕学校中心任务，以立德树人为根本任务，做好引领学生成人成才的工作，进一步增强基层党组织的凝聚力和战斗力。高校在开展思想政治工作的过程中，应更加注重运用基层党组织的组织优势，将思想政治工作纳入基层党组织的党建工作重心，加强院系基层党建和思想政治工作，提高思想政治教育的涵盖性和凝聚力。

进一步加强院系党组织领导班子建设，按照政治强、业务好、在师生中有威望的要求，配好院系党组织书记和院长、系主任。努力探索把有条件的党务工作者培养成学术带头人，把行政系统主要负责人、学科带头人培养成基层党组织负责人，通过双向融合整体推进学校基层党组织思想政治工作。探索和完善院系党政共同负责制的思想政治工作体制，在继续加强学生思想政治工作的同时，落实院系教师思想政治工作体制，明确院系党组织或一名专职副书记分管教师思想政治工作。明确教研室思想政治工作体制，实行党支部和教研室负责人交叉任职的措施，从而明确教师思想政治工作的责任主体和主体责任，形成校、院系、教研室三级教师思想政治工作有人管、有人抓的局面，把高校党组织开展教师思想政治工作的主体责任真正落到实处。

(二) 进一步发挥党支部的凝聚力、创造力和战斗力

高校党支部是分布在教研室、实验室、教学科研团队、学生班级的"火车头"。做好高校基层党组织思想政治工作,要进一步明确基层党支部在思想政治工作中的责任主体定位。在按学院教学科研机构设置教师支部,按年级或院系设置学生党支部的基础上,根据实际需要,依据重大项目、实验室和学生公寓、社团组织等建立党组织。切实发挥党支部组织教育管理党员和宣传引导凝聚师生的主体作用,使高校党的基层组织真正发挥战斗堡垒作用,把党的工作做到师生心坎上。一是要明确高校党支部是高校思想政治工作的战斗堡垒。高校思想政治工作有其自身特点,教师主要精力在教学和科研,学生除了课堂学习之外,很多时间都在宿舍、社团、图书馆和实验室,要结合教师教育教学规律、学生生活成长规律,在巩固好教师党支部、研究生党支部、学生党支部的同时,有针对性地把党支部延伸到宿舍、社团、图书馆和课题项目组等,拓宽思想政治工作的覆盖面。二是发挥党支部在高校基层思想政治工作中的凝聚力、创造力和战斗力。明确党支部在教育教学、科研管理等重大事项中加强政治把关作用的具体办法,团结凝聚教师把思想引领和价值观塑造融入教育教学,教育引导教师在课堂教学、论坛讲座等活动中坚持正确的政治方向、政治立场、政治原则。

(三) 创新基层党组织理论学习机制

在思想多样、舆情多变、思潮迭起的时代,高校基层党组织的理论武装和思想引领工作存在着对党的创新理论掌握不及时、理解不到位、"供给"不足甚至无效、难以满足"需求"等突出问题,迫切需要创新基层党组织理论学习机制,增强思想政治工

作的引领性。高校基层党组织运用创新理论武装头脑的途径，主要就是坚持集体学习制度，让理论学习成为集体习惯和个人生活方式，让学习制度的约束力生发出自觉学习的内在动力，并以组织学习的表率作用，推动师生员工理论学习制度和党支部"三会一课"制度的落实。巩固基层长期学习、集中学习、系列学习、持续学习的新机制，保障基层党组织理论学习有效化、常态化、制度化。建立健全有分有合、相互促进的多层次学习机制，形成纵向示范、横向互动、层层带动的运行机制，实施二级中心组成员联系学科教研室、党支部和基层班级负责机制，严格定期检查监督机制，培训交流机制以及评比表彰激励机制等。将理论学习列入年度工作计划，出台相应的政策，纳入考核、考评体系。

（四）丰富基层党组织思想政治工作的载体

新媒体已逐渐成长为"互联网+"时代党组织工作需要重点开拓的领域，高校基层党组织思想政治工作应积极建构网络思想政治工作平台。思想政治工作是做人的工作，高校基层党组织应突破传统思想政治工作方式，既要注重线下的人，又要关注线上的人。高校基层党组织有效开展好思想政治工作，需要一支熟悉互联网和新媒体的思想政治工作队伍，深入研究高校基层思想政治工作中出现的新特征，把工作触角延伸到互联网虚拟社会，增强高校基层思想政治工作时代感、时效性和感召力。高校基层党组织应充分利用现代教育技术与网络，如：在微信上建立公众号、聊天群，发布一些时事政治与社会上的舆论热点问题，设立聊天群组织讨论，调动师生共同参与政治讨论的积极性，党务工作者在其中进行正面引导，对于偏激的思想进行及时纠正。基层党组织还可以通过微信朋友圈与QQ空间的更新信息，及时了解师生的最新动态，准确掌握师生的关注点和情绪，有利于针对性地开展党建活动。

同时，切实把网络文化建设和舆论引导作为高校思想政治工作的重中之重，积极探索校园网络文化建设机制，推出高质量网络思想文化原创作品，牢牢掌握网络文化育人主动权、网上舆论引导话语权和网络管理主导权。各高校要办好学校官方网站、微信、微博等，增强网络媒体的教育、互动和服务功能。组织专家学者、青年师生壮大网络舆论引导的"红军"力量，强化在新型舆论阵地的话语权和主导权，对抗否定历史、抹黑英雄、歪曲事实、动摇信念、传播邪教等负面信息影响。以青年教师为核心，组建精干的网络评论员队伍，及时对社会热点、重要事件等问题开展舆论引导和思想疏导。同时，运用现代信息技术开展"智慧党建"工作，推动基层党建标准化和信息化，加强党员教育管理，发挥基层党组织战斗堡垒作用。健全"书记项目"制度，加大实施力度，推动党建创新项目取得实效。

（五）充分发挥党员师生的示范引领作用

做好在优秀师生中的发展党员工作，事关党和人民的事业后继有人、兴旺发达。当前，尤其要做好高知群体青年教师，特别是海归青年教师的党员发展工作，通过丰富多样的学习形式、深入细致的思想工作、完善长效的发展支持，深化他们对党的认知和认同，加强政治引领和政治吸纳，促进他们全面成长。学校要积极为各教师支部搭建观摩交流的平台，各党支部也要为教师党员搭建学习交流的平台，进一步密切教师党支部之间、党支部与青年教师之间的关系，以及时把握青年教师的思想动态。拿出一定党员活动经费，为中青年教师提供进修、培训、学习的机会。教师党支部要研判青年教职员工意识形态，创新形式、丰富内容、激发活力，潜移默化地开展有针对性、创造性的青年教师思想教育工作，积极发展优秀青年教师入党，加大发展党员工作力度。

校党委领导要带头联系一批高层次人才，院（系）基层党组织领导联系服务一批本院高层次人才，做到政治上充分信任、思想上主动引导、工作上创造条件、生活上关心照顾，引导广大人才与党同心同德。加强对高层次人才的爱国主义教育与政策宣传，通过青年教师联谊会、青年科技工作者联谊会等途径深化中青年专家、博士及博士后的思想联系、情感交流，激发爱国报国情怀和文化认同。每年定期组织高层次人才认真学习党的理论和路线方针政策，加强中国特色社会主义理论体系教育培训，引导高层次人才始终坚持中国共产党领导，坚定中国特色社会主义道路自信、理论自信、制度自信和文化自信，促使高层次人才牢固树立政治意识、大局意识、核心意识和看齐意识。

此外，注重发展少数民族学生入党，教育部党组于2017年2月印发《普通高等学校学生党建工作标准》，其中明确指出，"注重发展边疆少数民族优秀学生党员，在坚持标准的前提下给予倾斜政策"。加强少数民族学生思政工作要给予少数民族学生更多关爱和帮助，了解少数民族学生思想动态。加强民族团结教育、法治教育和警示教育，定期对少数民族学生开展爱国教育讲座，集中观看防范暴恐音视频渗透等教育宣讲视频。加强对重点学生的管控，开展暴恐音视频排查，及时发现和妥善处置异常动向与危害苗头。另外，做好港澳台侨学生的思想工作，引导他们增进国家认同和中华民族意识。

（六）注重党员队伍人文关怀和心理疏导

《中国共产党普通高等学校基层组织工作条例》中第七章第三十条强调，"思想政治工作要理论联系实际，紧紧围绕学校的改革发展稳定,密切结合教学、科研、管理、服务等各项工作,定期分析师生员工的思想动态,坚持解决思想问题与解决实际问题相结合,注重人文关怀和心理疏导,分别不同层次,采取多种方式,增强思想政治工作的针对性、时效性"。高校基层思想政治工作应注重党员队伍人文关怀和心理疏导,使思想政治教育真正融入人们的思想、工作和生活中,犹如春风化雨,润物细无声,就同习近平总书记讲的盐的作用一样。高校基层党组织应坚持以人为本的基层党建理念,主动帮助师生解决工作、学习、生活方面的问题,将思想政治工作渗透到服务师生、为师生排忧解难中,全心全意地为师生服务。比如青年教师遇到成长的迷茫、科研的瓶颈时,党支部组织传帮带活动,给予关心和帮助;中年教师上有老下有小,面临精神和业务双重压力,党支部及时给予精神和心理慰藉,帮助协调关系、建好团队,多发挥团队支撑作用;老教师为学校奉献几十年,更需要得到实实在在的关心,让他们心情愉快、身体健康,为年轻人的成长多做贡献。要把党支部建成党员之家、教师之家,形成教师有困难找支部、有问题找党员的常态化帮扶机制。同时,基层党组织要注重拓宽党员参与党内事务的渠道,畅通党员反映合理诉求的通道,经常听取基层党员的意见建议。

(七)选优配强基层党组织思想政治工作队伍

对照"守信念、讲奉献、有本领、重品行"的要求,按照职业化、专业化标准,逐步扩大专职书记比例,优化书记的年龄、学历、专业、职称结构,通过加大培训、交流任职、国内进修、专题研修等途径,提升书记的思想素养和业务能力。配齐配强院系党组织委员,明确书记、副书记、委员的地位、作用和责任;探索建立院系党组织专职组织员队伍,从薪酬、职级和晋升等方面关心组织员成长。选优配强党支部书记，尤其要加强教职工党支部书记队伍建设，将教职工党支部书记岗位作为学校干部培养的重要渠道，党支部书记经历作为干部选拔的重要参考依据。要为党支部书记开展工作提供必要的条件和保障，可以根据实际给予相应的津贴，或纳入工作量测算体系。同时，通过专家报告、党建工作案例教学、体验式团体培训、党务工作经验交流、组织参观学习等培训形式，不断提高党支部书记的综合素质和工作能力。

严格落实高校专职党务和思想政治工作人员配置不低于各高校师生人数的1%，各院（系）至少配备1名至2名专职组织员，其中专职辅导员岗位按师生比不低于1:200的比例设置，专职思想政治理论课教师岗位按师生比不低于1:350的比例设置。推动高校党务和思想政治工作队伍专业化职业化建设，明确党务和思想政治工作队伍具有教师和管理人员双重身份，探索职务职级"双线"晋升办法和保障激励机制，实行职务（职称）评审单列计划、单设标准、单独评审。鼓励名师兼任辅导员或班主任，培养优秀辅导员从事思想政治理论课教学工作。

（八）建立健全基层党组织思想政治工作考核机制

制度的生命力在于执行，各高校要把师生思想政治工作作为基层党组织工作考核的重要指标，纳入党建工作责任制和意识形态工作责任制，强化基层党组织"守土有责"的阵地意识，把本单位思想政治工作做实、做细。各高校也要结合实际，研究制定内容全面、指标合理、方法科学的评价体系，坚持定性分析与定量分析相结合、工作评价与效果评价相结合，建立问题清单、任务清单、责任清单，推动高校思想政治工作科学化、规范化、制度化。

建立基层党组织思想政治工作奖励制度,从三个方面入手。首先,要根据考核结果评定出"优秀个人""优秀工作者""优秀德育工作者"等奖项,对优秀的党员干部进行嘉奖,根据具体表现的程度给予不定金额的奖金,以此鼓励优秀党务工作者发扬先进性。其次,要将优秀的党务工作者的先进事迹形成书面记载,下发到各基层组织阅读,激励基层工作人员积极工作,争先进、求进取。最后,还要采取多方面的措施,稳定高校的党务工作者,提高他们的整体素质,支持他们的工作,关心他们的生活,帮助他们解决实际困难。同时,对于责任心不强,工作软弱懒散的党务工作者给予问责。

第六节 论高校辅导员工作的实践智慧及评价体系

教育是生命的世界,生命世界的复杂性决定了辅导员从事的思想政治教育工作具体情境"是一种文化的、精神的、心理的、内在的、主体的体验、气氛和人际互动"[①]。习近平总书记在全国高校思想政治工作会议中指出,思想政治工作从根本上说是做人的工作,必须围绕学生、关照学生、服务学生。学生是一个个有生命、有思想、有个性的主体,因此做"人"的工作不太容易,它和做"事"的思维有着本质的区别,做"事"强调效率、效益等,而做"人"的工作强调沟通、理解、对话、倾听、用心等,更需要"内在功夫"。因此,作为一线专职思想政治工作者,高校辅导员从事的学生思想政治教育工作不可能简单地模式化,

---

① 李辉:《现代思想政治教育环境研究》,广东人民出版社2005年版,第249页。

一名优秀的思想政治工作者不仅需要深厚的理论功底，更需要实践智慧。辅导员开展大学生思想政治教育工作价值目标的实现，依赖于自身智慧的持续增长。

一 实践智慧：寓于辅导员工作之中

《普通高等学校辅导员队伍建设规定》（教育部43号令）指出，"辅导员是开展大学生思想政治教育的骨干力量，是高等学校学生日常思想政治教育和管理工作的组织者、实施者、指导者。辅导员应当努力成为学生成长成才的人生导师和健康生活的知心朋友"。可见党和国家对辅导员这一群体素质的要求之高、赋予责任之重。一名优秀的辅导员不仅需要掌握思想政治教育、心理学、教育学、管理学等专业知识，更关键的是他能对学生实践工作中各种问题有精准的前瞻性预判，问题发生时能使用各类方法及时有效地处理，这就需要辅导员具备相关的组织协调能力、观察分析能力、创新能力、问题解决能力等综合素质。前者可以通过系统的知识学习来掌握，而后者需要在大量的实践工作中不断积累并反思，最终形成自身的实践智慧。学生工作具有动态性、多变性、情境性等特点，每一个学生都具有个体独特性，出现的问题也不尽相同，而成长中的学生也存在着各种发展的可能性，学生工作情境的多变性，决定了教育活动的复杂性与不确定性，"对于那些本身比较复杂、难度很大而又有很大的发挥余地的工作来说，方式方法的把握和运用就更有水平高低、境界高下之别"[1]。这对辅导员的实践智慧提出了更高的要求，可以说，实践智慧是辅导员做好学生思想政治教育工作的必要条件。辅导

---

[1] 刘建军：《论思想政治教育的科学化》，《教学与研究》2011年第3期。

员的实践智慧融合了学生工作理论的引领性和学生工作经验的丰富性,是理论和经验在实践活动中的深度结合。因此,为实现学生思想政治工作的目标,高校辅导员要把实践智慧作为其专业化发展的新取向,重新审视人类的基本活动——实践本身。

实践智慧有别于理论知识或技术知识,实践智慧是"实践"之知,不是"理论"之知,无法成为普遍又精确的数理知识,不可教也不可学,更不是靠培训或学习能一下子习得的。实践智慧的培育根植于具体的教育管理实践,辅导员只能在"做中学",在实践中不断体会思想政治教育的艺术。正如舍恩在《反思性实践者》里指出,作为有经验的实践者,他们"展现出某种'实践中来、实践中去'的知识,而大部分这样的实践知识是无须言传的默契知识",依赖的是行动中"即兴"习得的技巧,而不是在研究生院里学来的法则。辅导员的实践智慧生成、发展于辅导员的教育实践之中,是辅导员的具体教育境遇与专业知识的结合。这种实践智慧产生于辅导员个体把所习得的教育知识与自己的学生工作实践相结合的行动中,辅导员在与学生交往的过程中逐渐积累了丰富的、鲜活的工作经验,它是内生的,具有缄默性、个体性、动态性等特点。当辅导员自觉反思、批判这些学生工作经验后而指导自己的思想政治教育实践时,它们就逐渐转变为辅导员自身的实践智慧。当然,这需要一个长期的过程。因此,辅导员的实践智慧根植于具体的教育实践,是潜移默化的,不能进行简单的照搬与复制,永远处于动态的、发展生成的过程。

二 辅导员工作实践智慧的生成之道

高校辅导员应以正确的教育理念为前提,丰厚的知识积累为基础，深刻的实践反思为关键，开展团队学习，构建学习共同体，不断生成和丰富实践智慧，促进自身的专业化发展。

（一）转"识"为"智"

我国教育哲学学者金生鈜在分析了哲学史中关于实践智慧的思想后指出，"实践智慧是一种实践知识的形式，也是一种实践推理的形式。它既不能看成是任何普适的技术规则或方法，也不能看成是把预先给定的普适知识原理应用于特殊目的的过程。实践智慧是在实践上知道怎样做的知识类型和推理形式，它不等同于任何脱离主体的存在的'客观知识'，它是人在生活实践中知道怎样做的知识和经验"①。知识是既成的，可以直接教授或习得，但知识不等于智慧，智慧是生成的，智慧可以在获取知识的过程中不断得到开启。知识与智慧紧密相连，丰富的知识是生成实践智慧的基础，辅导员实践智慧的生成离不开知识的积累。辅导员应有丰富的理论知识和实践知识，包括广博的科学文化知识、系统的学科专业知识，还要具备敏锐的观察能力、准确的判断能力、处理问题的应变能力等。辅导员专业发展是辅导员通过学习、研究、实践不断向有关辅导员的角色期待与行为规范靠近、发展以及社会化的过程，也是逐渐形成学生工作的实践知识与实践智慧的过程。②

实践智慧与书本的知识有关，与理论思考有关，但绝非停留于书本知识或理论研究层面，而是源于实践、源于经验的。所以实践智慧不能从书本上简单获得，它必须基于经验的积累，只有在实践过程中不断积累经验，才能提升自我的实践智慧，离开了

---

① 金生鈜：《教育哲学是实践哲学》，《教育研究》1995年第1期。
② 张斌等：《高校辅导员的实践智慧：内涵、品性与发展策略》，《思想政治教育研究》2009年第6期。

经验积累，实践智慧只能是空谈。实践智慧源于实践经验，又要回到实践中去。只有这样才能不断提升实践主体的实践智慧。这也表明，实践智慧不像科学技术那样可以从他人那里获得，它没有统一的模式，因而也无法复制。所有实践智慧的获得无人可以代替，它的唯一途径就是亲身积累。在日常的学生工作实践中，辅导员要注重相关工作知识的学习、体验与积累，扩大知识储备，提高自身的综合素养，这些对学生工作实践智慧的提升都有着重要的作用。走向实践智慧的辅导员工作最终落实于辅导员的主导性行动，这需要辅导员转"识"为"智"，推进"理论的实践化"转向寻求"实践中的理论"。通过工作实践对所掌握的理论知识进行诠释与建构，并内化为自身的实践智慧，以推进学生工作不断创新与发展。

（二）实践反思

辅导员思想政治教育实践智慧的生成绝非通过经验的自然积累就能实现，必须在实践中学会反思和追问，不断调节教育思想和行为以提升思想政治教育的有效性。内尔·诺丁斯认为："改进教育实践最好的方式是，把教育者和受教育者提升为有自主意识和反思能力的人。""反思的实质不是思想内省和思辨操练，而是根植于教育实践并面向教育实践的教育批判和教育建构。"[①] 实践反思是思想政治教育实践智慧生成必不可少的因素，缺少实践反思的关键环节，思想政治教育的实践智慧就难以生成。这种反思或反思性实践的特征，用舍恩的话来说，就是在"在行动中认知"，"在行动中反思"，以及"反思在行动中的反思"。[②] 美国学

---

① 马维娜：《指向"改造性实践"的教育反思》，《教育研究》2002 年第 12 期。
② 程亮：《"实践智慧"视野中的教育实践》，《华东师范大学学报》（教育科学版）2008 年第 9 期。

者波斯纳认为:"没有反思的经验是狭窄的经验,只有经过反思,经验方能上升到一定的理论高度,并对后继教学行为产生影响。"他还提出"成长=经验+反思"。在辅导员的发展中应提倡"反思型"辅导员的培养,"反思"不是一种具体可见的形式,而是辅导员专业自主性的表现,它应当成为辅导员自觉的思维习惯与生活方式。

辅导员工作不能"坐而论道",如果脱离了学生工作的实践土壤,可能会掌握一定的学生工作的相关技能和知识,但很难说它们能内化为辅导员的个人思考并上升为辅导员的实践智慧。在日常的思想政治教育工作中,理论的指导、专家的授课、日常的培训与学习都需要用实践去解读,实践智慧是在辅导员日常工作的师生互动中逐渐生成的,它嵌入于真实的思想政治教育情境中。所以说辅导员的实践智慧基于实践、发展于实践、应用于实践,实践性是辅导员实践智慧的核心所在。辅导员的个体经验是非常宝贵的财富与积累,这些经验会让辅导员对日常的学生工作感觉"轻车熟路"或"游刃有余",但不可避免的是可能养成辅导员的工作惰性,如果没有反思,辅导员很难实现对学生工作实践的超越与创新,其工作能力也就很难得到提升,更何谈实践智慧的发展。辅导员可通过书写日志、工作总结、实践案例分析、教育博客、学生工作微信公众平台等,反思自身的教育理念是否正确、教育行为是否恰当,认真研究学生的心理及行为特点,探索和尝试新的教育方法,以总结优势,弥补不足。实践性反思也是一个辅导员自身理论建构的过程,辅导员从日常的学生工作经验出发,通过系统的观察和理性的反思,建构学生工作实践的概括化理论,接着又回到新的实践情境中,通过实践形成新的教育经验。

同时，辅导员对于学生思想政治教育实践的反思批判也是对思想政治教育本真世界的审视与回归。在学生日常思想政治教育工作中，辅导员往往更多关注的是常规工作的完成情况，各项通知的上传下达与完成情况，而对思想政治教育的内涵与深刻意义即在促进学生的成长成才方面却关注甚少。实践智慧是一种向善的理性智慧，因此实践智慧的核心是"德"，"立德"才能"树人"。加强实践反思将引导辅导员深刻认识思想政治工作的本质，回归育人工作本身，更好地实现立德树人的工作目标。

（三）对话机制

辅导员的实践不是"独角戏"，而是一种"合作性"的实践活动，因此建立对话机制尤为重要，包括辅导员与学生之间的对话及辅导员与同行之间的对话。辅导员不仅需要在开放性对话中达成对学生的心理世界全面的理解，还要通过工作坊等其他交流方式从间接的角度去增长自身的实践知识。

哈贝马斯曾提出"交往合理性"理论，其核心就是要求个体之间要进行没有任何外在强制性干预的诚实对话，在相互尊重与承认的基础上力图达到"谅解"与"合作"。对话的基本条件是：爱、谦卑、信任、希望、批判性。辅导员和学生的对话不是上下级的主客体之间的对话，而应该是平等的主体间的对话。对话就是要在交流中求同存异，在矛盾分歧中达成理解，通过对话实现理解的过程就是消解矛盾，生成实践智慧的过程。因此，只有在辅导员与学生之间的交流对话中不断达成相互理解和思想融合，才能促进思想政治教育实践智慧的生成。

同时树立合作型高校辅导员群体文化理念，构建学习共同体是高校辅导员实践智慧生成的重要路径。每个作为独立个体存在的辅导员，由于各自的教育经历、认知能力、思维习惯等都各不相同，使得辅导员的实践智慧处处体现出辅导员的"个人特质"，显现出辅导员的职业素养与独特的工作思路和工作能力。因此，辅导员要利用各种培训和工作坊，围绕辅导员在教育管理过程中遇到的问题，通过理论的学习交流和研讨活动的互动，使辅导员借助个体和集体的智慧将公共知识转化为个人教育管理风格，养成自身的教育智慧。在这种互动中形成的学习共同体文化，不仅使辅导员个体受益，也必将有力地推动高校辅导员群体智慧的提升。辅导员工作坊或工作沙龙可以根据各个高校的特点，一月一期或两周一期。正式开展前，可以结合各高校学生工作的需要和辅导员的兴趣设置一些主题，每个或几个辅导员承担一个主题进行准备工作，亦可为每个主题配备指导专家。通过提问、讨论、争鸣，可以深化辅导员对某个问题的认识和思考，将难以表达的缄默知识尽可能地表达出来，与大家分享自己的实践智慧，从而助力学生工作实践问题的解决。

三　基于实践智慧的辅导员工作评价体系

评价即导向，辅导员工作评价对辅导员思想政治工作的开展具有一定的导向作用。开展辅导员工作评价是落实立德树人根本任务的重要举措，是保证高校思想政治工作正确方向的基础，也是推进高校育人长效机制建设的重要途径。而工作评价本身是一个极为复杂的过程，其效果往往要受到诸多因素的影响和制约，其中评价指标、评价过程、评价制度等的合理性、明晰性、协调性以及公平性对评价的实效性至关重要。实践性是辅导员工作的最大特性，基于实践智慧的辅导员工作评价体系要突出学生需求的评价导向，强化人文性评价指标，最大限度发挥评价的发展性功能，从而促进辅导员的专业化成长。

（一）突出学生需求的评价导向

当前高校辅导员工作行政化倾向、事务性导向异常突出，辅导员逐渐演变为"万金油""服务员"和"管理员"，湮没于行政管理和事务服务，与德育教师本应从事的思想教育、价值引领和行为引导工作渐行渐远。正是在这种管理模式指导下，高校对辅导员的考评方式也就以传统行政意义上的"德、能、勤、绩"的考评为主。这种考评方式更多的是把辅导员看成教学的辅助力量和行政部门的助手，从根本上忽略了辅导员这一制度设立的前提和基础，不能真正反映辅导员这一职业的本质属性，既无法激发辅导员的工作热情，也不利于稳定辅导员队伍。这种评价方式，对辅导员工作来说是一种错误的导向。辅导员的工作对象是学生，辅导员的实践智慧体现在对学生的教育与引导工作上，体现在立德树人的具体实践中。"离开了大学生的需求与发展，辅导员职业也就失去其专业发展的意义。"①

对当前高校辅导员评价体系的问题，我们认为，应该以学生成长需求为导向来构建辅导员评价体系。这种评价体系既要能满足学生的成长需要，又要能促进辅导员实践智慧的增长，只有这样，才能真正促进大学生的成长成才，推进辅导员队伍的职业化、专业化、专家化成长。

（二）构建发展性评价模式

当前高校辅导员的评价体系由于片面注重具体事项完成情况的评价，忽略了辅导员工作的复杂性和特殊性，评价结果难以区

---

① 胡建新：《高校辅导员专业化标准研究》，《思想教育研究》2009年第8期。

分辅导员工作真正的优劣等级。这种评价既无法鼓励先进，也无法激励一般，更无法惩戒落后，在实际工作中没有起到典型示范的效果。评价如果仅仅为了问责，原本作为人与人之间感性的实践活动就会被工具理性和技术理性取代，人变成了工具，学生工作实践由此失去了人的活动本质。长期以来，由于我们的教育评价思维受到以二元对立为主要特征的近代哲学思维方式的深刻影响，导致在教育评价实践中，评价双方往往是对立的，没有把评价活动看作是评价者与被评价者之间意义建构的过程，而是"把教育评估看作是按预定的计划、程序、模式、规范和逻辑'严格执行'的过程，只在人与物的关系上操作，而没有回归到人与人的关系上来"。[①] 对于辅导员自身而言，当前的评价是自上而下的，带有某种强制性，辅导员作为评价过程中的主体以被动的姿态出现在评价中，没有民主表达自己的机会，这就会导致辅导员对评价工作本身的排斥和厌恶，甚至激发评价双方之间的紧张和对立。这种模式存在的共性问题就是：重奖惩轻发展，更多的是强调评价的诊断功能，而忽略其发展功能。评价时很少考虑到以辅导员为本进行问题的探讨，忽视考评的目的。如何既提高评价效度，又通过评价为辅导员后续职业生涯发展指明努力方向，激发其工作热情，促进其成长，仍然是高校辅导员评价的瓶颈。

发展性评价是以未来为取向，以发展为目的，最终达到评价对象主体性和积极性的最大限度发挥。发展性评价的合理性在于它是一种形成性评价。在评价方向上立足现在、兼顾过去、面向未来，不仅注重高校辅导员的现实表现，更加重视他们的未来发

---

① 邬志辉：《论教育实践的品性》，《高等教育研究》2007年第6期。

展,重在促使辅导员自身的"成长"。在评价过程中,特别重视培养辅导员的主体意识,强调评价者要对辅导员的过去、现在作全面了解,根据辅导员过去的基础和现实表现,规划其未来的发展目标;评价者和辅导员共同协商制定发展目标,并创设条件,促进辅导员努力达到发展目标。发展性评价特别重视辅导员自评,自评能较充分地体现辅导员的主体性、主动性和积极性。通过自评,辅导员可以充分掌握工作的情况,包括工作态度、业务能力、思想政治教育知识的增长程度和学生的思想状况等,从而不断调整自我行为和心理状态,形成自我反馈环节。发展性辅导员评价是以自评为主,形成自评—他评—自评的评价模式,即辅导员首先对自己的工作进行自评,然后,辅导员所在院系、学校相关主管部门以及所带学生甚至同事对辅导员进行评价。他评之后,辅导员根据他评反馈的信息再进行自评和反思,进而改进自身工作。

(三) 强化人文性评价指标

当前辅导员工作评价大多采用定量评价,即先通过指标量化的方法给每一位辅导员打分,再按分值的高低和不同等级的百分比给辅导员设定相应的等级,诸如优秀、合格、基本合格、不合格。的确,强调评估方法的规范性、明晰性,强调评估过程的可控性、可预见性,评估结果的可及时检测性,可以保证评价工作的科学性,保障评价的实效性与民主性,但是,辅导员工作的评价不同于一般的企业或产品评估,不是合格与否的绝对式判断,即工作评价不存在绝对的真理,绝对的真理只会导致评价的主体性和工作实践的复杂性被淹没。首先,我们能否通过一定的分值来具体衡量辅导员的工作本身就是一个疑问;其次,评价主体对指标的理解也存在偏差,使得他们很难对所有辅导员工作做出完全客观准确的打分，譬如不同院系对辅导员的打分和等级划分是不能画等号的；最后，也是最重要的一点，定量评价并不能告知受评辅导员工作中存在的问题和今后的努力方向，而质性评价恰恰可以弥补这一缺陷。它通过辅导员对自己工作任务的完成过程和结果的描述，既呈现了辅导员的工作业绩，同时也指明了辅导员今后要发展的方向。因而，评价指标体系不仅需要科学性的量化的"硬指标"，更应该强调情境性、复杂性、发展性等人文化的"软指标"，强化辅导员工作评价的人文性指标更加强调评价过程的常态化、情境性和真实性，辅导员工作评价应少下定论，少做判断，少讲真理，多讲"道理"。辅导员工作评价不应以对物的控制的标准来评判，而应该更加强调评价中的沟通、对话与民主，并最终达成共识。

对辅导员工作而言，"硬指标"把复杂的实践简单化或者只能评价简单的工作表现，使辅导员工作评价失去了许多有价值的信息，甚至丢失了最有意义、最本质的东西。这样，辅导员复杂的工作实践就被抽象为一个或一组僵硬的数字，辅导员实践智慧的丰富性则泯于其中。由于辅导员工作实践是极其复杂的，评价工作既要通过定量处理对数据进行集中程度、离散程度和相关程度的分析，更为重要的是需要用解释学和现象学的眼光和方法，通过对辅导员学生工作实践的关键环节、典型现象进行分析与解释，以达到见微知著。指标不仅是量的问题，同时也是性的问题。任何一个指标既可以进行定量分析，也可以进行定性分析，定量分析不能完全反映辅导员工作实践本身，而定性分析更能体现辅导员的实践智慧，是对辅导员思想政治教育工作的一种引导。

第七节　书院制模式下大学生思想政治教育的创新与实践

一　书院制的文化意蕴及对大学生的发展意义

大学之所以称之为大学，关键在于它的文化存在和精神存在。精神与文化看不见也摸不着，更谈不上什么实际功用，但它是大学的涵养和气度，是大学的本质。"大学文化的实质就是大学师生的活法，就是大学师生的人格样式。大学文化根源于大学师生的生活实践，大学师生的生活实践又反过来促成大学文化精神的自我完善。"① 作为现代大学学生管理模式的重要补充，书院的最大价值就在于培育一种文化，营造一种独特的人文精神，通过身临其境、耳濡目染的文化生活对学生的学业和道德品行、行为举止产生潜移默化的渗透作用。

书院是一个住宿空间，是一个生活空间，更是一个文化和教育空间，是学生的精神之家。大学成立书院制的初衷和目的就是希望将书院建成一个文化和教育空间，希望书院能够通过一系列的文化活动来促进学生之间以及师生之间的交流，从而弥补专业教育的不足，最终提高学生的综合素质。"实际上，第一流的大学，特别是历史悠久的大学，无不有意无意地都在培育一种文化生活。"② 这种"文化生活"对塑造学生完整的人格和德性具有重要的作用，对每所大学风格的形成也会产生深远的影响。正如

---

①　刘铁芳：《大学文化建设：何种文化　如何建设》，《高等教育研究》2014 年第 1 期，第 11—16 页。

②　金耀基：《大学之理念》，牛津大学出版社 2000 年版，第 16 页。

金耀基所说"文化生活常决定大学的风格,常影响学生的气质品性"。① 书院作为文化传承的重要载体,在培育文化生活方面将发挥重要作用。复旦大学表述书院制在于"传递科学与人文的精神,培养学生具有完全的人格,领悟不同的文化和思维方式,养成独立思考和探索的习惯,对自然和社会有更高境界的把握"。② 也有学者指出:"书院教育的目的是要使学生在认知宇宙万物的普遍联系和永恒发展的基础上,逐渐养成一种科学的系统思维,以促成其判断敏锐、洞察深刻、表达清晰的'优雅精神',帮助学生形成伴随终身的理智的习惯和优秀的品质。"③ 这些目标都恰恰契合了高校大学生思想政治教育的要求。

通过文化平台建设和文化氛围营造,书院注重体验式、探索式的自主学习和合作学习,强调课堂内外协同的更为丰富的学习体验、师生生命共融的更为密切的互动关系以及强调内外兼修、德才并举的博雅教育,将书院打造成文化和育人空间,实现学生的日常生活服务与管理、思想政治教育、人文素养和科学精神培育、创新创业教育、社会责任感培养等综合素质教育的目标。作为新时期高校大学生管理的一种全新育人模式,书院通过文化生活的培育,使思想政治教育融入大学生的生活,促进个体的学生成为主体的人、丰富的人和完整的人。如果说以专业为背景的学院教授学生职业知识和专业技能,那么书院则侧重于教育学生如何做人,做一个什么样的人。书院通过开展通识教育和文化活动来培育学生的社会责任感,培养学生爱国主义情怀和远大理想,帮助学生树立正确的价值观、人生观和世界观,因此书院是丰富

---

① 金耀基:《大学之理念》,牛津大学出版社2000年版,第17页。
② 《复旦大学通识教育》,http://www.fudan.edu.cn/channels/view/48/。
③ 夏中义:《大学人文教程》,广西师范大学出版社2003年版,第55页。

高校立德树人工作的有效载体。

二　书院制蕴含的德育思想对思想政治教育的启示

近年来，实施书院制教育已成为中国高校教育改革的一种积极探索和有效尝试。从 2005 年至今，我国先后有几十所大学尝试了成立书院或者开展书院制改革活动，如复旦大学陆续成立志德、腾飞、克卿、任重、希德五个书院，分别是以复旦大学老校长的名字命名，开启了我国书院制改革的先河。西安交通大学、华东师范大学、华东理工大学、汕头大学、肇庆学院等也进行了书院制改革，探索通识教育模式。2014 年，北京航空航天大学联合海峡两岸高校成立"高校书院联盟"，书院制改革逐渐成为大势所趋。陈平原在其《大学何为》中指出："谈论本世纪书院精神之不绝如缕，并非完全否定现代大学制度。面向二十一世纪，毫无疑问，现代大学仍是主流。问题在于，传统的书院教育，是否能为我们提供某种思想资源？我的答案是肯定的。"[①] 书院是中国传统文化中独具特色的教育组织和学术研究机构，在书院千年之久的发展历程中，虽然有不足之处，但也形成了特有的教育理念和教育模式，积淀了厚重的书院文化底蕴，蕴含着宝贵的精神财富，如深厚的道德关怀，关心时政，读书的非功利性，导师的精神引领，密切的师生关系等，是我们宝贵的文化教育资源。

中国古代儒家历来重视道德品质的教育。孔子曰："弟子入则孝，出则悌，谨而信，泛爱众而亲仁，行有余力则以学文。"孟子认为，只有将德育置于首位，才能"明人伦"，"得民心"，

[①] 陈平原：《大学何为》，北京大学出版社 2006 年版，第 19—20 页。

行"仁政"。朱熹认为,"圣人千言万语,只是教人明天理,灭人欲。学者须是革尽人欲,复尽天理,方始是学"。① 王守仁说:"学校之中,惟以成德为事。"显然,传统书院教育从整体上看充满着一种推崇主体性人格的人文精神。很早以来,书院就将道德教育置于书院教育的首位,主张"兴德业",将伦常礼教转化为个体道德的思想品质,"将教学与道德完善、品性修养二者有机地结合在一起"②。如钱穆在《新亚学规》中所言,"中国宋代的书院制度是人物中心的,现代的大学教育是课程中心的"。书院教育家们把"德育为先"视为书院文化和书院教育的灵魂,将"德育为先"的理念渗透到教育教学活动的各个环节。首先,书院通过订立学规、章程、规范,用纲常伦理来规范学生的言谈举止。例如,清康熙间,徽州府《紫阳书院规约》中"敦伦之学、择善之方、执礼之本、存诚之功、寡过之法、崇俭之效"均是对学生德育的要求;《白鹿洞书院揭示》明确教育目的为"五教":"父子有亲,君臣有义,夫妇有别,长幼有序,朋友有信",同时重视学生的养成教育,要求他们从日常行为出发,注重良好生活习惯的培养;《岳麓书院学规》参照《白鹿洞书院揭示》制定了18条规章,从德行修养、学习内容和态度方法三个方面对学生加以规范和约束。其次,书院在对学生道德品行的养成中,非常重视环境的影响,充分利用其中的教育因素,潜移默化地感染学生。在自然环境选址上,书院注重为学生创造一个潜心读书、涵情养性的环境和气氛,书院建设者在选址上倾心依山傍水之处,体现了自孔子以来的"山水比德"思想。"'比德'是将自然山

---

① 朱熹:《朱子语类》(卷13),岳麓书社1997年版,第200页。
② 顾冠华等:《中国传统文化与高等教育》,海洋出版社1999年版,第452页。

水、草木的形貌与人的某些内在品德或道德的对应关系作意象化的比附、暗喻,从而将自然人格化、精神化,人的思想、情感得以物化和对象化。"①"居山水为上"是书院建设者最理想的环境观,是士大夫对于仁、智追求的表现。他们希望自己像水一样宽广博大,包容人间万象;像山一样稳重深厚,不为外在的诱惑所动摇。在人文环境的建设上,书院设有大量的楹联、箴碑、匾额等富含道德教育意义的器物,如岳麓书院的"忠孝廉洁"碑、东林书院的楹联"风声雨声读书声,声声入耳;家事国事天下事,事事关心"等,它们承载着德育的理念,彰显了书院师生的道德追求。此外,古代书院十分重视"力行",走出课堂,接近社会。道德不仅仅是一种知识,更是一种实践理性,它需要受教育者通过道德实践去体现,使道德戒条内化为道德自觉,从而真正地提高道德境界。朱熹在白鹿洞期间,常常与学生游于泉石山林之间,寓讲说、启迪、点化于游乐之中。他还经常带领生徒考察名川,遍交当世有识之士;或追寻名士遗踪古迹,使生徒"聆清幽之胜,踵明贤之迹,兴尚友之思",同时也不忘游历城乡,体察民情,多闻多见。②这种寓教于乐的社会实践是卓有成效的。

　　古代书院文化中"德育为先"的教育理念是古人教育智慧和人文精神的体现。尽管传统书院的德育与现代高等教育中要求的思想政治教育,其所处时代的社会形态、文化背景、教育需求不同,但是传统书院和现代高校都是一种教育组织形式,两者具有较强的互通性,只要坚持批判地吸收,古为今用,我们完全可以利用传统书院德育方法中的有益经验为现代高校大学生思想政治

---

① 明成满等:《古代书院选址所体现的德育环境思想研究》,《党史文苑》2014年第4期,第69—71页。

② 李广生:《趣谈中国书院》,百花文艺出版社2002年版,第48页。

教育服务。因此，在探索实施现代大学书院制的时候，我们更应该注重吸收中国古代传统书院的精神而非空间形式。传统书院的精神值得现代大学书院对其进行创造性转换，并在实践探索中传承和发扬。

三 书院制模式下大学生思想政治教育的实践路径

当前，高校书院制管理既不是对传统书院的简单回归，也不是对西方书院制的机械模仿，而是以学生宿舍区为载体，将通识教育和思想政治教育延伸到社区，通过博雅教育和文化活动的开展，提高学生的综合素养，并实现思想政治教育的育人目标。因此，在书院制的学生工作组织模式下如何创造性地开展大学生思想政治教育是高等教育改革需要思考的重要议题。思想政治教育作为书院教育的首要目标，需要根据时代要求在理念和目标上进行调整。首先要改变传统的以知识灌输为主的教育模式，转而强调对学生心智层面的培养与训练，同时还应该在工作内容和工作方法上进行配套改革，建立以理想信仰培养、政治引领、性情塑造、品格完善为精神实质的思想政治教育体系，使其既不缺乏传统德育理念的精髓，又符合时代特点的诉求，真正提高思想政治教育的创造力和凝聚力。

（一）营造蕴德育功能于一体的环境，发挥隐性教育力量

马克思指出，"人创造环境，同样，环境也创造人"。[1] 书院的理念，诚如邱白勒（E. Truelood）所说，是为年轻人"提供一个可以获得整个生命的最大可能的快速成长的情境"。[2] 这根源

---

[1] 《马克思恩格斯文集》（第1卷），人民出版社2009年版，第545页。
[2] Elton Truelood, *The Idea of a College*, N. Y. Harper Brothers, 1959, p. 13.

于，书院创造的文化氛围发挥着隐性的教育力量。哈佛大学校长洛厄尔长曾指出："第一课堂不应该成为一个年轻人所接受的唯一的教育。日常生活是最好的大学，一个人的品质与习性在很大程度上取决于他的生活环境和同伴氛围等。"他认为："不同班级、不同类型和不同协会的本科生和导师们在同一个社区里生活，在同一个餐厅里就餐，全新的接触、惬意的交谈、深厚的友谊就会建立起来。"① 书院是重要的隐性课程场域，通过构建温馨的书院空间，学生可以在宽松自由的学习环境中产生对知识的追求和渴望；通过提供完善的学生服务体系，可以使学生体会人性的关怀，在书院找到精神的归属感和认同感；通过混合住宿，使学生在与同伴互动中，拓宽学科视野；通过推进导师制，促进师生交往，让导师以自身的学问道德引领学生的心灵成长，可以帮助学生形成良好的学术习惯和学术品格；通过组织丰富多彩的书院活动，可以提升学生的身心素质；通过推进学生自我管理和自我教育，可以培育学生的社会责任感和公共精神；通过书院文化建设，使学生在耳濡目染中传承书院精神，并内化为自身的行动准则。我国古代书院都有其自身的特色和优势，可以说一个书院就代表一种文化。比如，朱熹主持的书院是讲理学的，陆九渊的象山书院着力宣扬心学思想，清初颜元主教的漳南书院旨在兼容并包，以讲求实学为主，东林书院则致力于裁量人物、讽议朝政，积极参与政治活动。香港中文大学书院制经过几十年的洗礼，已经形成自己的办学特色，其每所书院都是独树一帜的，有各自的办学理念和文化特色。如新亚书院比较注重中国文化，其

---

① Samuel Eliot Morison, *Three Centuries of Harvard* (1636–1936), Cambridge: Harvard University Press, 1937, p. 444.

院训为"诚明",强调"求学不单是追求知识,也讲求处世的修养",坚守"求学与做人,贵齐头并进"的创校理念,培育学德俱备、勇担使命的大学生。在我国内地,大学书院也越来越重视文化理念和价值导向,西安交通大学的八大书院充分发掘百年交大的历史文化,如文治书院秉承唐文治老校长"欲成为第一等学问、事业、人才,必先砥砺第一等品行"的育人理念,秉持智慧闪耀、活力担当、友善互助的文治核心价值观。复旦大学志德书院以"志于道据于德依于仁,而后游于艺;修其身齐其家治其国,必先正其心"为院训。腾飞书院以"乾始坤承,通彻古今上下,总是鸢飞鱼跃;静虚动直,浑忘物我内外,无非月满潮平"为院训。剑桥30个书院,规模大小不一,各个书院在长期办学过程中也形成了风格迥异的书院文化,可以说,书院是剑桥的灵魂,而特色文化是书院的命脉。正如纽曼所赞美的那样,"它带来的是一种鲜活的大学教育,形成的是一种自我延续的传统或所谓的场域文化精神,萦绕在它产生和形成的地方……每个人都在它的笼罩之下成长"[1]。

环境氛围是制度文化的重要组成部分,"本身蕴含价值导向"[2],具有重要的文化育人功能。营造蕴德育功能于一体的自然人文环境就在于创造润物无声的文化环境和亲切融洽的生活环境,发挥环境对学生的陶冶功能。书院的人文底蕴是历史积淀的产物,是现代大学书院制的生命力所在,也是形成大学特色的重要载体。书院教育本着对个体德性的深切关照乃至对生命的终极

---

[1] 余小明:《英美住宿式书院的发展和演变以及对我们的启示》,《现代大学教育》2015年第1期,第40—47页。

[2] 王帅:《在以文化人中更好地实现思想政治教育的功能和作用》,《思想教育研究》2016年第6期。

关怀，致力于提供全人教育与通识教育，辅以各类正式和非形式教育活动，共同促进学生全面发展，体现"以人为本""人文化成"的精神实质和价值选择。

（二）发挥学生主体作用，增强思想政治教育实效性

高校思想政治教育作为通识教育的重要组成部分，要鼓励引导学生自主选择，培养主体发展意识。在传统的德育模式中，学生被灌输了各种空洞的、抽象的道德规范和道德概念，处于被动接受或被塑造的客体地位，使得学校德育工作收效甚微。在书院相对轻松的教学过程中，应强调"以学生为主体、以教师为主导"，开展讨论式、启发式、参与式教学，教师从课程的讲授者转变为学习的配合者、引导者和推动者，转变为研究主题的设计者及研究方向的把握者，学生从课程内容的被动接受者转变为主动学习者、研究者和探索者。在开放教学中，书院里的老师通过生动的方式将自己广博的知识融入到教学中，重视启发学生的思维，重视师生之间以及生生之间的交流。在轻松自由的文化氛围中，引导学生自我管理、自我教育、自我完善，在双向互动中提高教育的实效性。美国学者帕斯卡雷拉建立的大学对学生成长影响力理论模型证明，大学生的就学经验或学习生活参与度是影响学生成长的关键，而学生个体与教师和同辈的互动关系又是影响学生参与度的重要因素。学生在大学期间的努力程度及参与程度对于个人的成长成才非常关键，因此，书院有必要也有条件为大学生的自主发展提供平台，比如，成立学生自我管理委员会，拓展学生自我管理、自我服务空间，提高学生参与书院建设的自主性。依托学生自治组织，推动书院品读会，成立品牌读书小组，开展系列读书活动，将大学生理想信念教育、社会主义核心价值观教育与读书工作相结合，使读书文化渗透到书院建设的每个角

落，在潜移默化中塑造当代大学生清新明朗的正确价值观，充分发挥当代大学生自我管理和自我教育的作用。另外，学生活动是增进学生之间文化互动和交流的有效途径，是现代大学书院文化活动的主体，正如哈佛大学的学舍"学生们从相互间学到的东西比从教师那里学到的东西还要多……作为一个群体，给每个成员的成长提供了无与伦比的机会"。① 为此有必要加强书院学生活动的培养力度，引导优秀学生组建品牌活动。书院学生团队组织的活动不能仅局限在文艺和体育活动上，还可以组织开展通识教育、创新创业教育等活动。

（三）搭建协同育人平台，构建大思政育人格局

书院建立的根本目的在于促进学生的成长和发展，书院必须牢牢把握这个基本点。书院制以宿舍为载体，实施通识教育，建立师生互动、朋辈互勉、学科交融、注重养成、环境温馨、民主包容的良性循环机制，促进学院的专业教育与书院的素质教育的有机结合，培养有责任感的完整的人。高校应通过学院和书院联席会议的形式，加强两院之间的沟通交流，共同探讨书院模式下的思想政治教育工作，统一思想，协同互补，形成育人合力。书院制模式下的思想政治教育工作倡导全员育人，除了传统的思政课教师和辅导员队伍外，还需要形成一套完善的书院制育人体系，这个体系需配有学业导师、职业发展导师、书院辅导员和学生宿舍自治管理人员，同时还将党团组织工作纳入书院，以深入开展思想政治教育工作。朱清时曾经指出："南科大实行的书院制，让老师和学生住在一起，学生和老师可以随便聊天，不光聊

---

① Lemv Kosovslcv, *The University: An Owner's Manual*, W. W. Norton and Company, Inc. 1990, p. 96.

科学问题，人生的问题也可以。还要经常给学生提供机会，和世界级大师面对面接触。书院是全天候的教学基地，也是睡觉的地方，这颠覆了学生宿舍的概念。"① 当然，建立一个高效的书院运行组织机构，并与现有的以专业学院为单元的学生管理组织机构有机结合，既不会产生机构重叠人浮于事的现象，又避免在教育管理学生时出现"书院管不着，学院卸责任"的现象，这是在实践中重点需要解决的问题。

书院制管理模式在高等教育从精英化向大众化转变的过程中应运而生，目的是解决当前高等教育发展过程中遇到的瓶颈问题，试图改变对人的全面发展的忽视等不科学的本科教育观，试图扭转本科教育就是知识教育、专业教育、就业教育的不良倾向。书院根植于中国古代书院厚重的文化土壤，又借鉴了西方住宿学院的发展模式，在高校实施中始终伴随着争议和困难，但即使是西方大学，也并非是每所学校都如此实施。正如周满生所说："在国外也只存在于招生规模小、财力雄厚的精英大学。"因为"若高校每年有三四千人的招生规模，想让这种师生互动覆盖到每一名学生，得需要多大的人力？实施难度可想而知"。因此，"任何一种书院模式都不宜完全移植仿效。相反，各校必须将自己独特的条件或限制纳入建置书院的必然范畴，精心设计校本化的书院运行模式"②。适合校情的才是最好的书院模式。需要指出的是，书院制是对学院式思想政治教育工作的一种增益和补充，而不是取代，既不能否定原来的模式，也不能夸大书院制的作

---

① 朱清时：《南科大采取书院制，实施世界最先进教育体系》2011年4月5日，http://edu.163.com/11/0405/22/70TKVPG600294IIT_2.html。
② 宫辉等：《现代高校书院制教育研究》，西安交通大学出版社2017年版，第187—191页。

用。但毋庸置疑，书院制是深入开展大学生思想政治教育的有效途径，值得深入研究与探讨。

第八节 人本回归：高校学生社区育人工作探索

学生社区是近年来高校改革与发展的产物，作为校园生活的一个重要载体，学生社区在现代高校发展中的地位与作用日益凸显，高校学生社区的理论与实践探讨由此进入人们的视野，许多高校在学生工作实践中做了丰富而有益的探索，试图在社区实践中融入更多的教育理念，以达到育人目的。

学生社区不等同于社会上的普通社区，但又区别于传统的学生公寓。作为一个特殊的社会生活共同体，高校社区在现代大学教育和现代社会的背景下，有了更为丰富的文化内涵。它不仅仅是居住、休闲的场所，同时还是青年人聚集的地域空间，是培育青年大学生的特殊育人场所，因此高校社区具有开放性、多元性、民主性和自治性等特征。社区文化是社区的核心和灵魂，"共同的社区传统、社会民俗和共同认知，成为维系社区发展的文化力量"①。高校社区文化是以学生社区为依托，以文化活动为载体，社区内学生和管理人员长期互动、共同创造和认可的有鲜明时代特征的文化现象的总和。② 传统的宿舍文化只是简单地重视单个宿舍的管理，忽视公共服务；重视外在的设施，忽视文化的内涵；重视外在的制度约束，忽视学生主体的能动性。而高校社区文化带有鲜明的时代特征，它包含体现当代大学生主流思

---

① 娄成武等：《社区管理》，高等教育出版社2003年版，第7页。
② 李成超：《高校学生社区文化建设刍议》，《中国高等教育》2012年第10期，第57页。

想、价值观念与行为方式的物质文化、精神文化、制度文化及行为文化。伴随着高等教育大众化,以往的课堂教育已经不足以满足当代大学生自我提升的需要,社区日渐成为学生获取信息、交流思想、沟通情感的窗口,成为课堂的延伸。因此高校社区文化具有独特的育人功能,这是它与其他组织文化的最大区别。

一 人本回归:高校社区文化建设的意义

社区作为大学生在学校的"第一社会,第二家庭,第三课堂",其社区文化在提高人才培养质量、升华校园文化及提升思想教育实效性中,都具有不可替代的重要作用。社区文化的建设是超功利主义的,其出发点是学生,最终服务于学生的全面发展。

(一)深化大学文化的育人性

大学是一个专业塑造的过程,也是一个人格修炼、精神丰富的过程,对学生而言,大学教育是一种文化体验。作为大学文化体系的一个重要组成部分,社区文化在大学教育管理中的作用日益凸显,逐渐成为大学文化育人的重要载体。大学社区文化的灵魂和精髓是大学精神,社区文化对大学生会产生较大的影响,充分表现在对大学生的思想道德观念、思维行为模式、个体心理成长等方面。发展社区文化,可以强化大学生的主人翁意识,倡导健康文明的生活习惯,可以增强学生对社区的归属感,提高学生的幸福指数。社区文化通过社区物质载体和精神文化引导学生的价值观念和行为方式,让学生在潜移默化、耳濡目染中实现自我教育、自我提高和自我完善。社区不仅是学生温馨舒适的家园,也日渐发展为学生自我提升的精神乐园。

（二）营造健康和谐的校园文化

高校社区文化是校园文化的重要组成部分，丰富并创新校园文化的形式与内容。社区文化建设的目的是给大学生创造一个良好的成长环境，它将使身在其中的学生受到积极的影响，这种影响有时更甚于在课堂中学到的知识。社区作为学生共同体，"共同体是持久的和真正的共同生活，共同体本身应该被理解为一种生机勃勃的有机体"[①]。因此，社区的生活方式更趋于情感性，而社区文化本身具有辐射的功能，培植并形成良好的社区文化氛围对学生的行为方式和价值观念会产生很强的导向性，能使大学生对社区和校园文化产生强烈的认同感和归属感，从而增强社区这个生活共同体的向心力，形成一种特有的凝聚力量，进而满足学生在社区特有的文化氛围中增长才干、陶冶情操、提高修养、健全人格、成长成才的需要。健康、热烈、积极向上的社区文化是无声的命令，是不成规章的行为准则，它能使学生自觉地约束自身言行，营造健康和谐的校园文化。

（三）提高思想政治教育的实效性

教育部《关于进一步加强高等学校学生公寓管理的若干意见》中明确提出："学生公寓是学生生活与学习的重要场所，是课堂之外对学生进行思想政治工作和素质教育的重要阵地。"[②] 高校社区文化建设中的思想政治教育功能，是指思想文化对大学生的道德品质、思维价值、人格特质等方面所起的导向作用。文化的渗透实质上是思想的渗透，大学生思想政治教育离不开社区这个重要载体，高校社区文化建设的好坏直接影响着大学生思想政

[①] 滕尼斯：《共同体与社会》，商务印书馆1999年版，第53—54页。
[②] 《加强和改进大学生思想政治教育重要文献选编（1978—2008）》，中国人民大学出版社2008年版，第26页。

治教育的成效。加强社区文化建设有利于发挥社区文化的思想政治教育功能，增强思想政治教育的渗透性和吸引力，从而更好地实现大学生思想政治教育的目标。学生社区环境与教学区环境相比而言相对宽松，在相对宽松的环境下开展思想政治教育工作，更能凝聚大学生的思想，引导大学生树立正确的思想观念，营造健康稳定的社区育人环境。加强高校社区的思想政治教育工作，要把培育社区文化与人才培养融为一体，让学生在参与社区活动中树立正确的人生观、价值观，全面提高学生的思想道德素质和文化素养。

二 "目中无人"：高校社区文化建设存在的问题

（一）重物质文化建设，轻精神文化建设

大学是文化场域、学术场域、精神场域，陈平原教授曾说过："大学以精神为最上。有精神，则自成气象，自有人才。"[①]我国现在高校里的许多社区，虽然外观的形态越来越现代化了，处处高楼耸立，一派繁华景象，但社区物质基础的内涵是否有相应的变化？社区的精神文化是否有所积淀？这是令人质疑的。许多高校对社区文化建设尚不够重视，只强调"硬件"建设，而忽视"软件"发展，在老社区的改建和新社区的扩建中容易丧失多年来形成的文化个性，社区景观建设常常千篇一律，忽视了社区人文景观的营造。如果社区文化建设仅仅停留在物质文化这个层面上，其精神文化建设也就难以全面、难以深入，物质文化的建设也相应缺乏明晰的目标。高校社区的建筑等物质基础绝非只是简单的物质存在，而是社区文化的载体，社区文化因渗透在一砖

---

① 陈平原：《大学何为》，北京大学出版社2006年版，第120页。

一瓦、一草一木中而产生想象不到的感染力,成为无可替代的宝贵的教育资源。德国哲学家雅斯贝尔斯将大学生活界定为"永无止境的精神追求",诚然,高校社区的建筑如果只是钢筋水泥的堆砌,而没有展现出物质设施的精神层面意义,那么也只是"见其形而不见其神",无社区之"神"的社区之"形"即使外表再壮观,也不可能成为洋溢着人文气息的精神家园。没有文化的滋润护养,社区的物质只能流于表面化、空壳化。

(二) 重管理轻教育与服务

许多高校在社区管理方面形成了一套严格有序的规章制度,以便更好地管理社区,比如社区一般有统一的断电时间,统一的门禁制度、卫生制度等。但是在社区制度文化建设上,当前的社区制度多是自上而下由管理部门制定并要求学生严格遵守,管理层在修订制度时很少征求学生的意见,多数学生只是被动遵守,缺乏了解社区制度的热情和遵守制度的自觉性,社区制度在监督、反馈、效果评价等环节也都不够完善。和谐社区不是没有问题,更不是回避问题、压制问题,而是有通畅的渠道来解决问题。社区管理人员纯粹以管理者的面目出现,无法与学生深入交流,更谈不上做学生的思想教育工作了,这使"育人为主"的社区文化建设目标与"以管为主"的传统宿舍管理目标的冲突不断加深,限制了社区文化功能的发挥。社区管理是为了维护社区秩序,但社区的稳定和秩序是为了更好地实现学生成长的目标。社区制度的初衷并不在于约束,而在于引导,引导学生养成规则意识,引导学生养成良好的习惯,引导学生往积极的方面发展,这本身就蕴含着教育的成分。因此,学生社区管理是为了"育人",而非"制器",在社区学生管理中,教育自始至终都是第一位的。

（三）思想认识不统一，学生参与度低

第一，思想认识不统一。目前，在领导层以及学生社区工作者中，普遍存在狭义地理解社区文化建设的情况。一是把社区文化建设简单定位于硬件环境的改善，而没有把学生社区作为素质教育的重要阵地来看待；二是出现了部分追求声势的形式主义工作，人们简单地认为社区文化就是轰轰烈烈的娱乐活动，将社区文化建设停留在浅层次文化的活动上，往往丢失了社区文化的育人性；三是忽视社区学生的不同精神文化需求。由此，易把社区文化建设放到次要位置上，在社区规划或工作总结上一笔带过，缺乏对社区文化建设个性化的部署和总结。

第二，学生对社区文化建设的参与度低。许多高校社区文化建设具有浓厚的行政色彩，学生社区的管理人员起着主导作用，而社区的另一主体——在校大学生往往对社区文化发展决策和实施的参与度较低。社区文化建设并非只是某个管理部门的责任，浓郁丰富的社区文化需要依靠师生员工的整体努力，需要调动相关部门和广大师生参与社区文化建设的积极性。那种认为社区文化建设只是某个部门的责任的狭隘意识，是目前社区文化建设不尽如人意的重要原因，也是阻碍社区文化建设进一步发展的最大障碍。只有广大师生充分认识到自己在社区文化建设中应负的责任，才能从根本上改进社区文化建设的现状。

三　合力育人：社区文化建设的根本追求

（一）回归生本理念，打造人文社区

生本理念的社区学生工作强调，为了贴近大学生的生活与思想，必须把满足学生多方面的成长需要放在首位，社区学生工作必须了解学生存在的主要问题是什么，学生发展的需求是什么，

等等,为学生提供更加完善的学习生活服务。当然,以学生需求为导向并非意味着要盲目地迎合学生的任何需求,学生工作者应加强引导,充分研究学生的内在属性与心理诉求,激发学生的内力,使其转化为建设社区的动力。加强社区建设必须理解其真正的意义,而不是打着"社区建设"的旗号依然做着传统的宿舍管理工作。学生社区取代单纯宿舍区的目的在于逐步实现高校在宿舍管理上从对物的单一管理转向对人的综合培养,变"以物为中心"为"以人为中心"[①]。社区学生工作是真正一份"人"的工作,而非仅仅"事"的工作。做"事"的工作强调效率、效益等,而做"人"的工作强调沟通、理解、对话、倾听、用心等,我们不能完全用做"事"的工作态度和工作模式来做"人"的工作。为了使社区真正成为育人的阵地,社区学生工作者必须不断转变管理理念、创新管理模式、改善服务内容,从而有效地利用社区为高校的人才培养这一目标服务。

因此,学生社区建设应回归生本理念,鼓励学生参与社区管理,倡导采用激励、启发、反思、内省等方法,引导学生成人成才。一味地强调学生的服从性而忽视其独立性、自主性和建构性,易造成在社区文化建设中对学生主体性的忽视,影响学生参与社区文化建设的积极性、自主性和能动性,导致学生主体无法与其他管理主体形成高效的管理合力,不利于社区文化建设的有效开展。因此,需要转变"管理者主导与学生从属"的思维模式,倡导人文理念,培育人文精神,打造一个和谐向上的社区文化环境。

---

① 时长江等:《论高校学生社区独特的育人功能》,《高等工程教育研究》2003年第6期,第37页。

（二）积淀社区文化，倡导全环境育人

苏联著名的教育家苏霍姆林斯基在《帕夫雷什中学》一书中说过，用环境、用学生创造的周围情景，用丰富的集体精神生活的一切东西进行教育，这是教育过程中一个微妙的领域。高校学生社区就是这样一个微妙的领域，社区生态的优劣对学生的人格塑造、道德取向、行为规范、心理品质和文化认同有着深刻的影响。积极健康的社区氛围会使大学生自然而然地受到感染和熏陶，这种熏陶会在学生的价值观、精神状态和行为习惯中表现出来。学生在其中接受熏陶所形成的精神动力，不仅会对他的学习和生活产生影响，而且会对他的将来产生影响。作为一门"隐性课程"，社区环境就像是鲜活的、能切实感受到的内容丰富的教科书，有利于激发学生对真、善、美的追求，促进人格的自我完善，自觉规范日常行为。

正如马克思所说："人创造了环境，同样，环境也创造了人。"[①] 因此，高校社区作为培育和教育学生的重要场所应尽可能地去创造一个有利于年轻人成长的育人环境，帮助学生在社区中产生良好的内心体验。比如，社区可组织大学生开展丰富多彩、高雅健康的社区活动，增强社区文化的思想性、教育性和实效性，让同学们在社区文化活动中感受青春、展示自我、体验快乐、学会成长，达到社区文化的育人目标。当然，落实社区全环境育人的目标不仅需要发挥社区活动的教育功能，同时还需要注重发挥社区景观的陶冶功能、规章制度的规范功能、文化氛围的引导功能以及人文关怀的发展功能等，建构一个全方位育人的高校文化社区。

---

① 《马克思恩格斯选集》（第1卷），人民出版社1995年版，第92页。

（三）加强社区文化建设的组织力量

1. 提高学生社区管理队伍的素质

很多高校由于对学生社区的组织建设和管理队伍建设不够重视，社区往往成为管理和教育的"盲区"，主要体现在思想政治辅导员数量不足、社区党团组织建设不完善、社区大学生自我管理缺乏组织和引导等。建设高素质的社区学生工作队伍是高校社区文化建设的保证，学校应充分认识到社区学生工作队伍的重要性，保证队伍人员有充足的专业知识和技能，同时加强社区工作人员的培训工作。高校社区学生工作队伍必须具备教育服务学生的热情，良好的道德修养，较强的组织协调能力，敏锐的洞察力及分析问题和解决问题的能力等。社区工作人员应该与学生建立平等民主的关系，既要教育引导学生，又要关心帮助学生，通过走访宿舍、与学生谈心，及时地发现学生情感和心理等方面的问题并进行积极引导。

2. 充分发挥学生自我管理机制的作用

良好的社区文化的培育不可能只是依赖于程序化、模式化、精细化的工具化行为，更不是某个管理部门一蹴而就的政绩工程，它需要一代又一代师生的精心营造和维护，而学生就是社区文化建设的中坚力量。广大学生既是"教育、管理、服务"的对象，又是"教育、管理、服务"的主体。因此，高校社区管理应建立"三自"机制，加强学生自我管理队伍建设，改变学生在社区管理中从属和被动的地位，把建设社区、美化社区和塑造社区形象的任务转化为广大学生的自觉行动。高校社区管理不是单单依靠规章制度、法规条例等外在强制力，更重要的是依靠人的内心力量，从反思自省中产生一种内在的驱动力，激发人的主动性和积极性。这种内驱力将对学生的外在要求内化为学生的自觉行动，能够促使大学生主动遵守规章制度，并学会做事、学会做人、学会共同生活。同时，鼓励学生参与社区的管理，可以增强学生的责任感，使学生通过组织活动锻炼才干。《中共中央 国务院关于进一步加强和改进大学生思想政治教育的意见》指出，"要高度重视大学生生活社区、学生公寓、网络虚拟群体等新型大学生组织的思想政治教育工作，选拔大学生骨干参与学生公寓、网络的教育管理，发挥大学生自身的积极性和主动性，增强教育效果"[1]。因此，在高校社区管理中，必须尊重学生的独立性和自主性，引导学生进行自我教育、自我管理和自我服务。比如通过选拔一部分优秀的研究生和高年级优秀本科学生干部，担任社区兼职辅导员，进驻学生宿舍，与学生同吃、同住、同学习，重点发挥兼职辅导员在宿舍逐一巡检和安全隐患排查等方面的"全天候""全覆盖"作用。同时，通过培育一大批优秀学生党员骨干，以朋辈的身份走近普通学生，开展党员骨干"朋辈教育"帮扶活动，发挥党员骨干在规则纪律教育、困难帮扶、情绪疏导、矛盾化解、舆情引领、危机管控等方面的"正能量"。

　　高校社区见证着学子的成长，也承载着一所大学的文化传统，凝聚着它的精神与气象。它不仅仅只是提供学生休息的场所，而确确实实是隐性的教育资源，已成为课堂之外实施通识教育的重要载体。以文养心、以文育人、以文化人，文化育人是时代的呼唤，高校社区文化的建设归根结底都是塑造人、提升人、培养人，社区文化建设要始终贯彻这一目标，才能达到社区育人的目的。当然，社区文化的形成不是"早上种树、傍晚纳凉"，

---

[1] 《中共中央国务院关于进一步加强和改进大学生思想政治教育的意见》（中发〔2004〕16号），2004年8月26日。

不可能毕其功于一役，需要整合校、院两级学工干部、辅导员以及社区管理服务人员的力量，吸收优秀学生干部加入管理队伍，形成由教师和学生共同组成的学习型社区，建立师生互动、朋辈互勉、注重养成、环境温馨、民主包容的社区生态，实现合力育人。

第二章
实践育人

第一节　坚持立德树人，强化思政教育和价值引领

为深入贯彻落实全国高校思想政治工作会议精神和全国教育大会精神，切实加强和改进深圳大学学生思想政治工作，更好地促进学生全面发展，党委学生工作部紧紧围绕学校"建设立足深圳、面向国际的高水平、有特色、现代化一流大学"的发展定位，以高度的责任感和使命感，切实抓好"立德树人"这一战略工程、固本工程、铸魂工程，引导学生自觉践行"自立、自律、自强"的校训精神，培养学生的社会责任感、创新精神和实践能力，全面提升人才培养质量。

一　时刻关注学生思想动态，重视学生思想政治状况调研

大学生是国家和民族的未来，全面分析、准确把握这一群体的思想政治状况，研究提出加强和改进大学生思想政治教育工作

的对策建议，对于提高大学生思政工作水平、培养社会主义事业合格的建设者和可靠接班人、实现中华民族伟大复兴"中国梦"，具有重要的现实意义和深远的历史意义。党委学工部连续多年开展在校大学生思想政治状况滚动调查工作。根据近三年滚动调查问卷统计分析和学生代表座谈访谈情况，深圳大学大学生思想政治状况整体优良，主流健康、向上，理想信念坚定、价值取向正确、道德状况良好，充分认同并积极践行社会主义核心价值观，自觉拥护以习近平同志为核心的党中央权威和集中统一领导，普遍拥有强烈的国家意识和爱国情怀、高度的民族自信心和社会责任感。调查同时发现，尚存在一些值得关注的问题，如个别受访学生对重要理论问题认识模糊、混乱、肤浅，需进一步加强教育与引领；学生务实功利思想行为特征比较明显，需加强价值观引导；少数学生有宗教信仰经历或倾向（主要根源于其家庭成员信教，大学入学后开始信教的学生极少，笃信宗教的学生也极少），需继续关注并防止渗透。具体情况如下：

首先，在校大学生普遍高度关注国内外政治经济形势，积极拥护支持党和国家的大政方针，政治立场正确坚定，对国家政治经济形势持乐观态度，对中国未来发展充满信心。

近三年调查数据表明，广大学生衷心拥护以习近平同志为核心的党中央，高度认同党中央治国理政新理念新思想新战略，对我国的发展前景和实现中国梦充满信心，对中国特色社会主义的道路自信、理论自信、制度自信、文化自信进一步坚定。我们党的领袖、全党的核心习近平同志在大学生心目中的形象更加鲜活、更加丰满，"亲民""实干""廉洁""务实"等印象深刻，相关评价指标连续3年排在前列。调查还显示，约90%的学生认可"中国特色社会主义道路是实现社会主义现代化、创造人民美好生活的必由之路""习近平新时代中国特色社会主义思想能够解决中国特色社会主义、中华民族的前途命运问题",认同"我国必须坚持中国共产党领导的多党合作和政治协商制度,而不能搞西方的多党制"。此外,约92%的学生对"我国将成为综合国力和国际影响力领先的国家"表示乐观。这表明,党的十八大以来,深圳大学在落实全面从严治党,加强和改进大学生思想政治教育工作上取得了良好的效果,大学生的"四个意识"有所增强。

  调查表明,广大学生高度关注国内外政治经济热点问题,表现出了心系国家发展与民族利益的国际视野和较高的政治素养。而且学生普遍视野开放度深,当前,中国正迈向世界舞台的中央,在全球治理中的话语权越来越大,已成为引领和推动全球化大潮的主要力量,这一形势变化也辐射影响到了青年学生。比如,90%以上的学生对"中国共产党第十九次全国代表大会胜利召开""习近平新时代中国特色社会主义思想写入《中国共产党章程(修正案)》""'一带一路'国际合作高峰论坛在北京举行""中国对菲律宾单方面提起的南海仲裁案表示不接受、不参与、不承认、不执行""'八二宪法'时隔14年将迎第五次修改""中国女排时隔十二年再夺奥运金牌""习近平总书记赴美、英等多国进行国事访问,开启中国大外交时代"等问题表示关注。访谈中,大学生普遍表示,以习近平同志为核心的党中央全方位推进中国特色大国外交,积极参与全球治理,倡导打造人类命运共同体,极大地增强了国人的民族自信心和自豪感。

  其次,在校大学生积极培育和践行社会主义核心价值观,立志成长成才、提升道德素养、投身社会实践的意识进一步增强。

  近三年调查数据表明,约85%的学生赞同"核心价值观是一个民族赖以维系的精神纽带,是一个国家共同的思想道德基础",对"大学生应成为社会主义核心价值观的积极传播者和践行者""诚信是做人之本""没有理想信念,或理想信念不坚定,精神上就会'缺钙'"等理念的认同度逐年攀升。爱国、敬业、诚信、友善等主流价值观已成为广大学生的价值遵循和人生追求。广大学生对社会主义核心价值观的知晓率、认同度不断提升,践行核心价值观的自觉性、积极性明显增强。

  调查显示,广大学生立志成才意愿强烈,更加注重社会责任感和综合能力的提升。近89%的学生认为学校最应加强培养"社会责任感"。在最希望学校加强培养的项目中,一半以上的学生选择了"学习、科研能力""实践能力""心理调适能力""创新创业能力""组织领导能力""团队协作能力""人际交往能力"。同学们对学校加强思想道德素质、综合能力、国际视野、人文素养等方面培养的需求也越来越迫切。大学生处在人生成长的关键阶段,但其自身阅历和思想认识的不成熟,又决定其行为缺乏自律自觉,加之易受社会不良现象的干扰,使得学生无法自觉履行自己认同的道德观、价值观,难以做到"知行合一"。"上课手机不离手,下课网络不离线""必修课选逃,选修课必逃""游戏世界所向披靡,现实生活积弱成疾""操场教室图书馆,你侬我侬恋爱无忌"等现象在校园内仍然存在,学生学习的自觉性、自律性有待提高,学风建设有待进一步加强。

  此外,从近几年深圳大学滚动调查数据来看,每年参加调查的学生中有8%—10%的学生信仰宗教。深圳大学毗邻港澳,受多元文化思潮冲击较大,学校还招收了一定数量的少数民族学生,他们大部分本身就是宗教信仰者,因此这一比例属正常范围。值得注意的是,大多数信教学生对宗教的本质、教义教规等认识模糊，有的仅仅赞同某一宗教教义或观点，宗教暧昧现象比较明显，应与真正信仰宗教的信徒区别对待。

最后，"微媒体"成为学生获取网络信息最重要的途径，今后需要进一步扩大新媒体阵地、提升新媒体在大学生思政教育中的功效和影响力。

调查显示，网络是学生了解国内外时事的最主要途径，2018年学生思想政治状况滚动调查数据显示，学生使用最多的获取网络信息工具是微信（80.29%）、微博（61.71%）和知乎（39.71%）。当对同一事件出现不同意见时，同学们认为从"各级政府部门的通告"和"人民日报等各级官方媒体"获取的信息更全面、准确、客观，88.29%的学生表示"我在网上发表的言论都会经过深思熟虑"。以上数据不仅充分印证了习近平总书记对当代大学生"视野宽广、开放自信"的基本判断，同时也启发我们要深入研究和把握大学生的群体特征，积极回应他们关于拓宽国际视野、融入世界格局的强烈诉求，主动占领网络阵地、创新网络教育，推动大学生思想政治教育因事而化、因时而进、因势而新。深圳大学近年来越来越注重发挥新媒体在大学生思想政治教育中的作用。对于目前学校通过新媒体开展的各类主题宣传教育活动，学生的认可度逐步提升，评价这些活动"内涵丰富，可获取个人成长发展所需的价值理念""设计新颖，创作形式具有很强感染力"。但是，互联网的思政教育功用还有很大的空间，比如，现阶段学生对于党史的了解，主要还是通过教材、影视剧、报纸、杂志等传统媒介，新媒体并未得到充分利用，今后需要进一步扩大新媒体阵地、提升新媒体在大学生思政教育中的功效和影响力。

从调查中可以看出，深圳大学学生总体思想政治状况良好，但也有一些值得关注的问题。调查发现，受各种思想文化和网络舆论的影响，学生思想认识多元、价值判断复杂、发展诉求多样的趋势更加明显，有近10%的学生对"我国必须坚持马克思主义在我国意识形态领域的指导地位""只有社会主义才能救中国""中国特色社会主义道路是实现社会主义现代化、创造人民美好生活的必由之路"等观点表示"说不清楚""不太赞同"和"很不赞同"。在座谈访谈中，部分学生对"关于党的十九大报告的内容，您印象最深的是什么""对于党的十九大提出的培养担当民族复兴大任的时代新人，您有何看法和建议"等问题的回答是"不知道""不清楚""不关注""不是很理解"。大学生思想政治观念和道德行为意愿易受社会现实、虚拟网络、社会思潮等因素影响，一定程度上会冲淡大学生的政治认同。受相关社会思潮影响越大，大学生对中国共产党和中国特色社会主义制度、理论、指导思想以及共同理想的认同度越低。社会主义核心价值观作为一个国家和民族的精神追求和价值导向，加强学生对社会主义核心价值观的认同感是高校思想政治工作的重心。

二 围绕学生成长成才的内在需求，实施"荔园树人"计划

为进一步推进落实《深圳大学文化创新发展纲要》有关"立德树人"的工作部署和要求，更好地构建全员、全方位、全过程育人体系，立德树人、以文化人，党委学工部围绕学生成长成才的内在需求，紧扣"立德树人"的根本任务和培养目标，着力推行"荔园树人"计划，力促学生心理、情感、智力、认知、道德、态度等方面的全面发展，达到敦品、明志、励学、笃行、慎思之效果。

（一）"励心"——强调培育学生健全的人格和高尚的品格

在人的身心成长和价值观的培育中，外在的刚性规则的建立和人的内心修养的提升二者缺一不可。德育工作是直面个体生命、探寻个体生命价值、关怀个体生活幸福的社会实践活动。学生部心理辅导中心坚持面向全体开展心理教育与面对少数进行心理辅导相结合；坚持发展性辅导为主与障碍性辅导为辅相结合；坚持专业心理辅导与朋辈心理辅导相结合；坚持助人与自助相结合；坚持日常心理辅导与心理危机干预相结合；坚持工作实践与理论研究相结合。心理辅导中心深入实施"生命全周期"项目，面向全校本科生全面开展心理健康普查工作，建立健全深圳大学学生全生命周期心理健康档案，加强人文关怀和心理疏导。针对普查情况，做好普查后的定期辅导和日常心理辅导工作。在工作中不断完善大学生心理危机预防与干预体系，做好心理辅导记录和典型个案分析及心理辅导的转介工作。心理辅导中心在"全人成长"工作理念引领下，举办系列心理健康教育活动，并面向全校本科生开设心理健康公选课，促进大学生身心和人格健康发展。

（二）"励志"——注重培育有理想、有目标、有追求的大学生

学校不断完善"星耀荔园"优秀学生典型评选及宣传工作，坚持"综合素质优异，鼓励全面发展"的理念，不断优化以体现专业学习能力的绩点、体现人才培养目标的创新创业成果、体现所培养人才之社会精神的公益服务情况等三个核心评价指标为主的奖学金制度，突出人才培养的综合导向，全方位展示荔园优秀学子风采，传播积极向上的青春正能量。完善优秀学生典型的培养、表彰和宣传工作，通过网站、报刊、微博微信平台、励志分

享会等多种渠道，宣传优秀学生的奋斗历程，激励广大学生见贤思齐、立志成才，将勤奋严谨的学习、工作精神融入整个集体。

为进一步推动深圳大学与世界知名大学和学术科研机构的合作，促进校园多元文化交流，提高学生的创新意识、实践能力和国际竞争力，学校设立了"圆梦奖学金"，资助家庭经济困难且表现优秀的学生出境学习，包括赴友好协议院校就读学分项目，本校学生参加校（院）际交换、交流，参加国际学术会议及竞赛等，为家庭经济困难学生争取更多平等、优质、多样的学习机会，实现对家庭经济困难学生的"经济资助""精神支持"和"能力培养"。

（三）"励学"——通过通识课程和隐性课程实现文化育人目标

打造荔园"品读会"精品活动。目前学生部面向经济困难学生开展的"愿望书单"读书助学活动和"以书会友"读书分享会取得了很好的效果，学生部将在此基础上面向全校本科生开展荔园"品读会"，以荐书、读书、谈书的形式，努力营造"爱读书、读好书、善读书、品好书"的学习氛围，促使学生把爱读书当作一种学习态度，把读好书当作一种人生选择，把善读书当作一种重要能力，进而提升校园文化品位和学生的人文素养。

积极营造以学风建设为导向的校园文化活动氛围。加大对以学风建设为主题的校园文化活动的支持力度，营造浓厚的以学风建设为导向的校园文化氛围，引导学生明确学习目的，激发学习动力。加大学生科技创新活动的立项支持，增加资金投入，评选和奖励学生优秀科研成果，提高校园学术水平。支持各学院立足学生专业，搭建学生课外科技文化活动平台，加大宣传力度，激发学生加强专业实践及创新能力培养的积极性，积极组织开展各类科技、文化、体育、艺术等活动和与专业紧密结合的各类学科比赛，以赛带学，以学促赛，提高竞赛水平。制定和完善相应激励机制，积极鼓励有积极性且具有丰富经验的教师担任学生科技导师。进一步完善相应激励机制，将科技创新活动成绩与奖学金评定、研究生推免、科技创新学分认定、科技创新成果替代毕业论文等工作紧密结合起来，最大限度地调动学生学习积极性，促进学风建设。

（四）"励行"——主张培育学生的责任意识与担当精神

深入开展"立志·修身·博学·报国"主题教育实践活动。"我的中国梦"——"立志·修身·博学·报国"主题教育系列活动是广东省教育厅面向全省高校的重点品牌工作之一，旨在培育和践行社会主义核心价值观，弘扬以爱国主义为核心的民族精神和以改革创新为核心的时代精神，增强学生的社会责任感、创新精神和实践能力。学校组织学生开展了"爱国情·青年志"主题微视频大赛、"关注民生·实干兴邦"主题教育社会调研大赛等，深入社会基层，开展社会调查，增进对社会的观察了解，并围绕国家与广东经济、文化、环境、社会治理等方面内容撰写调查报告，结合学科专业等有针对性地进行选题，重点关注基层，结合社会现实，关注民生，关注经济社会发展。在这过程中培养大学生发现问题、思考问题、解决问题的能力，担负社会责任，提高综合素质。通过社会实践，引导大学生认识中国梦与民族复兴、个人幸福的关系，鼓励大学生为实现中国梦坚定理想信念，励志刻苦学习。

为进一步提升学校大学生思想政治教育工作质量和水平，重点培育和资助在校内外具有示范推广价值的学生工作品牌项目，切实提升学校学生工作总体品质和影响力。其中学生"三自"创新项目以在校学生为主体，围绕"自立、自律、自强"校训精神，由学生组织或团队面向全校开展创新型自我教育、自我管理、自我服务、自我监督实践项目，如校务参与、党团建设、学风建设、朋辈支持、文体活动、社区建设、公益服务、事务管理、权益维护、文明养成等。重在充分尊重和体现学生的主体地位，培养和发挥学生的主体作用，引导学生在参与中实现自我全面发展。

（五）"励思"——倡导培育有主见、有态度、有情怀的大学生

大力弘扬"自立、自律、自强"校训精神，健全学生自治组织，倡导学生自我教育、自我管理、自我服务。一方面，积极发挥学生组织和学生干部作用，创新组织动员团员青年的载体和方式，推进服务型团组织建设。发挥学代会和顾问团在学生工作决策中的信息沟通、意见整合、方案设计、决策参与等作用。创新学生会、学生社团及其他学生自组织的活动载体和工作方式，推进学习型、服务型、自治自律的学生组织建设。另一方面，构建基于学生兴趣和自主发展的特色社团和学生组织，强化学生的朋辈教育，实现学生之间相互影响和共同发展。

立德树人有道，春风化雨无声。"荔园树人"五项计划，把工作内容沉藏于鲜活的生活、潜隐于磅礴的文化、涵容于复杂的情境等载体之中，将对学生产生潜移默化而又富有力量的影响。在育人目标上，"荔园树人"计划注重智育与德育的均衡发展，尤其注重对学生服务意识、专业精神和优雅气质的人格塑造，辅之以自主学习能力与批判性思维的训练，促进学生的全面发展；在培养方式上，注意第一课堂与第二课堂的协同，尤其是通过创新学生管理服务模式，通过形式多样的通识教育，辅助、补充课

第二章 实践育人

堂教育、专业教育的开展，让养成教育渗透到校园内外、生活学习的各个环节，真正将立德树人工作落到实处。

三 推行书院制改革试点，探索构建全员、全方位、全过程育人体系

为促进学生全面发展和个性化培养，拟在西丽校区率先开展书院制改革试点，旨在探索以学生社区为学生通识教育的空间载体，通过文化平台建设和文化氛围营造，构建全员、全方位、全过程的文化育人环境。通过加强通识教育，开展各类学术文化、科技创新、社会实践活动，鼓励不同年级、不同专业的学生互相学习交流，实现学生多学科融合、专业互补、个性拓展，促进学生全面发展，提高综合素质。

（一）科学设计与实施书院通识课程，注重学生的养成教育

通识教育是书院整体教育的重要组成部分，书院根据自身特点开设通识教育课程。课程将涵盖人文素养、公民教养、身心健康、创新创业等与学生成长成才需求有关的内容，结合时事新闻、社会热点、舆论焦点、学校发展大计、学生普遍诉求、思想认识困惑等，安排思政课、通识课专家学者走进书院，将思政课堂和心理健康、生涯规划、审美鉴赏类的通识课课堂延伸到书院，老师与学生面对面互动交流，将课堂教学融合在学生的书院日常生活和活动中，增进学生的直接参与和体验。课程采取以学生实践体验、师生互动、交流答辩、专题讲座、开展活动等主要形式完成，突出"小而精"，注重学生参与感与获得感，将书院打造成人性化的、师生共享的文化空间。同时，加强学生规则教育和规则意识养成教育，引导学生坚守规则、履约践诺。

（二）推进学生自治组织建设，深入践行"自立、自律、自强"校训精神

大学应给予学生选择的自由和探索的空间，让学生成为自我管理、自我教育的主体。书院大力弘扬"自立、自律、自强"校训精神，引导组建基于"三自"精神、融合现有校、院学生会等组织的学生自治组织和特色社团，倡导学生自我教育、自我管理、自我服务。书院鼓励学生参与书院的建设和管理，并在书院文化建设、师生互动交流、公共秩序维护、维护学生合法权益等方面发挥重要作用。一方面，成立书院学生自我教育管理委员会。广泛吸纳各社团学生代表以及志愿为书院建设服务、具有公共精神和责任心的学生代表，组成书院学生自我教育管理委员会，参与书院的管理和组织执行。充分调动并发挥学生的参与书院建设和管理的积极性，使学生在自我管理、自我服务中得到多方面的教育和锻炼，在营造温馨家园氛围、维持书院公共秩序、维护学生合法权益等方面发挥重要作用。另一方面，构建基于学生兴趣和自主发展的特色社团和学生组织，强化书院学生的朋辈教育，实现学生之间相互影响和共同发展。

同时，书院拟打造志愿服务品牌项目，大力弘扬志愿服务精神，倡导全员参与志愿服务。将学生志愿服务工时与党员发展、书院资助、书院荣誉等挂钩，鼓励学生积极投身志愿服务。推动书院志愿服务转型升级，引导书院师生成立专业化服务团队，利用专业知识提供志愿服务，参与学校管理和社会治理，逐步成长为专业化服务团队。

（三）打造书院文化特色，建设学生"精神家园"

书院文化是现代书院制人才培养的灵魂和核心，书院不只是住宿的生活空间，更应是集生活、教育、文化功能于一体的复合

空间。书院文化建设的重中之重莫过于帮助学生养成勤奋和持恒读书之习，让学生多一些书卷之气，以消解当代大学生求学的急功近利倾向。书院结合专业特色、建设定位、发展内涵、培养目标、学生特点等凝练、建设书院文化，广泛征集书院院徽、院训，并把这些元素体现在书院的公共设施及文化活动中。书院依托宿舍开展各类特色文化活动，打造书院文化特色，促进校园文化繁荣，引领学生精神追求，为学生提高素质、增强能力提供平台与途径，促进学生全面发展。通过潜移默化的文化育人，逐步加强学生对书院"精神家园""温馨家园"的认同感、归属感和荣誉感，营造属于书院的文化传统。

第二节 增进资助育人功效，助益学生自立自强

习近平总书记在与北京大学师生座谈时指出："要把立德树人的成效作为检验学校一切工作的根本标准，真正做到以文化人、以德育人，不断提高学生思想水平、政治觉悟、道德品质、文化素养，做到明大德、守公德、严私德。要把立德树人内化到大学建设和管理各领域、各方面、各环节，做到以树人为核心，以立德为根本。"高校资助的目的是保证公平教育的权利，其核心仍是为了育人，为了培养高素质人才和社会主义合格建设者。其中，资助是措施，发展是路径，育人是目的。随着社会的发展，以满足学生基本生活需求为基本目标的"救济型"资助和"输血型"资助已不能达到资助育人的目标，我们要根据教育发展规律和学生成长规律，以资金、项目、物品、人力支持等多种更加贴近学生成长、成才实际需求的方式，帮助学生在克服自身经济困难的同时，提高自身实践技能，更好地实现自身长远发展

的"功能型"资助和"造血型"资助，才能更好地实现全面资助育人。发展型资助与高校人才培养的目标一致，是资助育人的有机统一。

《深圳大学文化创新发展纲要》提出了"立德树人"工程，要求以"立德树人"为根本使命，强化教育自觉，突出理想信念、道德情操、社会担当、综合素质，注重德业并行，培养社会认可、国家信赖、人民满意的创新创业人才。学生资助工作围绕深圳大学"立德树人"工程开展，始终秉承"自立、自律、自强"的校训精神和"以学生为本"的工作理念，积极思考探索并践行发展型资助育人模式，既注重解决受资助学生的经济困难，更注重扶持其自立成长、自律成人、自强成才，学生资助工作取得了良好的育人功效。

一 文化育人，建构发展型资助育人模式

大学生资助工作的出发点和归宿点都是学生，促进学生的全面成长成才应是大学生资助工作的价值旨归。大学生资助始终与人的幸福、自由、尊严、发展等终极价值相联系，在现实的资助体系运行中，资助传递给学生的不只是物质上的财富，还需向学生彰显人类的一种生命精神，亦即人类生生不息的"成长"精神。资助工作不仅要关注其社会价值，促进教育公平，更要关注人的价值、人的尊严和人生意义，关注个体生活，促进学生个体的成长与发展，挖掘埋藏在每个心灵深处的优良品质，从而达到个人价值的实现，并最终实现个人价值和社会价值的统一。因此，大学生资助本质上是关怀人性的教育活动，其最终目标是培养全面发展的人。将人文关怀的理念贯彻到大学生资助工作中，符合大学生资助的最终价值追求，即实现人的全面发展。结合学

生生源特点与特区环境,围绕学校创新创业型人才培养工程的总体目标,深圳大学学生资助工作倡导发展型资助,做到五个"文化育人"。

(一) 精神文化育人

我们始终注重将"自立、自律、自强"的校训精神,融入到学生资助工作中,并将其制度化、机制化。

1. 以立德树人为根本价值导向,以"三自"校训精神为引领,积极开展"励志·修身·博学·报国"主题教育宣传活动以及"助学·筑梦·铸人"主题宣传活动

大力宣传国家资助政策及成效,激励广大受助学生奋发自强、立志成才、感恩奉献。完善校、院两级的资助工作网站建设和公共宣传设施建设,制作宣传手册;开设学生资助微课堂,由资助中心专职人员为家庭经济困难学生宣讲有关资助政策和项目,为家庭经济困难学生进行资助指导与咨询等。通过编辑资助手册、召开座谈会、专题讲座、校媒宣传等自上而下的方式,使学生能在了解、体会和交流的过程中感受到国家、社会和学校对他们的关爱,激发学生勤奋学习、感恩回报的责任意识,从思想上引导和鼓励学生自立成长、自律成人、自强成才。

国家奖学金获得者经济学院林芝雁感言:作为一个从农村考进大城市生活的学生来说,我深刻体会到在大学对获得机遇的渴望和对别人帮助的感恩,为此,我在大学期间一直砥砺前行。大学四年我的综合成绩排名年级第一,辅助以学术研究、社会实践、志愿活动,成为一个综合发展的个体,获得了国家奖学金等7个奖学金。回顾过去的成长,我衷心感恩每一次机遇,每一段经历都在反哺我的心智,同时也孕育下一段更好的经历。在这个时代背景下,处于深圳大学的优秀学生群体之中,我希望自己在

过去的学业表现、学术研究和社会实践能给予我更好的世界观和正确的人生价值观，国家奖学金是对我们群体的肯定。深圳大学图书馆通明的灯光下，映了我四年的影子，每天从叠影到拉长，愿借汝之光，得见光明。

同时，我们重视对学生的诚信教育，如在贷款工作中专门举办贷款签约大会和还款确认大会，强调信用的重要性，并提醒还款的各项细节；举办有关还贷问题的信用教育讲座或咨询活动，邀请相关领域的专家学者为同学们普及信用知识，引导学生建立良好的诚信意识；保持与毕业生的经常联系，提醒学生对自己和社会负责。

在学校的微捐平台中，设立了"学子成长录"。如受资助出国留学的学生需要提供成长笔记，旅行的学生需要发表旅行中的照片等，形成捐助方开心放心、获资助学生心存感激、踏实做事的良好氛围。

2. 挖掘先进典型，发挥榜样的激励力量

我们注重对受资助学生先进典型的宣传，传播正能量。在大学学习和生活中，很多受资助学生各方面表现非常优秀，他们凭借着个人努力，刻苦学习，不断丰富和完善自己，成为学校的先进典型。在全校开展"自强之星"评选活动，并组织在学生喜爱的新媒体上展示，展现其自立自强、奋发成才的精神风貌，充分发挥先进典型的榜样作用。

国家奖学金及"自强之星"获得者欧阳志平在演讲中提到，他在大二期间由于运动中膝盖意外受伤，被迫住院进行手术治疗，并因此而休学。休学期间，由于膝盖正在恢复，他只能在床上休息锻炼恢复。但他开始意识到这是个绝好的时机，不再"安心"地休养。于是他又开始看各种数学书籍、各种网络科学书籍等，进行着痛并快乐的生活。住院休养的这段日子给了他很多惊喜，使他了解了很多有趣的数学问题和学术著作。复学后，为了能如期毕业，用两个学期的时间努力学习，挑战自我，完成了三个学期的课程，确保自己可以准时毕业。

在紧张的学习之余，欧阳志平也积极培养兴趣爱好，在各方面都有所涉及，比如踩自行车、游泳等。有一次，他从深圳大学直接骑自行车到广州大学城，其间用了整整一天的时间。回想起这件事情，他认为这既锻炼了胆量，也挑战了自己，给了自我的勇气和动力去面对困难。欧阳志平现在仍在努力拼搏，希望在学习和生活方面尽力达到最好。他说：我便是这么的一个人——一个有梦想，敢于实践，坚持梦想，不怕困难的追梦者。

经济学院2015级的夏奕霖，来自广东揭阳惠来县。他生长于一个普通的家庭，父母以打工为生，从小就懂得父母的辛苦和不易，所以一直都很自立。大学期间，凭着优异成绩，获得过深圳大学荔园之星、深圳大学好日子奖学金、深圳大学学业优等生（特等奖）、国家励志奖学金、永旺奖学金和大新银行奖学金等诸多奖项。此外，他还积极参加各项课外竞赛。大二到大三，参加了全国大学生课外学术"挑战杯"，获得了院赛二等奖和校赛一等奖。同时也积极参加志愿者服务活动，曾于2017年获得"2017年第二届STEM世博会志愿者服务荣誉证书"。在他看来，本科阶段通识教育是个脚踏实地并不断打磨自身的过程。

夏奕霖言道：我一直都坚信，脚踏实地才能创造价值。真正的大师往往不需要太多华丽和浮夸，朴实无华才是他们演绎真理的最简洁的方式。我小时候在农村长大，那份源于土地的踏实至今仍是我心中的信仰。我有个笔名，叫璞石。之所以起这样的名字，有两个原因：一是它与"朴实"同音，二是它与"朴实"

几近同义。璞，代表着不经雕饰的天然之状态；而石，则更多象征着顽强和坚定的意志品质。我愿自己是璞石的化身，能够以一种朴实无华并且坚定执着的态度，去慢慢打磨自己，让自己的人生创造出我想创造的价值。李白有首咏牛诗，更是道出我心中的至高追求。诗曰："此石巍巍活像牛，山中高卧几千秋。风吹遍体无毛动，雨打浑身有汗流。芳草齐眉难入口，牧童扳角不回头。自来鼻上无绳索，天地为栏夜不收。"此诗以牛喻石，以石写牛，其笔下的石牛便极具一种朴实无华和顺其自然的精神气质。

（二）物质文化育人

学校通过设立发展型勤工助学岗位，推进资助育人与社会实践相结合，提高受资助学生的实践能力。如深圳大学学生事务服务中心致力于为广大学生办理各种事务提供"一站式"便捷服务，是一个集事务办理、服务咨询、信息发布、师生交流、文化引领等于一体的新型学生工作平台。在这个平台中，专门设有学生勤工助学团队，团队实行职场化管理，体现在员工招聘、培训、考核、薪酬、职级等方面；实行银行营业厅的服务规范，邀请"全国千家营业厅"的评委为顾问，制定服务规范、操作规范；实行弹性薪酬，基本工资＋奖金；勤工助学的员工分级管理，有总经理、部门经理、高级柜员、柜员，提供晋升阶梯；成立人力资源部、业务部、策划部等管理部门进行公司化管理；引入企业资源，开展服务规范培训、管理层领导力培训、计算机操作培训等。这既提升了服务质量，也打造出一个学生职业素养实训的基地，为受资助学生提供了职场化实训的平台。

（三）制度文化育人

制度"就是规范人们之间的相互关系，减少信息成本和不确定性，为实现合作创造条件"。资助制度确保了资助关系的规范化、秩序化，指导资助行为在公正公平中运行。制度是刚性的、相对稳定的，制度的颁布就是要明示人们行为结果，是受到保护还是受到制裁，规范了人的行为方式，起到提前预知的效果。提供预期首先是内容信息的透明与公开，这样才能让每个学生对别人和学校的行为做出恰当的反应，实施合乎制度要求的行动。制度可以引导学生行为，影响学生的选择，比如奖学金制度。国家奖学金是为了激励高校学生勤奋学习、努力进取，在德、智、体、美等方面全面发展而设立制定奖励运行机制的奖学金；国家励志奖学金旨在奖励品学兼优的家庭经济困难学生。可见，奖学金制度既能奖励优秀学生又能发挥助学作用，引导学生刻苦学习，以优异成绩获得奖学金，还能解决部分生活费用。因此，奖学金制度能够充分调动学生的学习主动性、创造性。

2017年深圳大学修订了奖学金的评定办法。新的奖学金评定办法，除了奖励在某方面表现突出的单项奖，如"学习之星""双创之星""公益之星""文体之星""优秀学生干部"等，还增设了综合奖，如"荔园卓越之星""荔园之星"。综合奖设置了三个核心评价指标，突出了人才培养的综合导向。这三个核心指标分别是：体现专业学习能力的绩点、体现人才培养目标的创新创业成果、体现所培养人才之社会精神的公益服务情况。奖学金制度作为一种导向，引导着学生成长成才的方向。从2017年到2018年，符合申请条件的学生明显增加，彰显出价值导向的作用。

营造环境是制度安排的必然结果。制度营造社会和人的发展过程的交往环境，人际交往制度化为人们提供了交往动力与交往规范，减少交往成本，形成互信氛围。营造环境的制度功能可以有效地激发人的自觉性、主动性，减少冲突、降低交易成本。如勤工助学制度，国家自1993年颁布《关于进一步做好高等学校勤工助学工作意见的通知》以来，越来越重视勤工助学制度对于学生成长所起到的促进作用，要求高校在教育事业费中、在学费收入中、在学校预算外收入中划出一定比例作为勤工助学基金，用于支付学生在课余时间所从事的劳动报酬。深圳大学根据这一制度，不断修订适合校情的制度，制度的设计旨在引导学生深入社会实践活动中，利用所学专业知识，发挥自己特长，参与科研、管理与服务等具体工作，既增长才干，又获取劳动报酬，既锻炼自己，又服务学校与社会，是一项一举多得的资助项目。勤工助学制度能够为学生营造自强自立的文化环境。

学校持续完善学生资助管理制度，扩大学生对学校资助事务的知情权、参与权和监督权，建立表达沟通和民主参与的有效平台，为学生参与资助管理创造条件。如在制定《深圳大学学生临时困难补助管理办法》《深圳大学本科生先进个人评选及奖学金评定办法（修订）》时，先把讨论稿交给了学生代表大会审议，接受学生代表的意见建议，通过制度文化"把人的世界和人的关系还给人自己"。

（四）活动文化育人

学校在春节等节日，坚持开展温馨家园计划，组织学生联欢活动，并给予留校困难学生生活补助；中秋节赠送爱心月饼，让学生感受到家一般的温馨，进而增强对学校的归属感。与国内外知名企业和热心公益的各界人士广泛合作，设立助学金，并组织座谈会、走访活动、实践活动等，让受资助学生在面临困难与挫折时，不忘初心、坚守理想。

自2018年寒假起，为深入贯彻落实《深圳大学文化创新发展纲要》和"深圳大学国际行动计划",将"落实立德树人根本任务"和"推进教育公平"融入学生资助工作的全过程,构建资助育人质量提升体系,学校启动了由学校全额资助的家庭经济困难学生海外研学活动。本活动面向深圳大学全日制家庭经济困难二年级及以上本科生开放。学校通过学生自主报名、学院遴选的方式选派学生。结合学校"特区大学""窗口大学"的特色,海外研学项目自策划初期起便十分重视培养学生的国际视野和综合能力。每期研学活动结束后,学生资助中心均会就研学效果、学生体验和师生建议与反馈等进行认真调研,不断地对研学项目进行优化。目前,研学内容包括海外高校短期课程、优秀企业和机构参观交流、团队展示、景点参观游览等。自海外研学项目启动以来,学校已成功举办两期,共100名学生参加。2018年1月27日—2月4日,60名学生参加了日本上智大学项目,20名学生参加了日本立交大学项目。2018年7月29日—8月7日,40名学生参加了新加坡南洋理工大学项目。活动成果突出,在全校范围内引起了强烈反响。

在学生心得体会的字里行间能读到满满收获和喜悦,处处穿插着整个活动给他们带来的启发和鼓励。

日本访学给学生带来的是全新的体验和感受,通过学生的反馈,大家的收获主要是以下三个方面:

第一,学习了日本的优秀文化。根据访学课程的安排是日本顶尖学府的优秀教授给学生授课,让学生对经济、教育、心理、旅游等几个方面的课程有了更深入的了解和思考;而一些公司和企业的见学则让学生对日本的环保意识、工匠精神以及对传统文化的尊重和传承有了更好的认识和学习。"在一个中古工厂里,有一部分的工匠,都是老爷爷,其中一位已经是72岁高龄,但他的技术功夫却非常精湛,这大抵是得益于自16岁以来,从事着同一份工作并对其倾注毕生的心血所磨炼出来的匠人精神。这确实让我感到震撼、肃然起敬。究竟是什么样的一种动力与毅力,才能造就如此般的匠人?也许,恰恰是这些匠人、这种精神,才使得日本的制造业如此发达,享誉世界。换句话来说,从古至今,社会的各个行业,都需要这样的人、这样的精神,才能推动其不断前进、不断发展。"

第二,开阔了视野,增长了见识。很多学生反映,这次研学给放眼看世界提供了一个平台,让他们从经济、文化、军事、科技各个方面全方位地认识了一个国家,也有学生将此次研学称为"苍雪环绕的异域之国的文化盛宴",我们的初衷就是给这些贫困而优秀的深大学子提供一个开阔眼界的宝贵机会。正如他们写的,"短短七天的旅程,却给了我前所未有的珍宝。除了在上智大学的课堂中得到的在心理、新媒体、经济等专业的知识、与同学们有了全然不同的经历,更看到了中国外面的世界——这七天,我恍若穿越到了银幕里面的世界,在神似日本动漫世界那样的地方生活。所见所闻,无一不刷新我对世界的认识"。

第三,引发了学生对中日文化差异的反思。不少学生从无障碍设施、老龄化、轨道交通、建筑文化、字体设计文化诸多方面对比了中日文化的差异,相信只有学生们亲身感受才能有这种深刻的思考。有学生在游记里写道:"对于日本,我在没有来之前是愤怒和欣赏交织的矛盾心态,同时也有一种好强之心。来了之后回去更是觉得我国目前的进步是飞跃的,日本的很多东西已经是落后了,很多东西已经被我国追上,当然了,日本的环保意识、国民教育水平、城市规划能力、抗震设计领域都是一流的,我国与它们还有很大一段距离要走,但我觉得自己目前就应该站在这条完善我国的道路上去。纸上得来终觉浅，绝知此事要躬行。"

教育的意义什么？我们认为，向外，探索未知的世界，向内，发现未知的自己。既要读万卷书，也要行万里路，对于很多同学而言，访学既是行万里路的第一步，也是探索未知世界的重要一环，这是我们的教育能提供给学生的非常珍贵的一节课。英国哲学家怀德海在其《教育的目的》一书中写道："在中学阶段，学生应该伏案学习；在大学里，他该站起来，四面瞭望。"学生"瞭望"，不仅让学生开开心心出去，平平安安回来，增长了见识，开阔了眼界，接触到了先进的理念，感受到了不同的文化氛围，而且让学生丰富了阅历，收获了成长。

2015级周纯吟："很幸运能够参加这样的一次访学活动，对于从来没有出过国的我，这次访学活动不仅让我学到了知识，也让我拓宽了视野，结交了许多优秀的小伙伴，看到了自己的诸多不足之处，回来以后，我一定要积极改进，让自己向这些优秀的小伙伴靠近。"

2016级陈显盛："在另一个文明的国度中学习到了许多前沿的知识，开阔了视野，感受到了不同文化的熏陶。在本次新加坡的访学之旅中，学习到的可谓满满的干货，整个行程的课程安排得充实而恰当。"

2016级陈鸿达："这次的新加坡访学交流，是我第一次出国，第一次坐飞机……很多很多的第一次，自然心得体会甚多。这次交流的学习让我接触了很多专业之外的东西，知识产权与技术转移、第四次工业革命、人工智能与大数据、区块链、共享经济等，都是时下最新奇的话题，通过老师们的讲解，我收获了很多这些时代的前沿知识，也了解了当前行业的最新情况，这对我将来就业的规划的影响是不言而喻的。"

2015级邹乐仪："2018年7月29日—8月7日，会是我人生中很重要的一段经历吧。第一次出国，和一群陌生的、来自不同的学院不同的专业的同学，一起接受全英课程的'摧残'，一起参访新加坡优秀的企业、科技中心、设计中心等，一起走在街头体会异国他乡的文化，一起搜寻藏在角落里的美食，一起疯，一起笑，一起成长。作为一个工科学生，平时很少会接触到这一类型的课程，这次的访学打开了我的另一个知识世界，很感谢学校给了我这样一个机会。"

2016级蔡美琳："非常感谢学校给我提供这么宝贵且非常有意义的访学机会，让我能够利用好假期时间来开阔视野，在访学的过程中不断学习，提升自己，这次访学我收获满满，不虚此行！""在授课上，全英授课更好地锻炼了我们的英语能力。这样的全英授课有利于让我时刻集中注意力来努力地听明白教授所讲的每一句话，当然还是存在听不懂的内容，这也就激励我在之后的学习中更加努力地学习英语，在实践中感受到英语的重要性。"

2015级张玉会："（此次新加坡之行）不仅开阔了眼界更明白了自己的短板，在之后的日子里会更加努力地提升自身能力，为社会尽自己的一份力。"

2015级罗嘉华："在新加坡，我看见了人类社会的另一种可能性，一种不仅仅是局限于人种之间、文化之间的多元融合，更是科技与自然之间，交相辉映的，独一无二的包容与魄力。"

2015级马雨晴："新加坡访学活动给我们带来的不仅是一次异国体验，更重要的是在这个过程中学到了课本中无法学到的知识、交到了并肩学习的队友。对于这样难得的一次访学机会，我对我们深圳大学和带队老师充满了感激，从学习安排到活动计划都能感受到老师们的良苦用心和体贴关怀。"

2015级胡奕绅:"我突然担心起自己的将来,准备读研究生的我,面对密密麻麻的英文文献,面对老外的授课,面对日常的英文交流,应该如何是好?很感激这次访学活动,让我提前有机会注意这个顾虑,这是一个好顾虑,也是一个亟待解决的顾虑。"

2015级郑悦:"(活动让我)渐渐发现自己对理工科也不是毫无兴趣的。不管人工智能、大数据,还是知识产权、共享经济,都是自己的专业接触不到的知识。希望自己可以更放得开,不要局限在自己的专业里,不管是理科的工科的知识,都应该去了解去涉及,不求在每一个领域都精通,精通自己的领域,然后对其他领域有所认知,也是对自己的一种完善。(通过这次活动)我认识了很优秀的伙伴,领略了异国风光,也提高了英语口语能力。"

2016级韦湘予:"这次学校组织的访学活动让我们受益良多,不仅课程丰富,还有很多参访活动,能够学习到很多东西,而且全英授课也提高了我们的英语能力,同时认识了很多优秀可爱的人,真的很有意义……"

2015级彭天明:"进入大学之后,我发现越来越不懂自己,越来越迷失自我,虽然路看似一直在坚定地走着,看似精彩地生活,内心却是充满着困惑,焦躁的心似乎根本停不下来去安静地思考未来到底该怎么走。但是,在这短短的十天里,当你一直跟优秀的人相处,你会发现原来人还可以做得这么好,我开始有动力慢慢去想清楚自己以后的方向并着手实行。"

2015级周翠渝:"换一个地方学习,改变的不仅仅是学习环境,还有思维方式,每天都会看到颠覆自己之前想法的人或事,这些都会让我觉得这一趟,来得值。以后如果再有机会去别的地方交流学习，我想我会去积极争取，去体验不同的学习生活环境。一次远行，让我更加坚定了对未来的期望。十天收获的是友谊，是学习，更是人生的境界。来到这里，更加明白了世界之大，大自然之美。"

2016级冯如芝："这次新加坡之旅将会给我以后的人生产生极大的影响，它让我接触了很多新事物，鞭策着我以后要更加努力学习，成为一个优秀的人。"

2016级邓小琼："折服我的，不仅仅有风格迥异的建筑，更有那些世界上最聪明的脑袋带来的知识盛宴……再回首，最应该感谢母校深大。是她，给予了我这次海外交流访学的机会，让我走出国门，放眼世界；让我的视野得以开阔，能力得以提升。"

2016级苏伟嘉："在这短短的十天行程中，我们接触到当前最前沿的知识，我们不仅收获了知识，同时也对未来找准自己的位置有所启发……很感谢学校能够给我们这次机会参加国外访学交流活动，也由衷希望学校在未来能够让更多优秀的贫困生有机会到国外访学，拓宽视野。"

2015级黄楚杰："十天的行程，收获了知识，也收获了友谊。以小组为单位的形式，让我们5个人形影不离。从一开始的生分，到后来的谈笑风生。一起学习，一起吃饭，一起上课，这十天的情谊，难能可贵。在这趟行程中，我也发现，英语需要多说。很多表达，其实都已经学过，只是平时很少去使用。当看到组员用流利的口语问路时，自己也发现，其实，这些单词自己也认识。当多说之后，便不再那么害怕。确实，很多东西需要尝试，然后通过反馈机制让自己更加自信。我们是说的少，而不是不会说。要相信自己是可以做得到的！第一次全英课堂，第一次远走异国他乡，第一次乘坐飞机和船，第一次吃东南亚菜，这个夏天，有了太多的收获和喜悦……我想，这趟行程的结束，会是起点，而不是终点。见识了更广阔世界的人，注定不再是井底之蛙。十天的行程，说长不长，说短不短，却是我们观察世界的一个窗口。"

2015级陈华燕："初次出国学习的我，怀揣着满满的期待之情，期待着在新加坡的土地上留下足迹，遇见热情的新加坡民众，体验新加坡的生活节奏，感受新加坡的人文氛围。八天，不长不短，针对我们在新加坡的所见所闻所想，我确实感触颇多、所获颇丰……希望学校继续支持这个项目，让我们这些大山里的孩子时刻怀揣着追逐梦想的心。"

带队教师刘瑶："除了课堂学习，同学们还实地参观了NATIONAL DESIGN CENTRE（国家设计中心）、Fusion World（新加坡科技展示体验中心）、WIPO Southeast Office（世界知识产权组织东盟办事处）、3M公司等。国家设计中心加深了同学们对设计理念的理解，学习如何把好的创意运用到生产中，新加坡科技展示体验中心让同学们感受到未来科技的魅力，世界知识产权组织东盟办事处外交官以及仲裁与调解中心的代表为同学们做了关于知识产权相关知识的精彩阐述，3M公司的技术人员讲解了公司的创新过程和展示了公司产品。形式多样的企业组织参访让同学们感受了新加坡创新的氛围，也身临其境地理解了新加坡的文化理念。"

带队教师邵存才："在接下来的九天里我必须说，我和学生们度过的是一段知识、文化、友谊碰撞与收获的访学美好时光，丰富而愉悦有趣……课程学习上，我们将40名队员分为8组，开展了多场队伍battle，学习氛围非常好，学生都能针对性地提问学习……同行的学生在推文回忆道，当遇到有色彩的伙伴时，再烦闷无聊的旅途也会被点亮。40个带有青春活力的学子在异国开展了10天之久的留学之旅，拥有共同经历的他们经过同甘苦、共患难后，感情会慢慢加固、慢慢有所升温的。"

海外研学活动时间虽短，但给学生带来的影响却是巨大且深远的。不仅对于学生个人成长，而且对于整个人才培养也都有着非凡意义。

第一，有别于传统的"大锅饭"的资助，海外研学活动从一开始便充分调动了学生的自主能动性。学生需自主申请，凭个人实力争取资格。在第一期成功举办后，活动的热度和知名度瞬间得到提高。很多学生为了获得参加资格，便开始加倍努力学习英语。

第二，优秀与优秀的碰撞让学生看到了无限的可能与憧憬。不论是参与的学生还是项目本身都是经过精挑细选的。正如不少学生提到的，和其他优秀的同学在一起，他们不仅发现了自己的不足，也看到了自己能变得更好的方面。在与世界名牌大学教师和国际知名企业或机构工作人员的交流中，学生有了更大学习和分享空间，探索更多的未知。

第三，异国他乡的生活经历鼓励学生尝试、观察、互助与谦虚。绝大部分的参与学生从未出过国，第一次来到他国，为了适应，为了学习，学生都需要大胆踏出第一步接触全新的事物，需要观察别人的做法和周遭的环境，即使这只是第一次用英语向外国人问路。在陌生的环境里，学生更能体会到同胞的血浓于水，感受到互相帮助的重要。

第四，走出国门了解了更多前沿科技、先进知识，能让学生更切实明白到自己肩负的社会责任。作为祖国未来的栋梁，年青一代必须对祖国的发展有担当，立志为中华民族的伟大复兴而奋斗。

第五，短期出国项目提供给学生的是一个全面锻炼自我的机会。比如，在整个过程中，学生不但有机会进入世界一流大学及企业机构进行学习，还有机会结伴外出进行探索。为了尽快适应国外的学习生活，学生必须快速调整学习方法，分析总结。为了在有限的时间里多体验，体验好，学生必须学着利用当地的各种交通工具等资源，使用各种途径进行信息收集，等等。

（五）特区文化育人

实干兴办、敢为天下先、鼓励创新、奋发有为，是特区文化的综合体现。在资助工作中，学校注重特区文化育人，让受助学生励志成长。

1. 为家庭经济困难学生设立国际交流专项奖金

为进一步推动深圳大学与世界知名大学和学术科研机构的合作，促进校园多元文化交流，提高学生的创新意识、实践能力和国际竞争力，学校设立了"圆梦奖学金"，资助家庭经济困难且表现优秀的学生出境学习，包括赴友好协议院校就读学分项目，本校学生参加校（院）际交换、交流，参加国际学术会议及竞赛等，参考国家留基委资助标准，每人每年可获助10000—50000元。

在微捐平台中，学校还设立了"梦想基金"，所有满足条件的在校学子，都可以发起梦想项目，请求得到微捐资助；设立了"国际交流基金"，以资助与专业相关的研修活动为主，包括参加学术讲座，修读专业课程，了解国外学科前沿和专业动态，熟悉课程体系和教学内容。

2. 资助鼓励学生积极参加创新创业的双创项目

据统计，仅2015—2016学年度，深圳大学参加国际、国家、省级学术比赛获奖的家庭经济困难学生就有157人;参加国家、省级文体获奖的有10人。2016年,18名家庭经济困难学生通过了"深圳大学学生创新创业训练计划项目"的结题验收。2017年,有34人获得了"深圳大学学生创新创业训练计划项目"立项。

二 精致管理,完善资助工作管理体系

(一)完善学生资助工作管理框架,做到管理到位

学校逐步完善了资助工作管理体系,包括成立学生资助管理工作领导小组,组长由分管学生工作的副校长担任,副组长为学生部主任,成员由各学院分管学生工作的领导组成;领导小组下设管理办公室。资助管理工作领导小组领导、规划全校学生资助管理工作,分头组织实施、监督落实各部门具体工作,确保学生资助管理工作精准、高效、有序进行。

(二)完善学生资助工作制度机制,做到制度到位

学校制定、修订了一系列规章制度,包括《深圳大学国家奖学金评审办法》《深圳大学国家助学金管理办法》《深圳大学本科家庭经济困难学生认定办法》《深圳大学国家助学贷款实施暂行办法》《关于加强勤工助学管理工作的意见》等管理与评审制度十余项,为各项工作的开展提供了完整清晰的依据,确保工作运转高效、顺畅,实现了制度化的管理模式。

从2017年起,深圳大学修订了奖学金的评定办法。新的奖学金评定办法,除了奖励在某方面表现突出的单项奖,还增设了综合奖,突出了人才培养的综合导向。2017年深圳大学首次进行了"荔园卓越之星"的评选,共选出了八名优秀大学生,为全校学生起到了很好的榜样作用,展示了新时代大学生的综合素质。

评获后，全方位展示，提升优秀学生感染力。如在演会中心举办颁奖典礼、微信公众号宣传，校媒以生动活泼的图文、视频立体展现优秀学生风采，强化榜样引领作用。表彰优秀学生、树立先进榜样的同时，更激励学生向学之心、营造见贤思齐氛围。

获2017年"荔园卓越之星"荣誉称号的生命与海洋科学学院2014级本科生王磊，其综合表现优秀。在学业方面，大学四年平均绩点年级专业排名第一，获得清华大学生命科学学院"推荐免试直博生"录取资格；在学科竞赛方面，先后负责和参加了挑战杯、广东省"大学生创新创业训练计划项目"、深圳大学"学生创新发展基金项目"等课题，在专业领域已发表两篇SCI论文和一篇核心期刊论文。作为项目负责人获第十五届"挑战杯"全国竞赛二等奖及累进创新奖银奖、第十四届"挑战杯"广东省决赛特等奖，获2017年广东大学生攀登计划"重点项目"资助，2016年广东省"大学生创新创业训练计划项目"结题优秀（省级），2017年腾讯创新创始人奖学金。2017年8月还获得学校唯一的名额参加了广东省教育厅"助学扬帆——优秀大学生海外研学项目"，赴美研学。

除了奖学金的评选，深圳大学还开展了"荔园自强之星"的评选活动，展现深大学子"自立、自律、自强"校训精神。

黄骁文，师范学院舞蹈学生，国家奖学金、"荔园自强之星"获得者。他在分享时提到：当我收到深圳大学录取通知书的那一刻，我高兴地哭了。刚进大学的时候，我像块黑色的小炭灰一样在人群中一点也不起眼。我严重缺乏自信，因为个子不高、长相不出众、学习成绩也不是太拔尖，所以上课总是很自觉地坐在最后一排。我决定"笨鸟先飞"，这四个字眼看似容易做起来却很难，但我一直坚持去做。那段时间我最常做的事情就是练"私功"，每天早上6点半醒来会默念三遍"Today is a great day and I feel wonderful"，趁着很好的阳光去元平体育馆跑步压软度，晚上复习新学的组合训练体能，常常到深夜一两点我才训练完，一个人站在硕大和空荡荡的舞房正中央，看着镜中的自己，淌着汗水，舞蹈房里只剩下压低了声音的手机循环歌单和秒针不甘示弱的嘀嗒，无限感慨。但我低头告诉自己我的努力不会白费。

（三）配齐配强学生资助工作队伍，加强"客体的能动性"

目前，深圳大学已建成一支结构合理、专兼结合、优势互补的学生资助工作队伍，形成了包括学生资助管理工作领导小组成员、学校专职工作人员、学院专职工作人员、临时兼职人员、学生团队骨干构成的五级工作体系。学校每年还组织多次专业培训班，邀请上级主管部门有关负责人、助学贷款合作银行有关负责人等对学生资助工作有关人员进行培训，不断提高其业务能力。

与此同时，资助工作注重加强"客体的能动性"。在现实的高校资助体系中，人们习惯性地将实施资助的校方及其具体工作人员视为资助体系中的主体，而将被资助者——大学生视为资助体系中的客体。在资助体系中，高校教师无疑发挥着重要的主体作用。高校中资助管理部门的教师要根据国家相关路线、方针、政策具体制定学校进行资助的主旨、模式等规章制度，并负责进行资助。大学生作为被资助者，需要按照国家与学校的规章制度申请与享用学习中的资助。在这个过程中，国家与学校并非为了资助而资助，国家与学校投入大量的人力、物力、财力的目的并不只是为了按照规定向学生发授物质财富。在我们看来，国家与学校对大学生的学习资助，根本上是力图促使学生形成恰当的世界观、人生观、价值观，从而成为具有高素质、高品格的人才。

在资助体系中被资助者是大学生。当我们将国家与高校的工作人员作为资助体系的主体时，大学生便成为资助体系的客体，但他们却是一种极其特殊的客体——人。作为客体存在的人同样具有自由自觉的能动特性。大学生作为客体接受国家与高校的资助，但他们最终如何理解资助，如何规划自己的人生，我们形成了以"人的观点"的思维方式理解主体与客体的新模式。所谓"人的观点"的思维方式，就是按照符合人的生命特质的观点去理解主体与客体的内涵。在自然界中，人的生命是一种特殊的存在。一方面，人的生命来自于自然界，人必须依赖于自然才能维持生命的存在；另一方面，人的生命又高于自然界，人能够按照人的意志去创造一个属于人的生活世界。现实的人既具备客观自然界的存在特性，又具备主观生命意识的存在特性，人是主体与客体二元对立统一的特殊生命存在。在现实生活中，人既是主体，又是客体。这样来看，在资助体系中，大学生既是主体，又是客体；高校教师既是主体，也是客体。问题的关键在于，我们从何种维度去理解资助体系中教师与学生的关系。

教师与大学生彼此既是主体，也是客体，他们之间必然形成一种互动性的交往。在资助过程中，如果教师能够真实地理解大学生的生命特点，视学生为平等的生命存在，就会使学生在资助过程中形成一种合理的主体意识，从而促使学生主动认知与理解资助体系的本质与价值，并以此为基础批判性地塑造符合时代精神要求的世界观、人生观与价值观。

在高校资助体系中，物质财富既是资助活动中的一个重要的载体，亦是资助活动中人与之进行本质交换的实践对象。通过具体的资助活动，资助中心将特定的物质财富发放给符合要求的学生，学生也就获得了能够进行本质交换的对象。学生可以通过自身的实践活动将完成学业等本质要求对象化到物质财富中，通过获取物质财富的本质力量实现自身的价值追求。这种本质交换可以厘定为人与自然之间的一种本质交换。学生通过自身的实践活动，能够更好地完成自身的学业，并通过学习实现自身本质的丰富与发展。

在具体工作中，我们进行了一些尝试，专门打造一支学生自我管理和爱心帮扶队伍——荔进社（深圳大学被誉称为荔园，"荔进"取"励进"的谐音，行"励志进取"之意）。荔进社成立三年多，无论是团队规模还是校内知名度，都得到了显著的发展与提高。荔进社现已快速且高效地参与到与学生资助、学生发展等息息相关的各项活动。学生不但直接参与工作、建言献策，也为他们搭建了走入社会、锻炼自我、成就自我的平台。荔进社运营有微信公众号"深大荔进社"和服务团队"小进同学"，及时、准确地宣传各资助政策、回答同学提问和发布各类消息与通知，组织、宣传各项资助活动。

（四）实施资助服务全程化、多样化，做到服务到位

1. 做好新生入学"绿色通道"和老生缓交学费工作

学校坚持在入学前通过邮寄信件把国家有关政策宣传到学生家中，让学生和家长接到录取通知书的同时了解相关的助困政策，同时开通国家助学贷款咨询热线。在新生报到现场设置"绿色通道"办理柜台和开展国家助学贷款等资助工作咨询，确保当年贫困家庭的新生在未交学费的情况下能顺利地办理各种入学手续，确保了深圳大学没有一名新生因经济困难而离开学校。针对已入学但家庭临时出现困难无法缴纳学费的学生，每学期期末开展缓交学费手续，帮助有需要的学生顺利报到注册。

2. 为困难的毕业生做好补贴工作

在毕业生中做好就业补贴的宣传，针对特殊困难人群（如：

深圳市属低收入居民,"零就业"家庭成员,残疾人家庭成员,城乡困难家庭毕业生,残疾毕业生,在学期间已获得国家助学贷款的高校毕业生等),与深圳市人力资源和社会保障局进行密切沟通,做好毕业生临时生活补贴与求职创业补贴工作。

3. 精准地开展帮扶工作

如2018年广东的超强台风"山竹"肆虐广东后,学校立即进行信息收集,受理受灾地区学生事务,帮助学生解决实际困难,累计为39名家庭受灾严重的学生发放临时经济补助,补助金额共计3.9万元。

从2013年起,每年对校园卡中心提供的本科生上一学期在校消费数据进行统计分析,筛选低于全校学生每月平均就餐消费水平学生给予每人不同标准的补贴。如2015年低于每餐平均就餐标准2元以上的学生69名,发放伙食补贴5.364万元;2016年,低于平均就餐标准2元以上的学生131名,发放伙食补贴10.152万元。

从2015年起,为家庭经济特别困难学生发放购买社保专项补助。2015年,1717人,共34.34万元;2016年,1286人,共25.72万元,2018年,1728人,共53.457408万元。切实做好特困生的医疗保障。

2016年,广东信宜彭同学考上深圳大学后,为学费发愁。因其在襁褓时父母双双去世,抚养她的叔叔又因事故失去工作。学校得知此事后,为该生开通了"绿色通道",先办理入学手续,在关爱基金中拨款15000元资助该生,用于缴纳第一学年的学费及生活费。入学后,安排了勤工助学岗位,让该生利用课余时间,通过自己的劳动取得报酬,改善学习和生活条件。她进入大学后,在学习之余积极参加一些有意义的活动及社团,是法学研究会和民商法协会的成员,锻炼自己的实践能力及与人交往的能力;大一上学期至大二上学期参加了学院的勤工助学,作为学生助理,协助老师完成工作,同时也学会了电脑的基本操作、打印机的使用等实用技能;生活节俭朴素,在空闲时间做家教,假期也有去人民法院实习,增加社会经验;经努力,获得国家励志奖学金。

2018年,机电工程学院某新生的父亲突然离世,没了经济支柱,他十分惶恐。学院了解到这一情况后,立刻给予关心,并送达慰问金,解除了他的后顾之忧。

4. 设立关爱基金,关爱特殊困难学生

关爱基金项目是专门为因患重大疾病家庭无力支付治疗费用,因受意外伤害家庭经济无力支付治疗费用或特殊经济困难学生无力支付生活费的学生,提供一定的经济帮助。仅最近两年,学校已为符合条件的10多名学生提供了及时的帮扶资助。

5. 设立深圳大学教育发展基金会微捐平台

深圳大学是一个充满青春与梦想的大学,每年都向社会输送大量优秀人才,深大校友已成为各行各业的中流砥柱。2016年6月25日校友返校日,正式成立了深圳大学教育发展基金会微捐平台。微捐平台的开设,让所有校友及在校学子都可以方便地贡献自己的一份力量,支持母校的建设和人才培养,帮助深大学子解决困难、实现梦想,也实现校友回报母校的感恩之心。深大历来有给贫困学生发放生活补贴的传统,以往是用学校运营经费给学生提供帮助,微捐平台建成后,发动了校友力量帮助更多的贫困学生解决生活问题。为保护学生的隐私和尊重学生的尊严,贫困学生在向基金会提出申请后,由基金会通过校园卡体系直接向学生发放补助。基金会每年向捐款校友公开资助人数、单人补贴金额、生源地等统计信息，但不公开学生姓名。

6. 组织学院对特困学生家庭进行走访

通过走访，让学生与学生家庭感受到学校对他们的关爱，使学生在被关怀的过程中学会感恩，并将其转化为责任意识和成才动力。

三 模范引领——良性循环彰显案例

闻超是深圳大学2018届毕业生，毕业后留校成为一名辅导员，他的成长见证了深圳大学发展型资助育人的工作成效。

闻超，2014级光电工程学院毕业学生，新疆吐鲁番人，家中的经济来源仅靠一亩葡萄地供养全家五人，且家里三个孩子需供上学，家庭经济困难。

他来大学的路费是由贵州茅台集团、中国青少年发展基金会联合新疆青少年发展基金会实施的公益助学活动资助的，大学学费靠助学贷款支持，平时的生活费是在学校勤工助学、奖学金、助学金获得的。闻超同学感言："我的大学一路都离不开国家的资助政策，大学期间让我切身体验最深的一个词就是：羊有跪乳之恩、鸦有反哺之义。这也让我树立了反哺之心。"受到资助的他希望将这份帮助、这份情、这种爱传递下去。担任团支部书记，开展团活动、义工活动，了解相关政策，帮助身边的人，树立榜样。

闻超言道，来到深圳大学时，通过绿色通道入学，没有交钱就开始了我梦寐以求的大学生活，这期间我很关注学校的资助工作，后来办理了助学贷款，很大程度上减轻了父母的负担，也让我安心地开始学习生活。

2015年，也就是在闻超大二这一年，学校为了加大学生资助工作的力度，做更多的发展型资助工作，组建了一支由家庭经济困难学生组成的学生助人自助的学生社团——荔进社。因他平常了解家庭经济困难同学的情况，也有一定的学生工作能力，学院把他推荐给学校，最后也通过了学生部的面试，开启了他受益与反哺的转换期。

荔进社成立开始后，他任项目部部长，负责策划开展了一些面向家庭经济困难学生成长成才的自强励志活动，开展一些分享座谈会，去影响更多的人。在闻超任社长期间，他带领团队积极参加实践活动，2017年7月，为了积极响应广东省教育厅"国家资助和助学贷款政策下乡行"的号召，他带领10位小伙伴来到揭阳开展了为期一周的宣传活动，当时的口号是："与资同行，将助相传"，让更多的人了解它，让资助政策帮到更多的人。闻超还体会到国家对我们每个人都是关注到的，会尽量帮我们的高校学生完成大学梦，甚至还会帮那些创业人士完成创业梦，我们每个人都是国家的栋梁，我们体会到了国家对我们的优惠政策，我们应该要努力奋斗，为国家的发展贡献出自己的力量。

到闻超大三的时候，社团换届，因为他对资助工作已经很熟悉，资助中心聘他任资助工作助理，继续参与到学校的资助工作，一方面做学校的一些资助育人的工作，比如参与"深圳大学自强之星评选"等；另一方面继续支持社团的活动。他觉得要尽自己最大的努力，从各个方面帮助到更多的人。

在资助政策的感染下，闻超既注重个人成长，也注重影响身边的同学，在他的带领下，荔进社团队被评为2017年暑期社会实践活动优秀团队，被推荐到广东省参评。由于大学期间做了很多工作，也成长了许多，闻超同学顺利通过了辅导员的应聘考试，留校工作，他觉得这是给了他更多的机会，去帮助更多需要帮助的人。

闻超的总结中写道："我想，大学期间得到的各种资助，以及积累的各种经验技能都是我的宝贵财富，是我今后'反哺'过程中的'基石'，我也会不停地做资助育人的工作。"日后在荔园时光里，他表示将牢记新时代辅导员肩上的责任，为高水平大学建设的奋斗目标添砖加瓦！

深圳大学学生资助工作将继续立足深圳，依托港澳和珠三角地区的经济社会发展，面向国际，以改革和创新精神，培养高素质创新创业人才，引领社会的进步和发展，实现深圳大学的资助工作更加协调发展、特色发展、开放发展、跨越发展，切实提升育人实效，使资助工作贯穿学生大学成长的全过程，精准定位，为其终身发展提供助力。

第三节 倡导助人自助，加强学生心理健康教育

心理健康教育与辅导是一项多方面、多层次、多角度的专业化工作。深圳大学心理辅导中心，一套人马，三块牌子，即是深圳大学学生部下设的专业心理帮助机构，致力于为全校大学生提供心理健康与成长服务。同时成立了"心理健康教育教研室"，主要开展大学生心理健康教育与研究工作，并作为"青春健康教育基地"执行机构，联手各级计生协竭诚为全校大学生提供爱、性与生殖健康的教育与服务。

心理辅导中心结合深圳大学学生实际情况，通过多种力量、多种途径的合作，在工作的内容、范围和形式上取得了一定的成效。

一 工作理念：坚守全人成长的目标

美国心理辅导之父卡夫卡认为，心理辅导是生命的流露。心理辅导是一种人与人之间的交往，是一颗心与另一颗心的交流，是一种思想和另一种思想的相通，是一种经验与另一种经验的相溶，是一种人格与另一种人格的碰撞。

从狭义看，心理辅导就是助人自助；从广义看，心理辅导促进全人发展。深圳大学心理健康教育工作正是以人生观教育为基础，通过生活的沟通与生命的流露，帮助大学生了解自我，接纳自我，协助学生建立健康的自我形象，培养身心健全、自我实现的人。

（一）工作定位

心理辅导中心在深圳大学心理健康教育与辅导工作中，坚持以学生为本，为学生的全人成长服务的工作宗旨；坚守以人生观教育与辅导为目标取向；坚定以建立学生健康自我形象为核心内容，全面开展心理健康教育与辅导工作。

（二）工作原则

心理辅导中心在日常工作中坚持"六结合"：坚持面向全体开展心理教育与面对少数进行心理辅导相结合；坚持发展性辅导为主与障碍性辅导为辅相结合；坚持专业心理辅导与朋辈心理辅导相结合；坚持助人与自助相结合；坚持日常心理辅导与心理危机干预相结合；坚持工作实践与理论研究相结合。

（三）机构建设

深圳大学心理辅导中心自建立以来，逐步完善机构设置，现已形成稳定的机构体系。

1986年，深圳大学成立了"学生心理行为指导中心"，由校长办公室直接管理和开展工作。1994年重新成立"学生辅导中心",隶属学生处下设专业机构,负责全校的心理健康教育与辅导工作。2010年更名为"心理辅导中心"。

目前,心理辅导中心硬件建设上,有个体心理辅导室4间,团体心理辅导室1间,小型心理培训室1间,个体沙盘游戏咨询室1间,沙盘游戏咨询室1间,正念训练室1间,24小时心理热线(心语热线)兼心理辅导预约室1间等近200平方米,并配备常用工作设备、心理书籍和杂志等。

(四)师资队伍

心理健康教育与辅导工作是一项思想性、科学性和技术性很强的工作。其对象是人,客体是人的心理,这项工作对心理健康教育工作者的自身素质要求较高。为此,深圳大学积极打造一支"专兼结合"的高素质心理健康教育与辅导师资队伍。

"专兼结合"的师资队伍奠定了深圳大学心理健康教育与辅导工作的专业基础。

一方面,学生辅导中心设立专职辅导老师,面向全校组织开展心理健康教育与心理辅导工作。目前,深圳大学心理辅导中心有专职心理辅导老师6名,具有心理学、教育学专业背景,其中拥有国家心理督导师1人,二级心理咨询师5人。

另一方面,成立了由心理学老师和辅导员组成的兼职心理辅导队伍,进行心理辅导、课程教学及科研等工作。目前兼职心理辅导老师7名,80%为硕士学历,大多是教育学、心理学或医学背景,并接受过心理健康教育与辅导的系统专业培训,其中拥有国家心理督导师1人,二级心理咨询师2人,三级心理咨询师4人。

心理辅导中心自成立以来,在高校心理健康教育与辅导工作中成效突出，曾获"1999—2001年广东省高校心理健康教育与心理咨询工作先进团体""2008—2009年度广东省高校心理健康教育与咨询工作先进集体""2010—2011年度广东省高校心理健康教育与咨询工作先进集体""2011年广东省大学生心理健康教育活动月先进单位""2012—2013年度广东省高校心理健康教育与咨询工作先进集体""深圳市青春健康项目示范单位""深圳市生命之舞国际项目示范基地"等称号。同时深圳大学心理健康教育与辅导工作的专兼职老师从1999年开始，有12人次获得广东省高校心理健康教育与咨询工作先进个人，有11人次获得深圳市青春健康项目贡献奖、生命之舞国际项目推广大使及优秀培训师等。

（五）成长案例：心理健康教育课程实践成效

在心理辅导中心的"全人成长"工作理念引领下，心理健康教育教研室面向全校本科生开设《青年健康心理学》《朋辈心理辅导训练课程》和《生命教育：系列心理电影赏析》等三门公选课，全体教师在《青年健康心理学》课程教学中积极引导大学生提高自助能力，改善生活状态；透过《朋辈心理辅导训练课程》协助全校班级心理信息员（即朋辈辅导员）学习并践行助人理念和技能；结合《生命教育：系列心理电影赏析》课程陪伴大学生提高关注生命成长的意识，厘清生命愿景，圆融生命。

学生的参与度较高，反馈良好，获得了心理成长。下面节选了一些学生参与课程学习后的心理感悟——

关于《青年健康心理学》：

学生一：在本学期的课程学习中，我惊喜地发现原来还有如此轻松、活跃的大学课堂，这样的课堂让我学到了对于不良情绪的合理认知，加强对自身的了解，懂得了如何正确表达自身的情绪,知道了正确的人际交往与恋爱方式。生命对于我们来说本身就是一种恩赐,我们应该怀着感恩的心快乐地生活。

学生二:在心理健康教育课程的学习中,我收获了很多。这个课程学完了并不是说考了多少分就是收获,而是学到了很多与生活、大学生息息相关的、十分受用的东西。(1)刚上大一的我们或多或少都有点迷茫,而课程中"生命的意义"让我们试着去找到生活的目标,而使自己过得不那么散乱无目的;(2)自我探索合理认知对我自己也十分有意义,因为认识自己是最难的,但从此我真的开始学着去认识自己;(3)最后一节课"恋爱与性"更是让我受益,我当时处于恋爱的低谷期,听了老师的课,我学着去调节,慢慢地走了出来;(4)还有情绪管理、健康人格等,其实对我们也是很有用的。通过这门课程,我学会了思考,试着去认识自己,探索自己,感觉似乎气质也好了一点。真心话,感谢这门课!

关于《朋辈心理辅导训练课程》:

学生一:第二次上课,我又被老师的活动所深深吸引,应试教育从来没有过如此简单却又体会深刻的活动,十个人传递一串数字,本是简简单单的事情,但一旦缺少了沟通,是非常困难和艰辛的(后来我也进行了查询,发现这是一个很经典的角度与沟通的实验,参与者通常能够在游戏后进行反思,考虑到各个成员的价值观的不同,最后都会通过沟通等方式进行体验,最终达到合作完成目的),这种游戏与学习相结合的方式确实让我的内心得到最大程度上的参与感。不过这节课和上节课两节课都有举手想发言,可惜最终结果都是因为太热烈而没有被点到,这里不得不说是个小小的遗憾啊。这节课中充分让我们这些不专业的辅导员最快地学习到辅导他人的技巧,其实,在生活中有困顿的产生是极自然、平常的。因此这个世界需要充满着非正式的助人者。我有幸成为其中之一将成为我这辈子最大的礼物之一。

学生二：课上得越多，心里的感觉就越只能用"妙"字来形容，每节课的实验都成为一种期待，今天的实践是用"人是……""我是……"来造句，还有就是针对"优秀"进行分析，这些讨论与交流促使我们学会怎么去由聪明变得智慧，从而晋升为优秀的人。实话实说，三节课下来了，自己的内心境界真的平坦了很多，对人处世也都坦然了许多，但是这种坦然却从来没有减低我对生活的追求，以及对未来美好人生的向往，我知道，因为，我就是我。我也希望把我学到的运用在每个人的身上，告诉他们，你们就是你们，永远是这个世界的唯一。

关于《生命教育：系列心理电影赏析》：

学生一：我很幸运，在大四这个学期居然可以抢到一门这么有意思且让人获益匪浅的公共选修课，因为之前在大二、大三的时候也有选这门课，可一直很倒霉，总是到最后一轮就给系统踢出来，害得我一直与之擦肩而过。所以，我必须感谢，而说到这门课程的收获，那是相当多的：第一，老师介绍了很多没有看过的优秀电影，每一部电影看完对人生态度和三观都很有影响；第二，认识到不同学院的同学并能上台分享自己的感受，实属难得。

学生二：李宗盛有句歌词是"17岁，懂的都是别人的道理"，没有足够阅历讲出一些东西也许很容易被颠覆，被推翻，但仍是我们认知的一部分，这部分有精华也有糟粕，但是可以得到升华和完善，也正是这堂课给我带来的最大收获。课程提供我们一个很好的机会去表达，在表达的过程中，我们构建了自己图式，甚至发现了以前从未发现的事，好像是认识了更深处的自己,表达之后,那些陪着又指导我们日后的生活,这也是很重要的收获。

(六)理论思考

心理健康教育与辅导工作是一项培养"人的整全"的工程,而心理学作为交叉学科,需要与教育学、哲学、社会学等学科相互借鉴融合,深圳大学心理健康工作以多学科为理论基础和实践指导。

1. 哲学视角:存在主义

在中国传统文化中,有"心学"一派,强调生命的过程,开始圣人文化的"哲学化"。心理健康工作面向每个鲜活的生命,自有其哲学意义。

(1)存在主义认为,人的自由表现在认识选择的重要性,并按照自己的选择去行动和承担生活的责任。对大学生而言,大学生活与义务教育阶段存在巨大变化,其中最大的改变是"自由——身体的自由",开始拥有空闲的时间和主动的时间,由此产生了一个困难——选择。许多大学生在面对选择时焦虑,害怕做出选择,身体自由了,心灵却受困了。因此,心理健康工作以全人成长为目标,指导学生探索自己需要,认识自我与生命的意义,通过选择认识到自由,真正承担起生活与生命的责任。

(2)存在主义认为,人与世界、他人的关系为"我与你"的关系。他们指出,我可以理解他人,他人也可以理解我,在"我与你"关系中,每一个人都具有他自己的内在的意义世界,我和你两个人都是主体,我们互相同情、互相信任、互相理解。在心理健康工作中,师生之间是主体间的共生关系,发挥主体内在的意义世界,真诚地理解自己与对方,是营造良好关系的重要观念。这是心理健康教育与辅导两项工作中必须坚持的前提,一有偏差，效果会立刻大打折扣。

2. 心理学视角：人本主义

心理健康教育与辅导工作是基于"人本身"的，以人的全面发展为目标，这符合人本主义心理学的核心内容。

（1）强调人的责任。人自己最终要对所发生的事情负责，在特定的时刻，行为只是每个人自己的选择。深圳大学心理健康教育工作的基础强调学生本身的参与，这就强调使学生认识到他们有能力做他们想做的事情，我是自己生活的主动构建者。

（2）强调"此时此地"。人本主义认为，只有按生活的本来面貌去生活，我们才能成为真正完善的人。在心理健康辅导工作中，面对学生的成长困惑，不指责、不判断，强调遇到困惑是生活的常态，鼓励学生面对当下的生活，接纳成长的困惑。

（3）从现象学来说，我最了解我自己。在心理健康教育工作中，允许学生自己克服困难，鼓励学生学会自助，调动自我经验的力量，积极探索自我的"成长点"。

（4）强调人的成长。人们不断积极地寻求发展，探索幸福，这就是人的"自我完善"。深圳大学心理健康教育与辅导工作，坚持发展性为主，以人生观教育与辅导为目标，是以学生生命为长度的教育。

3. 教育学视角：现代教育理论

（1）现代教育理论认为，学校教育应当人性化，以情意教育和人格培养为主，以知识教育为辅，强调成功的教育不在于教师给学生传授多少知识，而在于教师能否在平常教学中培养学生健全的人格。因此心理健康教育课程的出发点即教学内容应是以大学生为中心，促进学生心理发展。在学科教学中要尊重大学生的主体地位，注意调动大学生的自觉性、积极性，使大学生懂得自己不仅是接受知识的主体,更是心理发展的主体,并充分认识到心理成长是自己的重要任务。

(2) 现代教育理论主张在解决问题的过程中学习,提倡案例教学法,认为知识不是一个直线的由浅入深的过程,知识是一个网状结构。学生在解决问题的过程中不仅可以学到知识,而且可以通过互相启发和学习,迁移、创造新知识,提高解决问题的能力,排解困惑,发展个性。因而心理健康教育课程的教学内容应以问题为切入点,帮助大学生解决心理困惑。教师根据大学生的特点,选择其最关注、最渴望解决、最想了解的问题,或提出大学生生活中典型案例,与大学生共同探讨,追问原因、追寻方法。通过讨论促进大学生提升自我教育水平和心理发展与成熟。

二 工作机制:营造全员参与的模式

在全人成长的目标指导下,构建有效的大学生心理健康教育与辅导体系,提高大学生的素质,不仅是社会的要求,同时也是学生的内在需要。深圳大学心理健康教育与辅导工作受到学校领导重视,以制度的形式明确中心工作的任务与职责。由此,建立起点面结合的五级心理健康教育服务体系,实现全员参与,全面渗透。

(一) 工作制度

深圳大学对心理健康教育工作非常重视,根据教育部和省教育厅的有关文件精神,及时有效指示和部署开展各种形式的心理健康教育工作,并以文件的形式公布至全校各学院,进一步明确了深圳大学学生心理健康教育与辅导工作的目标、任务、职责和运作机制。如:《深圳大学开展心理健康教育与辅导工作的实施意见》(深大〔2013〕241号),加强了深圳大学心理健康教育与辅导工作的组织领导。

学生部作为心理辅导中心的上级机构，全面支持心理辅导中心的各项工作，搭建校园两级合作桥梁。如：制定《学院二级心理辅导制度》（深大学部〔2012〕1号）、《朋辈心理辅导制度》（深大学部〔2012〕7号）、《关于成立心理健康教育教研室的通知》（深大学部〔2013〕7号）等制度。

心理辅导中心作为心理健康教育与辅导工作的执行机构，根据文件精神，在具体工作开展中设立了工作制度，如：《心理辅导中心工作章程》《深圳大学新生心理健康普查与档案管理制度》《深圳大学心理危机干预实施方案》《深圳大学因心理问题休学、复学管理制度》《心理问题转介和跟踪制度》《心理辅导预约制度》《班级心理健康信息员制度》《心理辅导人员培训与督导制度》《大学生心理健康教育协会章程》《心理辅导中心心理热线电话辅导制度》等。

（二）工作思路

心理辅导中心自建立以来，以心理健康教育为工作核心，以心理辅导和危机干预为工作重心，旨在使学生增强健康意识，预防心理问题，提高生命素质。

深圳大学心理辅导的工作中主要包括障碍性心理辅导和发展性心理辅导。障碍性心理辅导的目的在于协助大学生改变认知偏差，调整不良情绪，化解心理冲突，去除心理障碍和不适，促进心理健康。这一辅导内容是针对少数心理偏差的同学，是心理辅导工作的难点。发展性心理辅导的目的在于帮助大学生更好地认识自己和社会，增强适应能力，充分开发潜能，提高人生质量，实现人的全面发展。这一辅导内容是面向全体同学，是心理辅导工作的重点。

在以全体学生为工作对象的前提下，心理辅导中心尤其关注"重要时段与重点学生"。"重要时段"即新生入校时、毕业生离校前、放假前、考试前后、重大活动前；"重点学生"即家庭贫困、言行异常、性格内向、父母离异、家庭发生重大打击性事件、直系亲属有精神病史、本人有精神病史、经历重大打击性事件、考试成绩突然急剧下降、失恋、网络痴迷的学生和新生、毕业生。

关于心理危机干预工作，深圳大学建立网络式结构（见图2—1），联合宿舍、心理辅导中心、心理健康教育工作专家组、学生部、心理危机干预工作领导小组、学院、医院、保卫部的力量，全方位快速处理危机事件，解除危及生命安全或公共安全的情境和事件，并通过持续的心理辅导工作促进当事人的心理功能恢复到危机前的水平或化危机为转机，进一步促进其应对挫折和适应社会能力的提高。

（三）工作架构

深圳大学心理健康教育与辅导工作实行垂直结构管理，心理健康教育与辅导工作需要各级力量的支持，深圳大学建立了"校—部—院—班—生"五级工作流程（见图2—2），全面、有重点地铺开心理健康教育与辅导工作。

1. 学校成立学生心理健康教育工作领导小组

心理健康教育工作领导小组组成人员主要有：主管学生工作的副校长为组长，学生部主任为副组长，校办、保卫部领导和各学院主管学生工作的党委副书记为成员，直接领导深圳大学的心理健康教育与辅导工作。

2. 学生部心理辅导中心为主要执行机构

心理辅导中心是深圳大学学生部下设的专业心理帮助机构，

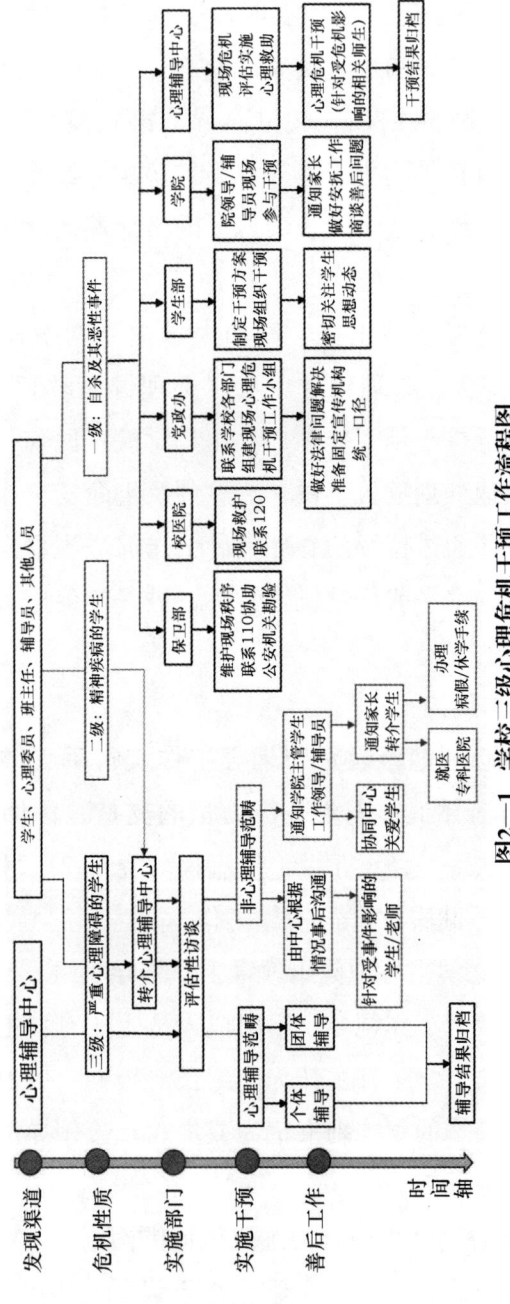

图2-1 学校三级心理危机干预工作流程图

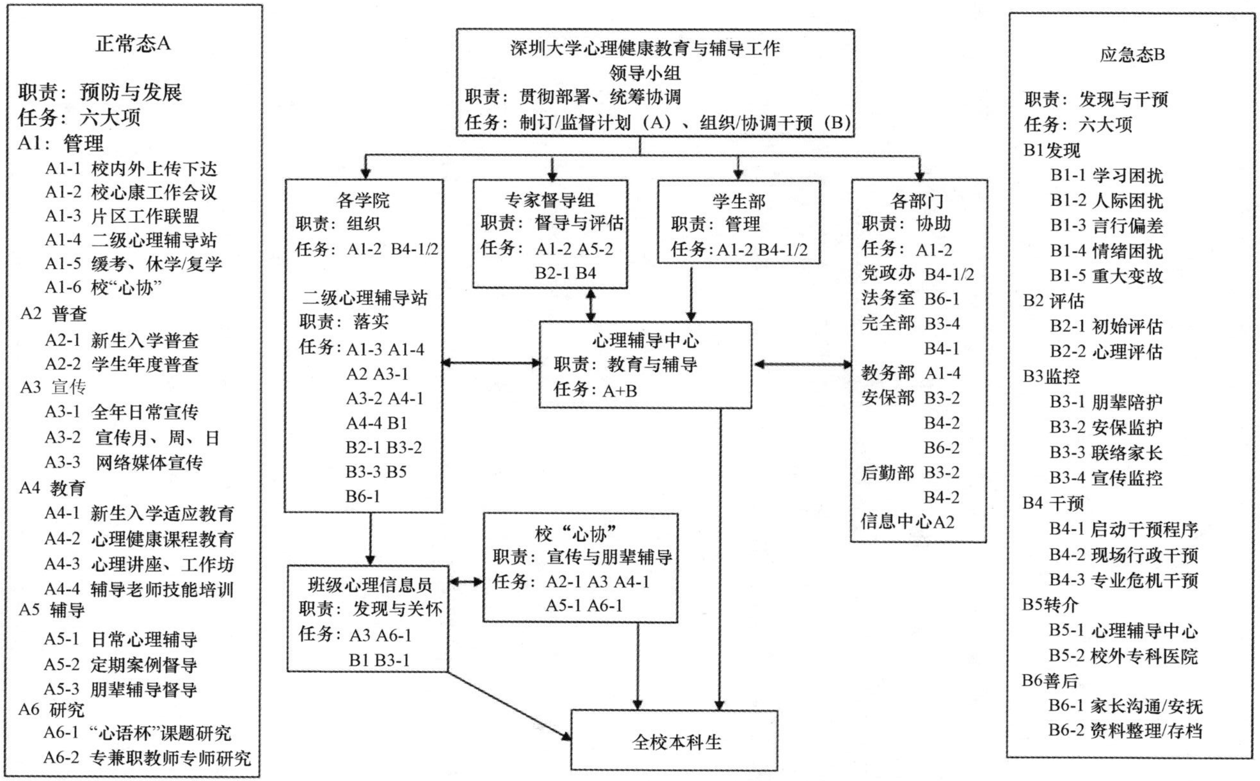

第二章 实践育人

图2-2 深圳大学心理健康教育与辅导工作流程

致力于为全校大学生提供心理健康与成长服务。专家督导组为心理健康教育与辅导工作的专业保证组织，主要职责为参与学校心理健康教育与辅导工作的决策，督导专兼职心理辅导队伍的专业成长，心理危机干预的评估与督导等。

3. 学院成立二级心理辅导站

是学生部心理辅导中心在学院的延伸机构，为本学院学生的心理健康服务，主要开展心理健康教育、宣传和心理成长辅导等工作。工作站负责人由各学院副书记兼任，给予指导和监督。执行负责人由学院辅导员兼任，具体策划、组织和开展工作。工作队伍由学院朋辈辅导员组成，包括班级心理信息员及学院心理健康教育协会。实践效果表明，辅导站基本上能够帮助大部分一般心理困惑学生的心理问题，遇到其他情况，则及时与心理辅导中心取得联系，研究辅导方案或转介专业医院。

4. 团队依托朋辈辅导员的力量

（1）积极创办、指导大学生心理健康教育协会（简称校"心协"）。自校"心协"成立以来，心理辅导中心周红老师作为协会指导老师，每年通过对他们进行一个半月的短期培训，内容包括团队归属感训练、"心协人"态度与素质、心理学与生活、朋辈心理辅导理论与实践等，帮助他们自我心灵健康成长，端正对心理辅导的认识和态度，掌握朋辈心理辅导的关怀技巧，这一方面有利于校"心协"做好协助辅导中心开展心理健康宣传普及活动；另一方面推动校"心协"做好朋辈心理辅导活动。

（2）设立学院"心理信息员"制度。学生心理辅导中心与各院配合，首先在2004级各班设立"心理信息员"制度。心理信息员生活在同学之中，对同学们身心健康状况关注、了解和帮助，有着辅导老师不可替代的作用，他（她）们是学院及学生辅

第二章 实践育人

导中心与班级同学之间沟通的"信息桥梁",是学校心理健康教育的重要力量。

(四)成长案例:**深圳大学数学与统计学院**

深圳大学数学与统计学院在学院内部开展心理健康教育、宣传和心理成长辅导工作方向正确,成果突出。学院心理健康教育与辅导工作负责人由学院副书记兼任,具体策划、执行工作由学院辅导员兼任。学院工作队伍主要由"辅导员—学生事务工作组(以下简称'学务组')—心理信息员—班长"组成。

数学与统计学院心理健康教育与宣传的工作思路,是以提高大学生心理素质为服务目标,帮助学生能够正确地认识自我,完善自我和发展自我;预防大学生异常心理的发生和减少校园危机事件的出现,做到及时发现、及时解决异常情况,把可能出现的伤害事故控制在萌芽阶段;优化学生的学习品质及交流环境。

学院辅导员根据学校与学院安排,保持与心理辅导中心的联系,做好上传下达工作。不定期召开工作会议,听取学务组组长汇报工作总结,并向全体组员布置新的工作任务,了解各班心理健康状况,指导学务组和心理信息员开展工作,开展团队心理训练,培训朋辈辅导员,开展心理健康教育活动。

学务组成员由学院学生自愿报名参选,通过辅导员面试产生。学务组定期每周召开一次例会,负责统筹各班心理信息员开展工作,了解学生心理情况,协助辅导员开展学生心理工作,制订学院心理健康宣传教育计划,指导各年级、各班开展心理健康教育宣传活动。

心理信息员由班级学生自愿参选,每个班级设立两名心理信息员,学院设立一个心理信息组长。心理信息员的工作职责为严格保密、参加培训、合作交流、信息收集处理、撰写观察报告、正确处理问题。

各班班长在本班心理信息员的协助下，了解收集学生的心理健康情况，分别从学习、生活、交往、情感、危机事件、综合评价等多个维度对本班学生的一个月心理状态进行观察及报告。

鉴于数学与统计学院多年来积极向本学院学生宣传心理健康教育知识，形式多样内容丰富，学生参与度较高、收获大，多次在深圳大学一年一度的心理健康宣传月中荣获"最佳组织奖"，其成熟的工作模式值得学校其他学院借鉴和推广。

（五）理论思考

在拥有3万多学生的大学中，心理健康教育与辅导工作需要各方人员的通力合作。建立合理的管理结构与工作模式，是工作得以顺利开展的保证。

1. 社会学视角：文化模式

一项工作得以开展，制度是保障，人是关键。文化模式认为，大学治理的结构和过程存在于组织的文化中，这需要一个人不断地向大学内外部群体解释环境和组织。大学作为一个人为事物，是依据人的观念做成的。深圳大学心理健康教育与辅导工作以人为中心，以学生为中心。因此，参与这项工作的人员（学校、部门、学院、朋辈辅导员等）如何解读工作的意义，如何探索工作的实践可能，对学生的影响重大。

首先，深圳大学的心理健康教育与辅导工作，得到了自上而下，从学校到学生层面的广泛关注，活动形式越来越多样，内容与时俱进，贴近学生生活与心理实际，提高了学生的关注度；其次，校内各心理健康教育社团与组织能充分展示自身的宗旨与文化，在校园内营造"关注心灵"的氛围，实现文化的潜移默化作用。

2. 管理学视角：治理理论

心理健康教育与辅导工作，不是一个人的事情，也不是一个部门的事情，它涉及多个部门，同时也是一个过程。它是"主体—主体"间的管理关系。从管理学的视角来看，治理是具有共同目标的多元主体之间为了实现其目标而进行的不具强制力的上下互动、协调合作的过程，深圳大学工作机制符合治理理论。

（1）"治理"不是一整套规则，也不是一种活动，而是一个过程。深圳大学心理健康教育与辅导工作，不是纯粹解决学生某一个特定"问题"，而是从学生的生命成长出发，使其通过"成长的困惑"的自我探索，实现自我人生的阶段性成长。对开展心理健康工作的学院和部门来说，这是一项长期工作，贯穿于学期中的各项事务中，也贯穿于学生的各项实践中。

（2）治理过程的基础不是控制，而是协调。在心理健康教育工作中，各方负责人不是闭门造车，而是真诚敞开，分享各自的经验，以全校心理健康教育与辅导工作为中心，与各学院、各部门连线，相互协调互动。

三　工作内容：创建助人自助的领域

"授人以鱼，不如授人以渔"，心理健康教育与咨询工作应摒弃"问题"取向，立足"发展"取向，从教育、辅导、培训和研究的角度出发，提高学生的心理健康意识和水平，建立合理的人生观和价值观，实现大学阶段的健康快乐成长。

心理辅导中心积极开展预防性心理健康教育，通过建立心理档案、心理访谈等途径，及早发现有心理隐患的学生，及时解决学生中存在的心理问题。建立三级干预机制：一级干预机制——

预防、教育。包括舆论宣传教育、个别教育、开展特色活动等宣传教育工作。二级干预机制——心理辅导。包括心理健康普查与建档、确定重点干预对象、心理辅导等。三级干预机制——治疗。主要是对有心理障碍的学生进行长期的跟踪、心理辅导，根据需要转介精神卫生机构。三级干预机制共同实施，形成早预防、早发现、早评估、早干预的大学生心理危机干预体系。

（一）教育宣传

教育宣传是深圳大学心理健康教育与咨询工作的隐性课程，通过重要阶段、重要形式普及心理健康知识，具有潜移默化的效果。深圳大学加强心理健康宣传教育工作的常态化、阶段化，增强工作的针对性与实效性。

1. 为全校学生开设心理健康教育课程

心理辅导中心设立心理健康教育教研室，面对全校学生开设多门心理健康教育课程，主要内容以大学生心理特点与发展为主，以大学生日常所遇困惑及其心理成长需要为设置原则，目前课程主要有《青年健康心理学》《朋辈心理辅导训练课程》《生命教育：系列心理电影赏析》等，这些课程采用参与式教学，以学习者为中心，以活动为主要形式，以学生发展为目的。自课程开设以来，每学年约有1300位学生选修了心理健康教育课程，课程的有效内容与有趣形式受到了大学生们的欢迎。

2. 为大学新生提供入学心理适应教育

新生在入学之际面临大学生活与学习的适应"困惑"，心理辅导中心为此开展了新生心理健康普查、新生心理健康教育进军营、新生心理系列电影赏析、新生心理成长工作坊、新生心理健康系列讲座、新生班级凝聚力团队训练等。

其中，做好新生心理健康普查和心理档案建立的工作是基础。从 1994 年以来，学生辅导中心每年为新生进行心理健康普查，目前深圳大学采用《心理健康调查表》（University Personality Inventory，UPI），同时使用《艾森克人格问卷》（EPQ）、《心理卫生自评表》（SCL-90）等作为进一步了解的辅助工具。通过普查建立心理档案，以做到早发现、早预防、早治疗，帮助新生强化心理健康意识，消除心理困惑，促进其健康成长。在新生心理健康普查中，严格按规范化实施，使用统一指导语，收回问卷后进行人工录入、建档；并按问卷筛选原则进行筛选，对筛选出的一类和部分二类学生主动约请来学生辅导中心面谈，对有心理问题的学生进行定期心理辅导；通过分析撰写出普查报告，交给上级领导，以供做好学生工作决策的参考；最后对有心理问题的学生进行追踪辅导。

3. 为全校学生提供心理健康知识教育

2001 年以来，深圳大学成功举办了心理健康宣传月活动，定期举办心理健康宣传周、宣传日等活动。以心理健康专题讲座、团队心理训练、心理沙龙、校园心理情景剧表演、心理健康有奖征文、心理知识竞赛等形式多样、寓教于乐的活动为载体，通过网络、海报、广播等传播工具大力宣传、普及心理健康知识，提高学生心理素质，促进学生全面协调发展。

4. 利用各种宣传渠道进行宣传工作

（1）开展网络心理服务。开办了心理辅导中心微信公众号，开办"心协"微信公众号、同伴教育公众号，通过各种媒介大力宣传心理健康知识和公布心理健康教育活动动态。

（2）印发《心灵小屋》《青春健康》和知识手册等宣传刊物。2003 年 11 月创办了《心灵小屋》以宣传心理健康知识、提高心理素质为宗旨的刊物，至此已出版了 17 期，刊物出版后发放到每个学生宿舍楼。2012年开始创办《青春健康》（季刊）以宣传大学生"爱与性"知识，提倡学习科学的知识、建立合理的态度。

此外，还印发内容丰富的精美手册，有《最美的女孩生活手册》、《我是新生——大学心理适应手册》（新生人手一册）、《心理健康宣传漫画手册》、《我很重要》、《珍重生命，关爱人生》、《心理健康信息手册》等，使同学们在轻松愉快的状态中了解到更多的心理健康知识，学习提高生活质量的能力与心态。

（二）心理辅导

心理辅导是心理辅导中心的日常工作，深圳大学心理辅导的内容包括发展性心理辅导和障碍性心理辅导，以发展性心理辅导为主，辅导的具体内容包括：学习辅导、人际关系辅导、环境适应辅导、健康人格辅导、恋爱与性心理辅导、就业心理辅导、心理健康教育等。其主要形式如下。

1. 个别辅导

个别辅导是对主动求助的学生的心理问题给予及时劝慰、指导和帮助。中心在每学期初将心理辅导时间安排挂至网上，做到每天都有咨询老师可供预约。据不完全统计，中心每年辅导平均350多人次，为学生提供心理上的支持与帮助，不少学生对咨询效果表示满意。

2. 书信、电话辅导

为方便学生预约咨询时间，借用技术的力量，开设"心理邮箱""深圳大学心理辅导中心微博"；2012年设立深圳大学24小时心理热线"心语热线"，为学生提供更全面开放的辅导方式。目的是为在校同学提供一个宣泄情绪、缓解烦恼的心理支持和帮助平台，心理热线辅导人员是经过系统培训、考核、筛选出的校"心协"朋辈心理辅导员，由周红老师担任指导老师。

第二章 实践育人

3. 网络心理辅导

学生心理辅导中心在校园网设有"部门信箱—学生心理辅导",及时认真回复学生求助信件。

4. 团体辅导

根据大学生心理成长课题进行面向全校举办的心理训练,每年都举办不同主题的团体心理训练,内容包括认识大学与自我、心灵成长、情绪管理、自信训练、压力管理、健全人格、班级凝聚力训练等。自2003年以来,平均每年共举办团体心理训练34场,3000多人次,活动取得了良好的效果,获得学生的支持。

(三)专业培训

专业化是心理健康教育与辅导工作得以持续开展的重要保证,心理健康专业技能培训是保持和加强师资队伍力量的重要形式。

1. 辅导员培训

深圳大学坚持为辅导员开展专业技能培训,提高工作技能。主要包括:高校辅导员的心理保健、大学生心理危机干预、精神卫生法的解读、沙盘游戏咨询、校园自杀防治工程、心理辅导对话训练等。

2. 辅导老师培训

从事心理健康教育与咨询工作的老师积极参加校外专业技能培训,如:认知疗法、精神分析、团体心理辅导、生涯咨询实践技能、身心微语言与接触治疗、焦点解决短期治疗、心理剧理论与实践、沙盘游戏咨询、正念等。

3. 朋辈辅导员培训

为提高朋辈辅导员的知识储备和工作能力,在心理健康教育方面,心理辅导中心为朋辈辅导员开展专业的朋辈辅导技巧培训,如:人际沟通、建立关系、沟通技巧、生命成长等。在青春健康知识方面,派出朋辈辅导员参加国家、省、市计生协举办的活动,在本校开展"同伴教育者"培训班,培训青春健康主持人。

(四)课题研究

要提高心理健康教育与辅导工作的水平,必须了解工作对象,理解大学生心理现状,提高理论深度和实践水平,增强工作的科学性与实效性。

首先,心理辅导中心老师承担和主持深圳市、深圳大学多项心理健康教育课题。如"深圳高校学生资助政策绩效评价研究""当代大学生道德社会化研究""以心理电影系列为介体的生命教育课程研究"等,编写教材1本——《大学生心理成长论》(周红、曾庆璋著,科学出版社2012年版),公开发表50多篇研究论文。

其次,积极组织全校学生开展心理健康教育研究。自2007年以来,深圳大学每年开展一次"大学生心理健康教育研究",通过对深圳大学学生的调查进行统计分析,对比研究,得到与心理健康相关的有效信息,并提出对策建议,为工作提供实证参考,同时扩大心理健康宣传教育工作的覆盖面。目前,深圳大学"心语杯"课题研究大赛已成功举办十一届,主题为"深大学生心理状况调查""深大学生生活状况调查""大学生'爱与性'价值观研究""青年期两性关系""青春健康实务研究""朋辈辅导实务研究""深大学生读书状况调查""深大学生自助模式调查""心理委员工作实务研究""大学生情绪状况调查研究""大学生生命意义状况调查研究"等。

(五)成长案例——大学生心理健康教育协会

深圳大学大学生心理健康教育协会(以下简称校"心协")

是在校领导、学生部的大力支持下，心理辅导中心的专业指导下成立的；是由关注心理健康和热心于普及心理健康知识的大学生自愿参加的；是通过学习心理健康知识、开展朋辈辅导活动等多种途径践行助人自助理念的社团。其职责是协助学生部心理辅导中心开展心理健康知识的宣传普及工作及朋辈心理辅导活动。校"心协"以"普及心理健康知识，提高大学生心理素质"为宗旨，以"让健康的人更健康，帮助有困惑的人消除困惑"为口号。校"心协"自 2002 年 4 月成立以来，已发展到第十七届，共有 1188 人加入，培养了 340 多位优秀的朋辈心理辅导员。

校"心协"朋辈自助模式是以"心灵成长"为核心，学习、实践、成长是校"心协"对每一位合格"心协人"的要求。校"心协"成员关注的是向内看，全面发现自己的特质，探索自己与自己、自己与他人的相处模式；接纳自我的特点，对自身有一个正向的评价系统。校"心协"成员的自我探索与成长的意识较强，接受各种关于自我探索与成长的学习、培训以及实践，如同理心、情绪压力管理、倾听等，再加上平时参与各种相关心理健康话题的探讨和交流，在潜移默化和实践的过程中，逐渐形成了整体的自我探索与成长的认识与能力，学习更积极、正向的思维方式，实现了"自助"和"助人"。

（六）理论思考

心理健康工作中，教育与辅导是相辅相成、相互补充的。在大学里，心理健康教育与辅导工作，坚守教育的立场。教育不是全面灌输，不是简单说教，而是以学生为中心，为其营造良好的环境，提供沟通的平台，与学生共同成长的过程。

1. 知识观视角：建构主义理念下的教育观

建构主义理念下的教育观，提倡在教师指导下的、以学习者为中心的学习。理想的学习环境是由"情境""协作""会话"和"意义建构"四大要素构成。在心理健康教育工作中，无论是课程教学还是讲座宣传，具有丰富情境性的话题特别受到大学生的喜欢，引起学生的强烈共鸣。例如，深圳大学心理健康教育课程所采用的教学模式是参与式教学（如头脑风暴、问题树、视频赏析等），以专题讨论（人际关系、同理心、沟通、爱与性等）为内容，将同学们分为几个小组，通过组内讨论，全班分享，实现"协作"与"对话"的目的。

建构主义理念下的教育观强调关注学习者已有的学习经验。心理健康教育与辅导工作中，不是让学生抛弃自己的习惯和观念，而是将原有的知识经验作为生长点，接纳自我，相信学生有自愈和自助的力量，引导学生通过自己的力量改变、完善自我。

2. 成长观视角：生命教育理论

在"应试教育"中，学校对学生精神世界缺少关注，生命意识的教育不被重视，结果导致了许多青少年普遍表现出冷漠、孤僻的情感特征，生命情感发育不足，表现为很多青少年既不尊重自己的生命，也不关心他人的生命。

生命教育是以生命的名义，在教育对象上要瞄准"人"这个个体，在教育的过程中也必须把学生当作"人"，一个有思想，会思考，鲜活，在成长的人。因此，无论是面向全校的心理健康教育，还是成立校"心协"开展朋辈心理辅导，深圳大学大学生心理健康教育与辅导工作立足于以生命为基点，着眼于学生的全人发展，即协助大学生认识生命，保护生命，珍爱生命，欣赏生命，尊重生命，热爱生命，提高生存技能，提升生命质量。逐步营造出循序渐进、全面系统的心理健康教育与辅导的内容体系。

四 工作展望：拓宽持续发展的态势

（一）国外高校心理健康教育工作模式

1. 组织机构的独立与合作①

在美国，几乎所有大学都有专门的心理卫生和咨询机构，其职责较为广泛，如哈佛大学的心理健康教育机构为"健康服务中心 HUHS"，它的使命和任务是"治疗每位有病的人，关爱每一位个体学生，教育与服务整个社区以关注健康及与健康有关的事务"。在英国，大学每年要花费 3000 万英镑为有心理问题的大学生提供心理咨询服务。国外高校的机构相对独立，强调与其他机构的合作，我国高校的心理健康仍属于隶属机构，在服务和职责上显现的力量较为不足。

2. 学生的自我保健形式多样②

（1）开设讨论课程。在国外，研讨会是高校课程教学中的重要形式，教师通过围绕学生所需的问题展开讨论，在过程中起指导作用，同时融入心理学的知识原理和技巧，促使学生进行自我反思与反馈，如斯坦福饮酒教育研讨会。

（2）"中间联系者"。MIT 设立了一门课程，由健康促进中心发起和组织选出的学生代表将成为"中间联系者"，其分布在各宿舍楼和兄弟会中，通过课程培训，"中间联系者"可为有需要的学生提供个人帮助。

（3）建立健康图书馆。美国一流大学大多都设有健康图书馆

---

① 蔡宝鸿等：《国内外高校心理健康教育的模式比较》，《科技信息》2011 年第 1 期。
② 李明忠：《美国一流大学心理健康教育工作的特色分析》，《比较教育研究》2006 年第 1 期。

或健康资料中心,其通过提供目前最新、最科学的知识,帮助学生了解健康知识,做出健康选择。如斯坦福大学的健康图书馆里拥有关于"性健康、毒品、艾滋病、关注自我、心理健康"等内容的杂志、推荐文章、专题小册子和录像带,学生可以自由借阅。

(4) 学生互助小组。2011年,牛津大学开展同学互助计划,由大学心理咨询服务中心和学院举办,通过训练使学生学习如何成为一个优秀的聆听者,并且帮助同学处理问题,必要时,将严重心理问题的学生转交给其他部门。其后,学生必须接受两周一次的监督。这为学生心理健康提供了更直接的服务。[①]

(二) 中国香港高校心理健康教育工作模式

1. 辅导队伍的专业化

在香港,辅导被称为教育的第三主力,与教学、行政并列,是学校教育不可或缺的重要组成部分。首先,辅导队伍整齐,各高校都配备3—5名专职心理辅导员。2000年的调查显示,心理学家与学生人数之比一般为1∶1500到1∶2000,心理辅导员与学生的比例一般为1∶200到1∶400。其次,专业化程度高。辅导人员基本获得相关的硕士以上学位。高校还邀请心理分析专家作督导,香港专业辅导协会经常通过多元化的方法为辅导人员提供不同形式的培训,使辅导人员自身的能力及素质能够得到提高与锻炼。

2. 学生助人能力的提高[②]

香港浸会大学长期开设有助于学生心理健康的活动,例如

[①] 李小鲁:《从英国牛津大学心理健康教育模式看广东大学生心理健康教育的创新》,《高教探索》2006年第3期。

[②] 陈晔:《香港高校心理辅导工作对内地高校的启示——以香港浸会大学为例》,《学理论》2011年第12期。

"大学生活工作坊",它是浸大课程的一部分。而"精神健康活动"是其关注精神健康的系列活动,它通过不同形式的课程活动来提升学生对精神疾病的认识;增加学生对精神健康的了解和重视;提高学生的察觉力,帮助理解他人及自我;增强学生对大学精神健康服务资源的认识。学生在完成12个小时课程之后,还可获得澳洲墨尔本大学精神健康研究中心的"精神健康急救"证书。

3. 心理测验的重要意义

心理测验是香港高校心理辅导机构一个重要的辅助手段,它能够简捷、直观地帮助学生了解个人的能力、性格、价值观等,帮助学生对自己做出更客观的评价。例如"个人蜕变计划"是浸大"辅导中心"帮助学生个人成长的一个重要活动方式,它通过"学生成长任务及生活模式评量表"(SDTLA)的测试,帮助学生建立自我认同,协助其按照自己独特的成长状况、需要和个人选择,设计和订立个人的蜕变计划。在一年内完成蜕变计划的学生,还将获得相应证书。[①]

(三)中国台湾地区高校心理健康教育工作模式

1. 制度性激励政策

台湾地区教育行政部门颁布《建构教学、训导、辅导三合一的辅导体制方案》,目的在于引进辅导工作的初级预防(一般辅导)、二级预防(专业辅导)和三级预防(心理矫治)观念,充分体现出发展重于预防、预防重于治疗的教育理念,而且配合学校行政组织的弹性调整,激励了一般教师全面参与辅导学生的

[①] 陈晔:《香港高校心理辅导工作对内地高校的启示——以香港浸会大学为例》,《学理论》2011年第12期。

工作。

2. 财政性投入充足

台湾地区各高校非常重视心理健康教育工作，资金投入力度大，硬件设施完善，曾投入近86亿台币推行《辅导工作六年计划》，旨在"结合家庭、学校、社会及岛内资源，建立全面辅导体制，统整规划辅导工作发展，以减少青少年问题行为，培养正确人生观，促进身心健康，增益社会祥和"。在高校中，辅导中心规模大，设备齐全，藏书量多。咨询中心专职人员的聘用方式大约有两种：以助教职称聘任；以研究员角色聘任。[①]

（四）实践思考

从国内外心理健康教育工作模式的成功经验看，结合深圳大学工作实际与学生基本情况，可从以下几个方面加以完善。

1. 加强队伍建设

按广东省教育厅关于高校心理健康教育与辅导的相关文件规定，专职心理辅导人员按1∶4000配置，根据国内外高校心理健康教育工作的模式，深圳大学还需要充实专职心理辅导老师，专人专项负责心理健康教育与辅导的各项工作。另外，通过各种方式为辅导老师提供更加专业、多元的心理培训与督导。

2. 强化场地配置

心理健康教育是面向全体学生的，需要有专业性的培训基地和多功能的心理辅导场所。心理辅导机构需要心理辅导室、团体辅导室、心理治疗室、心理测试室、心理档案室、学生自我调节室等，这是心理健康教育的基础设施。

---

① 任霞等：《内地港台地区高校心理健康教育的比较及启示》，《思想政治教育研究》2010年第6期。

3. 设立健康图书馆（阅览室）

目前，深圳大学图书馆主要分为文、理科图书馆，而专门关于心理健康的最新书籍和资料尚无统一分类。以心理辅导中心主办的《青春健康》刊物来看，数量及内容有限。在主要宿舍区楼下统一建立健康图书馆（阅览室），可为学生提供必需、及时的心理卫生及健康知识。

4. 完善学院二级心理辅导站

目前深圳大学有八个学院成立二级心理辅导站，建议在全校所有具有设备及师资基础的学院建立二级心理辅导站。每个学院设工作领导小组，有一名专职辅导员开展工作，每个班设立两名班级心理健康信息员，全面开展本院心理健康教育与辅导工作。

5. 成立深圳大学朋辈辅导中心

心理健康教育与辅导工作是一项系统性工程，需要全员参与，全程参与。朋辈辅导中心将弥补专业老师人数和身份的限制，通过朋辈辅导员发挥宣传和发现的作用，最大限度地促进大学生学会自助、求助与助人，这将大大提高深圳大学心理健康教育与辅导工作的深入性和及时性。

第四节 团结民族心，扎实做好少数族群学生工作

加强民族教育工作是民族地区发展的必由之路，也是维护民族团结和祖国统一的根本大计。内地高校少数民族学生教育管理工作，承担着为民族地区培养中国特色社会主义合格建设者和可靠接班人的任务，既是民生保障工作，又是宣传思想工作；既是教育工作，又是民族宗教工作；既是改革发展工作，又是国土安全、政治稳定工作，牵涉面广，影响深远，有着丰富的战略内

涵。党的十八大以来，以习近平同志为核心的党中央高度重视内地高校少数民族学生教育管理工作。2014年5月，习近平总书记在第二次中央新疆工作座谈会上特别强调，维护新疆社会稳定，实现长治久安，根本在人，关键在教育。2014年9月，习近平总书记在中央民族工作会议上明确要求："民族工作要见物，更要见人。做民族工作，说到底是做人的工作。"党的十九大报告指出："深化民族团结进步教育，铸牢中华民族共同体意识，加强各民族交往交流交融，促进各民族像石榴籽一样紧紧抱在一起，共同团结奋斗、共同繁荣发展。"

深圳大学自2005年起，按国家教育援疆计划，从新疆地区招收以民族学生为主的预科协作计划学生和内高班学生；从2010年起，开始面向新疆喀什地区，定向招收以新疆籍汉族学生为主的本科生。根据中央第二次新疆工作会议等精神，针对新疆籍少数民族学生特点和工作实际，深圳大学秉持"教育为本、管理育人、服务育人"的工作理念，组建了民族学生工作办公室（以下简称"民族办"），配备专职的民族学生管理团队，设立专项工作经费，专门开展民族学生教育管理服务工作。通过认真研究、不断创新实践，深圳大学逐渐探索出一些行之有效的方法和途径，从教育帮扶、日常管理与关爱服务三个层面，制定了一系列具体举措。学校还与上级教育主管部门、属地公安、出入境等建立了联席会议制度和信息共享制度，加强民族学生工作的协调、沟通与联动。在对民族学生的日常管理教育中，针对民族学生思想动态，善用激励管理的工作办法，以教育引导为主，管理为辅，引导学生成长成才。针对部分新疆籍少数民族学生在宗教信仰和民族传统与社会主义核心价值观之间的模糊认识，有针对性地对他们进行公民意识教育，通过外在激励引发学生思想动机的变化，帮助学生牢固树立正确的马克思主义国家观、历史观、宗教观、文化观，增强中华民族意识、国家意识和公民意识，增强政治坚定性、敏锐性和鉴别力。深圳大学特别重视加强民族学生的规则教育和规则养成教育，让民族学生了解国家教育主管部门和学校的有关规章制度，明确民族学生在校学习生活必须遵守的"红线""底线"要求，激励他们自觉养成良好行为习惯，形成高尚的道德品质和持久深入的内在行为动力。

一 开展针对性、有侧重的教育帮扶，实行学业预警约谈和学业导师制

从2015级学生开始，深圳大学对新疆民族学生取消了学分减免政策，考核标准与普通学生一致，结合新疆民族学生的学业实际情况，学校讨论制定了新疆民族学生教育帮扶工作方案，明确了如下10项帮扶任务及措施：（1）在招生时，将预科生尽量集中在适合他们语言能力、知识基础、接受能力以及就业去向的几个学院或专业。（2）专门为新疆少数民族学生开设"大学英语"。（3）制定并实行课程替代方案，允许修读后未能通过考核、继续修读仍有困难的专业必修课程，可用专业选修课程学分替代（但不超过必修课程学分的1/3），公共必修课中的数学类课程可用公共选修课学分替代。（4）加强教学过程管理和考勤，重点抽查新疆民族学生课堂出勤情况，凡一学期无故旷课达10个及以上学时的，严格按规定给予警告处分直至退学处理；同时，将课堂出勤率与新疆拨付的资助金发放直接挂钩，坚持奖勤罚懒。（5）制定并实行新疆民族学生转专业方案，开辟转专业绿色通道，符合转专业基本要求的民族学生，可免试入读指定的专业（五个文科专业和三个理工科学院的相关专业）。（6）建立学校与家庭教

育联动机制,每学年不少于两次与新疆籍少数民族学生家长联系,通报学生在校学习、生活、思想、心理、品行等情况,引导并发挥家长的教育、关爱和劝诫作用。凡严重的学业问题、离校请假及休学问题、离境外出及用证办证问题、严重违规者等,均第一时间联络通报家长。(7)为新疆民族学生提供相关企事业单位招聘信息和就业见习岗位。积极邀请新疆等地企事业单位到校召开专场招聘会,为毕业生搭建就业平台。(8)安排专职老师与学业黄牌、学业困难、特殊学生一对一谈话,讨论选课及课程替代方案,并定期跟进新疆民族学生学业情况。(9)参照研究生导师制,为学业黄牌预警以及2017级所有新疆民族学生选配学业导师(每名导师指导的民族学生原则上不超过3人),开展"一带一"指导帮扶。(10)制定面向新疆民族学生的奖惩制度,奖助学金与学生的课堂出勤、学业成绩、思想政治表现等直接挂钩。

二 继续完善新疆民族学生信息联动滚动摸排、研判、预警、报送机制,及时掌控涉疆民族学生思想行为动态

滚动建立民族学生基本信息数据库,与学生部档案室、学生住宿管理中心、招生办、教务部、各学院学工部、保卫部等校内部门以及政府安保部门、学生家长加强联系沟通,及时更新学生在校注册信息及表现情况、家庭和社会关系变动等情况,及时了解并记载新疆籍民族学生思想和行为表现情况。定期采集更新新疆民族学生信息,保证数据的完整和准确,对休学、退学、未按时返校、私自离校学生的数据,做到动态更新。定期滚动摸排涉疆民族学生安全隐患,对思想偏激、行为偏执、习惯失常以及经常离校、经常旷课、夜不归宿、与校外人员频繁接触等方面的信息,分门别类建立民族学生不稳定信息档案。建立新疆民族学生

第二章 实践育人

宿舍走访制度，建立重点对象约谈、帮扶解困、与家长沟通联系等工作台账，最大限度地将安全隐患化解在萌芽状态。

三 继续完善关爱帮扶机制，切实解决新疆民族学生面临的困难

多渠道随时倾听新疆民族学生心声和诉求，了解并及时帮助解答、疑惑、帮困，力所能及地为民族学生提供贴心、周到、温情化的服务，如筛查民族学生的生日信息，发放生日蛋糕券。在继续发挥政工干部、辅导员、优秀学干对民族学生在生活、思想、心理、品行等方面结对子帮扶作用的同时，建立健全全员全过程育人机制，注重针对性和实效性，借此增进民族学生对学校，对专业的认同。在奖学金评定、优秀学干和先进个人评选时，单列民族学生指标，促进争先创优。对家庭经济困难的新疆民族学生，列为国家助学贷款、奖助学金、困难补贴、勤工俭学等资助的重点对象，确保"应助尽助"。注重人文关怀，尊重民族风俗习惯，进一步办好清真餐厅，学校继续坚持补贴民族学生伙食费，切实减轻其生活经济负担。尽最大努力为每一位有需要的新疆民族学生安排勤工助学岗位，既提供经济补贴缓解其生活压力，又锻炼其实践能力，更将其置于学校民族学生管理流程之内。

四 选聘优秀民族学生干部担任组长，引领他们自我教育、自我管理、自我服务

坚持教育与自我教育相结合，按每位辅导员 50 人的标准分组管理。完善现有的新疆籍民族学生"三自"小组管理机制，发挥民族学生党员骨干、优秀学干"传、帮、带"的积极作用，促

进民族学生争先创优，树立正面典型，引领民族学生自我教育、自我管理、自我服务。坚持教育与自我教育相结合，将新疆籍民族学生按年级、住宿分别编组，进行分组管理。选拔并培育可靠、负责任的民族学生信息员，构建民族学生日常管理信息网络。重点发现和发展表现优异、政治可靠的民族学生积极分子入党。对于思想认识偏执、行为习惯失常的重点人员，安排学生骨干特别是维吾尔族学生党员骨干、优秀学干，对相关学生进行思想、心理、行为等"一对一"教育帮扶。

五 积极引导和鼓励少数民族学生创业，在政策上给予适当倾斜

对少数民族学生创业团队实行专项资助，无偿资助创业基金给符合条件的创业项目（团队）用于启动运营，资助额度2万—10万元，未入选的项目（团队）给予无差别基础创业基金5000元。培育创新创业文化，通过"创客教育大学生导师—少数民族专项计划"，培养合格的少数民族创客教育导师，走进中小学、社区或者家乡开展创客教育普惠工作。

六 积极推进专业教育与文化教育相结合，多渠道多样式丰富民族学生校园文化生活，增进同学间交流交融

引导民族学生解决专业学习困难，不应该只靠"照顾"，而应学业为重、自主努力、自信自立，把时间和精力多用于与学习有关的活动上；强调民族学生在提高专业素质的同时，要注重提升文化素养，注重价值观念锤炼、文明和规则意识养成、内心和精神生活丰富。指导民族学生社团，开展校园民族文化交流、演

讲比赛、体育健身活动。开展民族团结进步教育，组织学生参加社会实践和志愿者活动，"首彩心莲心"救助先心患儿，返乡社会调查，勉励并有序组织民族学生走出校门、融入社会、体验社区共同体生活。

七 开展家访、学校社区联络工作，全面了解民族学生家庭背景

2018年5月起开展学校社区（学生家所在社区）联络工作，暑假组织民族学生专职辅导员深入喀什、阿克苏、吐鲁番等地开展家访活动，以全面了解民族学生家庭背景并对家境贫困、家庭有变故的学生开展心理疏导、教育帮扶和专项资助。

第五节 深化"双创"特色，培养高素质创新创业人才

在2014年9月的夏季达沃斯论坛上，李克强总理首次提出"大众创业、万众创新"的号召，并在2015年的政府工作报告中再次提出"大众创业、万众创新"的发展战略。随后，我国出台了一系列"双创"的相关文件政策，"双创"已经成为中国新常态下经济发展的"双引擎"。

2015年，学校在《国务院办公厅关于深化高等学校创新创业教育改革的实施意见》和《广东省教育厅关于深化高校创新创业教育改革的若干意见》等相关文件精神的指引下，出台了《深圳大学关于进一步加强创新创业教育的若干意见》，并提出"面向全体大学生、贯穿人才培养全过程、全校全员参与"的创新创业教育理念，在课程建设、特色实验班建设、创新活动、创客扶

持、载体建设、资源整合、文化建设、激励机制和师资队伍建设等九个方面全力推进"双创"教育。学校在本科人才培养方案的修订意见中也明确提出：围绕培养创新创业型人才，独立设置"创新创业实践与学生发展"模块，强化对学生创新创业能力的培养，要求学生修读不低于18个"双创"学分，鼓励学生自主参加各类课外科技创新及创业实践活动并获得奖励学分，促进学生全面发展。学校还在"十三五"规划中，继续坚持创新创业型人才培养的特色，将"探索创新创业人才培养，服务社会进步发展"作为"十三五"期间的主要任务之一。

在"双创"战略的指引下，学校将不断探索"双创"教育的特色，并不断加大对创新创业载体的支持力度，在全校范围内形成有利于创新创业的良好氛围，激发全校师生创新创业活力，致力于培养高素质的创新创业型人才。

一 "双创"建设基本情况

深圳大学通过加强与政府机构、社会企业、风投资本合作，统筹学校行政经费、政府专项资金和社会捐款，累计安排资金超过6000万元，通过不断完善"双创"生态的建设，已经初步形成了良性循环的内生机制，并成功孵化了多家企业。在"双创"生态建设中，重点完成了以下模块的建设：

（一）公共平台建设

1. "双创"在线课程平台

2017年，深圳大学共开设创新研究短课105门，创业通识课27门，创业专长课10门，创业实战课程17门，持续建设双创教育特色班10个，基本形成创新创业教育课程体系。

深圳大学积极倡导发起并成立的"全国地方高校UOOC（University Open Online Course）联盟",简称 UOOC（优课）联盟,其加盟高校规模不断扩大,成员高校达 118 所,遍布全国 28 个省市,63 座城市,覆盖师生人数 250 万；MOOC 课程数量不断增多,上线 MOOC 课程数量达 216 门；学校参与度广泛,供课学校已有 48 所；学生选课人数不断增加,累计选课人次突破 30 万；培训体系日趋完善,共举办了八期 UOOC 联盟教师培训和两期课程平台管理员培训,受益教师 615 人。

2. "双创"开源设备平台

2017 年提供开放共享服务设备新增 26 台（套）,新增设备总值 8318 万元,比计划提供开放共享服务设备总值增长 42%。

2017 年内,深圳大学生命、化学、材料、医学、物理、土木、光电、机电等仪器设备规模较大的 8 个学院已建立院级大型仪器设备共享平台；西丽校区测试中心、光电中心、电镜中心、磁共振成像中心等四个校级公共技术服务中心陆续建成,目前到位设备总值 1.4 亿元。

院级共享平台中服务面宽的贵重仪器设备和校级公共技术服务中心条件成熟设备已纳入学校贵重仪器设备对外开放共享的网络门户平台（gxpt.szu.edu.cn）。网络门户平台现有 275 台（套）贵重仪器设备提供对外服务,设备总值 2.7 亿元。

3. "双创"联盟平台

深圳大学"双创"联盟,由深圳大学创业园发起,以"鼓励创新,支持创业,互助共赢"为宗旨,通过大力扶持校内创业类学生组织发展,服务深圳大学学生和年轻校友创业,打造创客和创业者聚集平台,创造活跃的创客创业项目"流量",形成有投资价值的双创氛围。联盟已经聚集 27 个创业创客类校内学生组织、33 家社会孵化器以及投资机构、创新性创业企业、行业协会、法人社团等校内外机构近百家。联盟扶持校内创客创业类学生组织，繁荣创新创业文化，资助学生创客进行创业实践；对接校外企业、市场资源和社会资本，定期开展项目路演，搭建投融资平台，支持深港澳大学生团队在深创业，按照市场规则孵化创业；与企业合作，开发"创业实战"系列课程，由企业家、投资人、高管、技术专家等校外人士担任授课教师。深圳大学创业园通过"深圳大学双创联盟"资源平台，与腾讯、苹果、亚马逊（中国）、科大讯飞、华强集团、招联金融、深圳开放创新实验室等知名企业开展合作，邀请企业家、高管和技术专家，联合开设"创业实战"系列课程17门；与其中33家孵化器签约并挂牌深圳大学"大学生创业（创客）孵化基地"，共同支持大学生创业；投资人、企业家以讲座、沙龙、工作坊等形式，进入学校向大学生传授创业实战经验，指导学生创新创业。

4."双创"大赛平台

2017年"深创杯"全国大学生创新创业大赛，在国家科技部、教育部、财政部和中华全国工商业联合会指导下，由深圳市人民政府、科技部火炬高技术产业开发中心、深圳市科技创新委员会联合主办，23所全国高校单位联合承办，旨在支持全国大学生在"粤港澳大湾区"创新创业，推动全国高校深化创新创业教育改革工作的交流与合作，促进全国高校教师创新创业教育教学能力提升。

"深创杯"自2017年4月筹备以来，在"承办联盟"和"联合执行"单位的共同努力下，来自国内外27个省级行政区、51个城市（包含48个内地城市、中国香港、美国芝加哥和日本仙台）、85所高校的455个创新创业项目以及2268名大学生报名参赛。8月19日至26日，108个项目在深圳大学参加"深创杯"

半决赛。经过两轮评审，共 16 个晋级总决赛，8 个项目获得"杰出公益创业项目奖"，7 个项目获得"杰出创新项目奖"，10 个项目获得"杰出创业项目奖"，30 个项目获得"优秀创新项目奖"，30 个项目获得"优秀创业项目奖"。12 月 9 日和 10 日在深圳市蛇口价值工厂，开展 2017 年"深创杯"全国大学生创新创业大赛总决赛工作。16 个晋级总决赛的项目共同角逐 174 万元奖金，其中一等奖：20 万元，1 项；二等奖：10 万元，3 项；三等奖：5 万元，5 项；特别大奖"鹏城金鹰奖"：2 万元，7 个。指导教师额外获得 50% 奖金，所在高校组织单位额外获得 50% 奖金。200 万元大赛奖金均来自社会赞助。

（二）"双创"项目孵化与培养

1. "双创"项目交流培训

2017 年，深圳大学举行包括英国兰开夏大学创业训练营、"未来世界新艺术"创新创业分享会、海洋技术论坛、能源材料论坛、在孵企业路演、创新创客论坛、海洋产业技术专题论坛、通信技术专题论坛、IT 技术专题论坛、生物技术应用专题论坛、光电技术专题论坛、新材料新技术专题论坛等 50 余场创新创业活动，邀请英国兰开夏大学创业导师、日本 teamLab 团体实验室联合创始人工藤岳、著名设计师潘虎、坚果智能影院创意设计总监陈兴博等专家学者、企业家、高管，面向全校师生分享、传授创新创业实战经验。

2. "双创"项目实践训练

2017 年，深圳大学"学生创新发展基金基础实验项目"立项资助了 659 个项目；"大学生创新创业训练计划"立项资助了 116 项大学生创新创业训练项目，其中 40 个项目获 2017 年国家级立项，76 个项目获省级立项。"挑战杯"大学生课外学术科技作品竞赛立项 425 项、结项 386 项，创业赛报名 35 项、立项 23 项，广东省大学生科技创新 2016 年"攀登计划"18 个立项项目顺利通过结项验收。

此外，学校对本科生学科竞赛实行项目管理制度，2017 年，学校确定本科生学科竞赛项目立项 36 项，深圳大学本科生参加各级各类竞赛获奖 417 项，包括学科竞赛获奖 227 项，文艺、体育竞赛获奖 150 项，创新创业活动、技能竞赛获奖 40 项。

3. "双创"项目资助孵化

创业园于 2017 年 3 月发布《深港大学生创新创业基地（深圳大学学生创业园）2017 年创业项目资助申报的通知》，按照一般资助、专项资助和虚拟孵化开展资助工作，共收到 130 个项目申报。4 月 16 日，来自合作园区、投资机构、知名企业等方面的 23 位评委，通过资格审查、书面评审、面询或电话询问的方式，决出初审项目 37 个；5 月 4 日和 5 日，组织 25 位校外评委通过路演评审方式，对 37 个入园项目和 24 个出园项目进行评审。经过评审和管委会决议，对 22 个入园项目给予总额 100 万元资助，其他 108 项给予虚拟孵化；对 10 个出园项目给予总额 100 万元奖励，其他 14 项给予虚拟孵化。

创业园于 2017 年 10 月发布《深港大学生创新创业基地（深圳大学创业园）2017 年第二期创业项目资助申报的通知》，共收到 61 个项目申报，同时对第一期在园孵化的 32 个项目开展出园评审。经过评审和管委会决议，对 33 个项目给予总额 160 万元资助，其他 60 个项目给予虚拟孵化。

（三）外部资源嵌入

1. 深圳大学南山工业技术研究院

深圳大学南山工业技术研究院采用"政府支持启动，深圳大学组织建设，吸引企业共同参与"的建设模式，由深圳大学和南山区政府双方共建、共管。目前，工研院有两个孵化基地，共计3100平方米的办公面积。其中，位于南山数字文化产业基地西塔楼的场地面积为1400平方米，位于南山智园A7栋的场地面积为1300平方米。南山工业技术研究院科技成果转化率和科技企业成活率进一步提高。截至目前，所孵化的30多家企业均呈健康态势蓬勃发展，包括华明生物科技、阳光之路、无忧拍档等。于2015年引进台湾第四代免封装LED芯片与技术，通过南山工业技术研究院进行融资对接，已成功融资2100万元，进驻南山智园创新工场。

南山工业技术研究院积极引入如天使投资、风投、银行贷款等渠道，并与深圳市创展谷创新中心有限公司、东方富海投资有限公司、创东方投资有限公司、南山集团有限公司结成投资与战略合作伙伴。通过南山工业技术研究院进行投融资对接，在孵企业分别相应地获得了投资，其中几家得到了千百万级的投资：CSP–LED技术已成功融资2000万元，该技术与世界顶级企业相媲美，生产场地落实在南山西丽，即将成为中国LED新技术的引领企业；深圳市易飞行科技有限公司开发的植保无人机项目，成功融资680万元，该项目主要定位于农村植物保护之用，力求高智能、高稳定性等；深圳市聚宝通科技有限公司开发珠宝原材料跨境电商交易平台成功融资700万元，由深圳大学为互联网＋珠宝的跨境供应链交易平台搭建提供全方位的技术研发支持；地装互联网＋项目成功融资1000万元，作为国内第一家地装互联网项目，依托科技专利产品，以"标准化、产业化"全新的理念致力于打造国内地装第一交易平台。

2. 深圳大学龙岗创新研究院

深圳大学龙岗创新研究院是深圳大学与龙岗区政府合作举办

的二类事业单位，独立法人企业化运营，着力打造区域性"产业化中心、技术转移中心、创客中心"；建筑面积约两万平方米，建设研发实验室、创客空间、孵化器、培训中心，同时建有多功能厅、会议室和公寓等完善的配套设施。

研究院将全面引入深圳大学的创新平台、人才团队及创新项目等创新资源，构建龙岗持续应用研发与创业孵化平台和技术转移转化平台，为龙岗构建综合创新生态体系提供技术、平台、人才等资源支持。未来研究院将在新一代信息技术、生物医药、新能源、新材料、先进设备制造等领域引进创新人才（团队）及创新项目，形成以企业为主体、市场为导向、人才为核心、院校为依托、平台为支撑、政产学研相结合的创新体系。

2017年，深圳大学龙岗创新研究院顺利召开第一次工作委员会会议，通过一系列规章制度，引入深大教师入驻企业10家，创客企业入驻32家，研究院控股基金公司已完成基金备案，并开始募集资金。完成整体工程装修、展厅布展、宣传片制作等事宜，成功举行开园仪式。已完成第一批入驻企业的项目合同签订及科研资金的拨付。举办"创响中国"深圳站深大分会场活动、"第三届深圳国际创客周大运软件小镇分会场活动"、"第十九届中国高新技术成果交易会·创新创业论坛"、"深趋势"产学研项目对接活动—深圳大学新材料技术项目发布会等一系列产学研创新、创业、创客相关活动。与四川西部国际技术转移中心签署战略合作协议联合共建西部国际技术转移中心深圳分中心。与碧桂园控股有限公司、深圳广田集团股份有限公司、深圳市民德电子科技股份有限公司等上市公司和大型企业签署战略合作协议。

3. 深圳大学龙华生物产业研究院

深圳大学龙华生物产业研究院是深圳大学与龙华新区共同打

造的创新型产业化研究机构,致力于形成热带、亚热带农作物高科技育种核心平台,建设成国内领先、国际先进的现代高科技农业成果转化平台,成为龙华新区未来农业领域的新经济增长点。研究院拟建成实验室1380平方米,产业化基地153亩。

深圳大学龙华生物产业研究院的发展定位是:培养人才、农业增产、科技领先。研究院的发展规划是:团队研究以粮食作物水稻和玉米及珠三角地区喜爱的蔬菜番茄、菜心和小白菜为对象,研究团队重点研究水稻和玉米提早开花和增加灌浆期及饱满度的关键基因、改善水稻和玉米叶片直立性状从而利于合理密植和提高产量的功能基因、可增加番茄果实大小和果肉厚度的基因、延缓小白菜和菜心开花时间和增加叶片数目的关键基因。研究团队争取创造出一批品种优良易于被人们接受的农作物新材料并应用于育种,将打造新的农作物育种体系,为龙华区农业育种产业的发展提供支撑。研究获得的各种有商业化市场价值的非转基因作物新品种,都将报国家相关管理部门审批和进入新品种审定,以新的育种技术和育种材料为基础,打造新的农作物育种体系并进行市场推广,最终支撑和带动广东省尤其是龙华区现代农业的发展和进步。

4. 文化产业创新实践基地

目前已经建成两家文化产业创新实践基地,包括文化产业研究院与通明瓷爱谷文化创意园共建"文化产业创新创客基地",文化产业研究院与DCC展览展示文化创意园共建"文化产业创新实践基地"。

5. 深圳大学设计与艺术跨界创新实验室及双创实践基地

2017年10月,深圳大学与深圳市设计与艺术联盟签署《深圳大学 深圳市设计与艺术联盟创新创业示范基地合作框架协议》。根据协议，深圳大学于 2017 年 11 月成立"深圳大学设计与艺术跨界创新实验室"，深圳市设计与艺术联盟成立"深圳大学设计与艺术跨界双创实践基地"，意在利用"联盟"内创意产业的各行业协会、艺术机构、教育机构和金融机构等社会资源为学生提供创新、创业和实习基地，为教师提供智力转化出口，服务社会。

6. 比利时海外中心

成立深圳大学艺术设计学院比利时安特卫普皇家美术学院海外学习中心，培育创新国际化人才。2017 年 5 月 8 日，第一期 19 名学生及 2 名辅导老师、第二期 25 名学生及 2 名辅导老师均已顺利完成学习和交流任务回国，学生考评成绩均获得通过，获得相应学分。第三期 23 名学生及 2 名辅导老师现正在比利时开展学习任务。

7. 深港大学生创新创业基地

以创业园原有工作为基础，扩大创业资助的广度和精度，面向深港两地高校的毕业生开放资助，面向港澳台籍和少数民族籍学生开展专项资助。2017 年共有 10 个创业项目具有港澳台和少数民族大学生背景，其中深圳市极视角科技有限公司获得国家科技部中央财政专项支持。

8. 深圳大学专业型创客部落

由深圳大学创业学院牵头，学院学部和知名企业联合共建"深圳大学专业型创客部落"，在互联网、生物、新能源、新材料、新一代信息技术等战略性新兴产业，海洋、航空航天、生命健康等未来产业，以及先进制造和涉及民生改善的科技领域、文化创意领域，以课堂教学、创新实验、项目研究、创客育成、创业孵化等方式，开展创新创业型人才培养、创客团队培育、创业项目孵化和科研转化等方面合作。

已签约的创客部落有：

深圳大学消费金融创客部落（经济学院＋招联消费金融有限公司）

深圳大学新材料创客部落（材料学院＋深圳市赛瑞产业研究有限公司）

深圳大学工业设计创客部落（艺术学部＋深圳市佳简几何工业设计有限公司）

深圳大学硬件创客部落（创业学院＋深圳华强聚丰电子科技有限公司）

深圳大学智能管理创客部落（管理学院＋深圳量点科技有限公司）

正在洽谈中的创客部落有：

深圳大学码客部落（计算机与软件学院＋腾讯控股有限公司）

深圳大学花粉创客部落（创业学院＋华为技术有限公司）

深圳大学乐客部落（师范学院＋广州酷狗计算机科技有限公司）

深圳大学食品安全创客部落（化学与环境工程学院＋深圳民声第三方监管有限公司）

二 "双创"教育基本特色

（一）教育教学特色

1. 领导部门重视

2015年6月，深圳大学成立校长挂帅的大学生创新创业工作领导小组，下设大学生创业活动工作小组和大学生创新活动工作小组，分别由两位分管副校长牵头负责，领导小组成员包括教务、学生、科研、研究生、共青团等相关部门的主要负责人，齐抓共管。学校将创新创业教育列入重要议事日程，定期研究，全力推进。

2016年3月，学校成立深圳大学创业学院，由分管副校长担任院长，教务部等有关单位主要负责人担任副院长，通过定期的院务工作例会制度和参建单位实体项目的品牌化运营制度，承担了全校创业教育的统筹协同、资源整合的功能和任务。学院汇聚全校教学科研资源、行政后勤资源、校友社会资源，共同打造"课内＋课外""校内＋校外""线上＋线下""理论＋实践""精英＋大众"模式的创业教育品牌和工作平台。

2. 课程形式创新

学校不断优化人才培养方案，创建"创新创业实践与学生发展"课程模块，将创新创业教育全面纳入培养计划。注重将创新创业元素融入专业课程体系，打造一批特色鲜明、理念超前、科教融合、内容先进的品牌通识课程和品牌专业课程，目前立项在建品牌通识课88门，品牌专业课77门。面向全体学生开设"创新研究短课"并纳入学分管理，"创新研究短课"设置科研项目短课、专题研讨短课、专技实践短课和学院特色短课四类，短课要求以学术研究性、学科前沿性、探索实践性为开课原则，以培养学生创新意识与实践能力为目的。近两年共开出创新研究短课178门。

面向全体学生开设以创业兴趣引导课—创业通识课—创业专长课为主线的创业系列课程，目前开设创业通识课27门，创业专长课10门，并纳入学分管理。

学校牵头成立的全国地方高校UOOC联盟发展迅速，较好地支撑了学校的创新创业教学，效果良好。学校制定《全国地方高校 UOOC（优课）联盟 MOOC 课程质量与学分互认管理办法》《深圳大学关于推进在线教育的实施意见》等规章制度，加强在线开放课程的质量保障和学分互认。学校重视创新创业教材建设和案例教学。由深圳大学陈德明副教授主编的高校创业指导课基础教材《大学生创业规划》荣获"第四届中国大学出版社图书奖优秀教材一等奖"。

3. 教学教法创新

学校在全校 30 个特色实验班、178 门（2015—2016 年）创新研究短课以及部分专业课中普遍采用小班化教学，提升学生学习的主体地位，强调师生互动，倡导启发式、研讨式、探究式、参与式教学。

学校推广过程性考核，通过考试带动学生学习方式的转变，近一学年采用过程性考核为主的课程达到 876 门次。在非实践类的专业课程考试中增设提高型附加题，采用非标准答案试题，重点考查学生对课程知识的理解、综合和应用。

学校建有 31 个教学实验中心，覆盖全校学生，满足教学实验和学生创新实践的需求。学校实施实验室开放计划，支持本科生早进课题、早进实验室，培养学生的创新精神和实践能力。学校早在 2009 年就设立了学生创业园，并于 2016 年进行了升级改造，现有园舍 2000 平方米，设有创业办公区、众创空间、创客咖啡、路演培训室、创意互动角、社团交流区等公共服务空间，支持学生创客活动和创新创业。

学校扎实开展"大学生创新创业训练计划"，通过制定实施《深圳大学"大学生创新创业训练计划"项目管理办法（试行）》规范运行管理，五年来合计立项 362 个学生创新创业训练项目（其中国家级 160 项），每个项目给予 3000—10000 元经费资助。学校大力开展如"挑战杯"竞赛、"一院一赛"等科技创新活动，2015—2016 年度，学校本科生参加各级各类竞赛获奖 588 项。

学校发起"深圳大学创业者联盟"，凝聚 23 余个校园创客创业类学生组织和社团，组织开展创新创业培训、论坛、讲座、竞赛等丰富的校园文化活动。

4. 教学管理创新

学校的人才培养方案不仅强调创新创业教育全面融入学分课程体系，还专门单独增设了学生毕业所要求的"基本实践课程""创新研究课程""创业指导课程""学生发展课程"以及"自主课外实践"等五方面不低于 18 学分的创新创业教育的修读课程，并配套制定了《深圳大学本科生"创新创业实践与学生发展"课程管理办法》。《深圳大学本科生创新学分认定办法》明确了创新创业学分认定与转换机制，该办法囊括了学术论文、学科竞赛、文学艺术、科研项目成果、发明创造、创业、体育和专业资格技能证书等八类与创新创业教育密切相关的教育教学活动，规定了学分认定的类别、要求、标准和转换办法。

学校设置独立的"创新创业实践成绩单"，为每一位学生修读创新创业课程、参加创新创业实践建档立卡。《深圳大学本科生学籍管理办法》明确规定"学校实行弹性学制，最长为八年"，允许学生休学创业。《深圳大学本科生先进个人评选及奖学金评定办法》设立"学术创新优等生"奖项，奖励在学术理论研究、科技发明创造方面取得成果的优秀学生，按成果级别评定奖学金等次，不设比例和限额。《深圳大学大学生科技创新竞赛奖励办法》对获得各级各类科技竞赛成果的学生予以学分认定、推免生资格等奖励,同时对竞赛指导教师除工作量奖励外,给予视同发表高级别研究论文的奖励,用于指导教师申报职称、评选学校高水平科研成果奖。

5. 师资队伍保障

学校建立了一支专职教师队伍承担创新创业系列课程的教学工作。通过"深圳大学创业者联盟"汇集的商业孵化器、风投机构、创业教育机构、资源型企业等社会机构,引入科技达人、创业先锋、企业高管、风险专家等社会专业人士,开设了《股权设计与公司治理实务》《营销精英实战班》等一系列创业实战课程,形成了一支创新创业教育的校外师资队伍。学校通过与教育部高校毕业生就业协会和中国创业智库合作,共同打造企业家创业导师库,指导学生创新创业项目的管理和运营。138名企业家和公司高管被聘为创业导师。学校积极组织教师参加创业咨询师职业资格鉴定培训(国家人力资源和社会保障部举办)、创业培训 SYB 课程师资培训(国家人力资源和社会保障部举办)、创业指导师职业岗位能力培训(国家人力资源与社会保障部举办)、高校创业指导师培训(全国高等学校学生信息咨询与就业指导中心举办)、创业导师认证培训(教育部高校毕业生就业协会举办)、创业指导师培训(中国高级公务员培训中心举办)、创新创业研修(清华大学举办)、创新思维导师 DDT 培训(新锦成职业发展研究院举办)等各类创业教育师资培训,支持教师参加各类创新创业教育经验交流活动。

(二)"双创"人才培养特色

1. 促进了"双创"人才的自由流动

深圳大学创业学院成立"深化双创教法实践中心",联合企业开设"创业实战"课程,聘任资深创客李大维、知名创客郝云慧、创客教育专家徐明、技术专家杜伟强、企业家于红昶等一批企业家、高管、工程师全程担任学分课程导师。

学校建有 31 个教学实验中心，覆盖全校学生，满足教学实验和学生创新实践的需求。学校实施实验室开放计划，支持本科生早进课题、早进实验室，培养学生的创新精神和实践能力。深圳大学教务部，通过立项资助方式，鼓励教师创新开设创新创业课程，2017 年共开设创新研究短课 105 门，创业通识课 27 门，创业专长课 10 门，创业实战课程 17 门，持续建设双创教育特色班 10 个，基本形成创新创业教育课程体系。

学校技术转化中心通过制定技术转移机构改革、技术转移专业人才培养、科研人员双向流动方案，协调相关部门制定科技成果转化与科研人员职称评审、考核、离岗创业制度。目前已组织 4 名工作人员参加培训，获得技术转移经纪人证书，4 名教师离岗创业。

2. 加速了"双创"成果的转化

深圳大学颁布《深圳大学科技成果转化办法》，鼓励科研成果转化，规定："学校将科技成果一次性转让他人或许可他人使用的，从转让或使用该成果的净收入中提取 85% 奖励成果完成人（课题组）；提取 10% 返还成果完成人（课题组）所在学院（科研机构）（各学院根据国家省市相关文件精神制定具体奖励办法）；提取 5% 作为学校科学技术部技术转移工作经费。"一次性转移转化的净收入中 85% 奖励给成果完成人及团队，可选择以下两种方式提取：（1）一次性全额提取，并依法缴纳个人所得税。（2）设置校内科研经费卡，参照横向科研项目管理。

学校颁布《深圳大学科研管理费管理办法》《深圳大学科研奖励办法（人文社会科学类）》《深圳大学科研奖励办法（自然

科学类)》《深圳大学科研平台发展经费管理办法》《深圳大学学术著作出版基金管理办法》《深圳大学纵向科研项目管理办法》《深圳大学纵向科研项目间接费用管理办法》等，发布《深圳大学关于进一步支持科学研究相关政策的通知》等，建立健全科技成果转化管理办法和统计报告制度。已建"深圳大学技术转化中心"，筹建"深圳高校技术转移联盟""深圳大学文化创意版权登记中心""文化创意网上交易平台"等技术转移服务机构和平台。

以深圳大学龙岗创新研究院所属投资管理公司为基础，建设"科技创新创业发展基金"，吸引校友、社会和海外机构等共同投资，计划基金规模2018年1亿元，2019年2亿元。

3. 构建了"双创"支持体系

深圳大学创业园于2009年建立，成立以分管校领导牵头，由校长办公室、人力资源部、监察审计室、计划财务部、后勤部、研究生部、学生部、团委、教务部、实验与设备部、科学技术部、社会科学部、校友会等部门负责人组成的创业园管理委员会，统筹协调创业园的发展和管理。园区工作人员现有6人，面积为2000平方米，学校以购买服务的方式引入专业咨询顾问机构，为有创新创业意向的在校学生提供系统的创业辅导培训，对大学生的创业项目和创业团队进行咨询、诊断、信息、事务中介等一站式服务，包括政府创业扶持优惠政策、补贴政策以及工商、法律和税务的咨询和代办。

学校联合深圳市教育局、市外办（港澳办）、团市委、深圳职业技术学院等单位，共同发起成立"深港大学生创新创业基地"，旨在建设服务两岸四地青年大学生的创新创业教育实训、初创企业公益孵化、成熟企业加速孵化、企业集群创新生态等四大平台，聚集创客、创意、创新、项目、资本、产业链和市场，集成创业教育、创业实训、创业孵化、创企融资、股权众筹、创客空间等功能，为两岸四地青年大学生提供一站式创业服务的"众创空间"。

学校创业园发起"深圳大学创业者联盟"，凝聚25个校园创客创业类学生组织和社团，组织开展创新创业培训、论坛、讲座、竞赛等丰富的校园创新创业文化活动。2015年以来，创业园与33家社会孵化器合作建设"深圳大学大学生创业（创客）孵化基地"，以"双向进驻"模式开展合作，有效拓展了创新创业实践教育资源。此外，学校与华强集团签订协议，华强集团捐款2500万元设立"深圳大学华强创新创业专项基金"，合作建设大学生创客育成中心；海岸集团每年捐款100万元，设立"深圳大学海岸创业基金"。

学校充分利用中央财政支持地方高校建设专项资金、高水平大学建设专项资金、日常办学经费和社会捐助，设立"深圳大学学生创新发展基金"，每年安排资金超过1000万元用于资助学生创新创业项目，提供资金、指导、活动场所、交流平台。创业园发布《深港大学生创新创业基地（深圳大学创业园）创业项目资助指南》，努力运用市场机制，优化资助周期和模式。2017年创业园共支持65个学生创业项目成立公司，资助金额360万元。

4. 完善了"双创"支撑服务体系

建立和完善学校科研平台开放共享机制，将分散在校级公共技术服务中心、重点实验室、工程中心的贵重仪器设备进行整合，构建深圳大学贵重仪器设备对外开放共享的网络门户。以政策为导向，推动深圳大学仪器设备面向企业和社会的对外开放，为社会经济服务。同时建立以用为主、用户参与的评估鉴定机制，提高科研设施向社会服务的数量和质量。

三 "双创"教育的发展与展望

（一）加快"双创"教育国际化发展

充分利用创业学院现有资源，探索高校创业学院联盟建设，与美国旧金山湾区、日本东京湾区合作，结合粤港澳大湾区建设，组建国际湾区双创联盟；与北京航空航天大学合作，启动智能机器人双创工程中心建设；继续举办"深创杯"全国大学生创新创业大赛；完善"中国地方高校深创联盟"组织运行机制，探讨创新创业教育改革。

（二）鼓励"双创"与科研和实验室的融合

鼓励具有前瞻性研究的科技项目负责人开设科研创新研究短课，让大学生及时了解最新科技研究动态，激发科研创新兴趣，提高创新能力。每年依据科研负责人申报情况，不断开发和完善科学研究探索课程。

依托学校国家及省市重点实验室、工程中心、人文社科研究基地等科研平台，设立面向大学生的各类创新课题，配备指导教师，培养大学生源头创新能力，激发学生科学研究及创业动力，营造创新创业良好氛围。创新实验室建设不少于30个。

（三）创建多种形式的"双创"空间

依托各个学院教学实验室，提倡学科交叉，创建创客部落，利用学校现有场地，建设拥有1000平方米场地的大学生创客育成中心、大学生跨境电商双创中心，搭建"跨境电商"创业实战平台，孵化跨境电商企业。利用南山工研院、龙岗创新研究院、坪山生物医学转化研究院和龙华生物产业研究院场地，建设校外创客空间，为校友创业做好平台衔接。计划每年培育60个创客团队，30个创客产品。

（四）进一步加强"双创"基地建设

为贯彻落实市委、市政府提出的建设国家级自主创新示范区、打造国际创客空间、建立粤港澳大湾区创新联盟等重要战略举措，加快"大学生创业园"改造，西丽校区创业园及"深港大学生创新创业基地"建设，涵盖创业教育、创业实训、创客空间、创业孵化、创企融资、股权众筹等功能，形成完整的"创客—项目—资本—产业链—市场"生态系统，为深港大学生创客提供一站式创业服务。

依托学校文化产业研究院国家级平台，推动深圳大学文化创意版权登记中心、文化创意网上交易平台、文化产业创新实践基地建设。举办原创音乐节、"印象杯"设计大赛，推荐获奖作品与企业合作，促进产业化。同时，依托"广东省文化产业与新媒体后备人才培训基地"及"深圳市文化产业教育与培训基地"品牌，开展文化创意产业专项培训。

（五）进一步完善"双创"资源共享平台建设

依托深圳大学技术转移中心为国家级技术转移示范机构品牌，牵头发起成立"深圳高校技术转移联盟"，吸引深圳地方高校及入驻虚拟大学园高校加盟，整合各个高校科技成果及科研团队资源，打造科技信息交流、交易、共享平台。

依托深圳大学"一带一路"研究院、中国经济特区研究中心、传媒与文化发展研究中心、创新型城市建设与治理研究中心等校内人文社科类研究基地，开展双创理论研究，面向师生设立双创研究课题，探索双创未来发展方向，培养学生源头创新能力；充分利用校内人文社科领域的教师资源，联合校外相关专家，举办高校深化创新创业教育改革研讨会、创新创业交流培训沙龙，提高广大师生创新创业意识，营造校园创新创业氛围。

第六节 秉承"以学生为本"，提升学生事务服务质量

深圳大学学生事务服务中心（深圳大学党群服务中心）是学校通过整合资源，集中办公，优化办事程序，为广大学生办理各种事务提供"一站式"便捷服务的场所，是一个集事务办理、咨询服务、信息发布、师生交流、党群服务、育人培养等功能于一体的新型学生工作平台。

中心坐落于深圳大学后海校区学生活动中心一楼，服务中心设有接待大厅、人工服务窗口、自助服务区、会议室和中心办公室等多个功能区域。自成立以来，学校各职能部门陆续进驻业务，目前业务进驻服务中心的校内部门有党政办、教务部、后勤部、学生部、研究生院、校团委、组织部、安全保卫部、计划财务部、资助中心、就业指导中心、社区管理中心、档案馆等多个单位，校外部门有深圳市粤海街道深大社区工作站、广东铁青国际旅行社等，设有人工服务窗口 10 个，自助服务区 1 个，休息区 1 个，会议培训室 1 个，提供事务办理和咨询服务。

2017 年 12 月，学生事务服务中心升级为双中心并行，挂牌"深圳大学党群服务中心"，成立学生事务服务中心党支部、事务中心工作团支部，积极开展党建、团建工作，打造党建、团建基地，"凝聚党心，服务师生"。

在校领导的关怀与重视下，学生事务服务中心提出"关注需求、专业服务"的服务理念，"微改进、不停步"的团队工作要求，加强自身建设，以打造"中国高校最好的学生事务服务中

心"为目标,逐步提升服务水平。

一 服务平台,提升学生事务服务质量

中心以"关注需求、专业服务"的服务理念,通过办事流程书面化、服务规范标准化,服务可评估化等措施,开展线下的服务大厅和线上多渠道服务平台相结合的模式,为深大师生提供多样化服务。近五年在深大校内服务单位满意度测评都位居前两名。

截至2018年9月,线下可提供超过60大项、100多小项服务业务(见图2—3),全年开放约300天,线下日均服务超600人次,全年服务12万人次。线上服务平台依托官方微信、官方微博、官方信箱等,进行信息发布、功能查询、舆情监控等工作,提供教务类、生活类线上功能服务超过30项,全年点击访问量超50万人次;在线服务24小时开放,全年无休;"深大事务君"个人微信号日均咨询量超200人次。

为更好地落实《深圳大学文化创新发展纲要》,事务中心监管校内多项延伸服务,如深大南区简阅书吧、深大快递中心、自助售卖机器等。深大简阅书吧于2016年12月开业,2017年共举办大小文化类活动近150场,包括讲座、读书分享会、艺术教学、展览、文化类比赛等内容,直接参与师生人数超6000人次;组建专属社团"深大简创艺文创新部落",组织和承办各类校园文化活动,并于2017年11月获广东省"最美阅读空间"称号。深大快递中心以"努力提升师生使用快递的业务体验"为宗旨,为深大学子提供多元化勤工助学岗位,全年无休,高峰期快递数量超2万件/日。设立校内自助售卖机器巡查团队,对各类自助售卖机器进行定期巡查反馈,根据校内师生需求,引入相关设备,关注深大师生需求,更专业地提供服务。

深圳大学　学生事务服务中心业务窗口办事指引

1号窗口	2号窗口	3号窗口	4号窗口	5号窗口	6号窗口	7号窗口	8号窗口	9号窗口	10号窗口	自助服务区
团务咨询	研究生教务咨询	实验报告纸购买	综合事务咨询	毕业生事务咨询	同5号窗口	住宿业务咨询	综合事务咨询	勤工助学工时签核	综合事务咨询	中英文成绩单自助打印
教务咨询	研究生就业创业政策咨询	本科生学生证补办		就业协议申领		学生入住申请		贷款信息签核	假期汽车票购买	中英文在校证明自助打印
出国（境）交流项目咨询	研究生就业协议申领	国内交换生事务		就业报到证申领及发放		学生调宿申请		奖助奖状领取	假期火车票代购	中英文预毕业证明自助打印
后勤事务咨询、投诉	研究生毕业生改派的办理	推免及活动派票		毕业生改派补办		学生离校手续住宿业务办理		医保卡领取	激光打标	英文学历学位证明自助打印
学杂费缴费咨询	研究生就业推荐表补办	火车票优惠卡办理		就业推荐表补办		*本窗口业务仅针对全日制计划内学生		医保事务咨询		火车票自助打印取票
	研究生讲座记录本领取			暂缓证明及派遣证明办理				活动报名登记		校园通圈存、充值
	研究生校园卡更新登记							失物招领		深圳通购卡、充值
	研究生英语四六级证书领取							放假证明开具		火车票优惠卡自助充磁
										自助打印、复印

图2-3　学生事务服务中心业务窗口办事指引

以"微改进、不停步"的团队工作要求,事务中心始终鼓励各进驻部门持续引入各项师生需要的业务,并根据校内师生的各类建议,满足多种形式的办事需求,提高学生事务服务质量。

二 交流平台,鼓励师生共建民主管理

中心积极参与、搭建校内师生交流平台,针对不同主题,举办或协办如"书记下午茶""校长午餐会""每月一席谈""专题座谈会""荔事话你知"等,鼓励师生积极参与学校的民主管理,了解学生关注的热点,打造师生面对面交流平台,及时跟进相关问题并反馈处理结果。

(一) 书记下午茶

作为一所年轻的大学,不拘一格,广开言路,深入学生的领导作风是深大的特色。深大学生以各种形式积极投入到学校的日常建设和管理工作当中,学生事务服务中心因此举办"书记下午茶",每学期开展两次到三次,邀请深圳大学党委书记刘洪一教授与相关部门负责人,以更加轻松活跃的下午茶氛围,与师生举办下午茶交流活动,就各类话题畅所欲言,让交流面对面,使沟通零距离。

(二) 校长午餐会

每月最后一周的某天中午在学生餐厅举行,通过学生报名、随机抽取 15 名学生参加。李清泉校长与学生共进午餐,轻松交流。校长先通报学校近期的发展动态,接着学生自我介绍自由提问,或反映学习生活中存在的困难。校长一一回应学生关心的问题,听取对学校教学、科研和服务等方面的建议。事务中心参与其中并跟进会上涉及问题,及时转介、处理并反馈给全校师生。

（三）每月一席谈

为加强学校与学生之间的交流与联系，搭建对话沟通、建言献策的平台，广泛听取同学们的心声，举办"每月一席谈"，每场邀请一位副校长及相关部门负责人，与学生代表及校媒代表面对面交流，广开言路，让同学们为学校发展规划出谋划策，培养同学们自主管理、自主服务的主人翁意识，发扬深大"三自"校训精神，营造师生共建和谐美好荔园的氛围。

（四）专题座谈会

针对学生关注的校园热点话题，召开专题座谈恳谈会，邀请话题涉及相关部门负责人、学生组织代表、校园媒体代表等，围绕热点话题进行讨论恳谈，如斋区宿舍恳谈会、教务系统座谈会等，充分发挥学生主人翁意识，为深大发展建言献策。

（五）荔事话你知

为搭建校园大型新闻通知的发布平台，增加学校部门与校园媒体、学生团体的沟通渠道，中心创建全新信息发布平台——"荔事话你知"。采用校园新闻发布会模式，邀请校园各类媒体、自媒体、学生团体代表出席发布会现场，由有需求向全校学生发布信息的部门代表进行现场发布，并设有媒体问答环节。

对于这一全新非传统的校园交流平台，以下将分享一个案例：

2017年11月1日的下午，在深圳大学学生事务服务中心（以下简称中心）的会议室里，坐满了来自校内各类学生媒体、学生组织的代表。他们在听取基建部领导与老师关于学校近期基建工作的介绍，并与老师们进行了热烈的讨论。

因近期校内的基建项目较多，施工的噪声、粉尘等引起了部分学生的不满，投诉较多，校内的一些微信公众大号纷纷谈论此事，形成了一定的舆情。中心邀请了学校基建部的领导和老师，举办了一场面向校内学生媒体和学生组织的"荔事话你知"。活动中，基建部介绍近期学校正在建设的项目进度、规划，并着重介绍了采取的降噪、抑尘措施，同时公布了24小时投诉热线。学生代表也就大家普遍关心的问题进行了提问，基建部老师也一一作答。在面对面的沟通中，学生对学校的建设规划有了较深入的了解，对基建部采取的有关措施也表示了认同。活动中曾有同学一开始言语激动，针锋相对，但经过与基建部老师的坦诚沟通后，对学校的措施有了更多的了解和理解，最后表示感谢基建部老师们的辛勤工作。活动后，这些内容通过学生媒体和组织传播出去，让广大学生知情，争取了理解，缓解了舆情压力。

"荔事话你知"是学生事务服务中心党支部书记提出的类似于校园新闻发布会的一个新颖的信息发布平台。过去学校里在新政策实施、旧措施调整时，常常只是通过公文通发布一个通知，信息单向传递，信息传递渠道单一，学生没有机会询问获得更多的信息。有时会出现因信息沟通不畅，导致学生不理解新政策、新措施，以致工作推进遇到较大阻力。

学校各部门新政策、新措施的推出，不能一推了之，还要让师生们知情并争取到大家的理解，以利于相关工作的推进、落实。仅依靠以往官方渠道发布通知，传播面有限，传播效率不高。搭建"荔事话你知"这种新型的校园信息发布平台，充分利用学生媒体和组织的作用，丰富了传播渠道，特别是主动发声，引导了学生舆论，争取到舆论的支持。

为把这个活动办好，支部书记带领支部里的师生，细心筹备。广发"英雄帖"邀请各部门、"动员"各部门来参加这个活动。积极联系校内的各类学生媒体（包括影响力大的大V自媒体）和组织，还贴心地为参加活动的学生代表准备小礼物。

通过参与这个活动，学校的各管理部门渐渐意识到要换位思考，增强服务意识，注重公共关系建设。主动发布信息、面对面回答学生的提问，这些对各部门的工作提出了更高的要求，也推动各部门在制定政策、措施时更注重合法、合规性，更注重听取学生们的意见。但成功参加活动的部门也尝到了"甜头"——公众的更加理解，校园舆论的支持，建立了更好的公众形象。学校的教务、国际交流、基建、保卫甚至辖区派出所都参与过这个活动，有些部门还多次参与，甚至主动要求替他们组织。

"微改进、不停步"是中心支部的工作理念。大的改进也许很难，但微小的改进是可能的，也是可行的，每一个微小改进的积累就是大的进步。这种微改进永远不会停止，将一直持续下去！

截至2018年6月，举办校长午餐会超32场，书记下午茶6场、每月一席谈超19场、荔事话你知5场等各类师生交流活动，包括教职工专场、研究生专场、新生专场、西丽校区专场等。跟进反馈大小事务近千项，听取学生的意见，引导学生增强校园主人翁意识，参与学校的民主管理，为学校建设发展建言献策。

三 育人平台，打造职场素养实训基地

中心打造深大首个职场素养实训基地，培养专业服务团队与后台技术团队，为深大学生提供与社会接轨的平台。

中心大厅一线服务团队全部由学生组成，实行职场化管理，从总经理到柜员共设立四个层级岗位，分职级管理，为不同特质的学生提供不同晋升空间，有效稳定员工队伍；参照银行营业厅的管理及服务规范进行管理，制定符合中心的制度条例，以标准

化引领规范化；根据业务实际需要参照企业划分"行政线""业务线""人财线"三线联动，辅以"管培生"制度，不拘一格培养职场人才。大厅技术团队也是由学生自行组织、自行管理，负责中心管理软件的开发维护等工作，目前已孵化出两家学生创业公司。

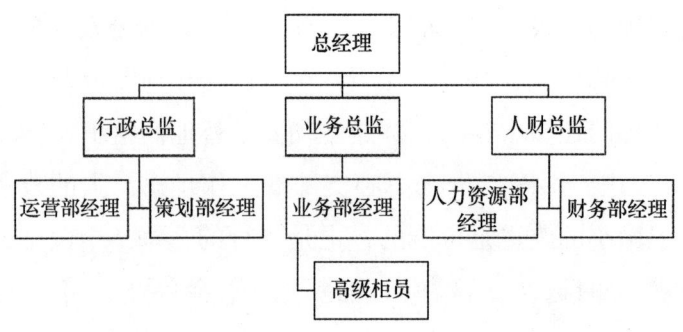

图2—4　学生事务服务中心学生团队架构

在团队建设方面，中心根据团队特点，有针对性地开展各类专业培训、技能培训、领导力培训等，从校外专业导师定制化培训，到中心内部培养内训师，促进学生教育和自我发展，增强立德树人的教育实效；创造机会带领学生前往体验真实职场环境，截至2018年已在浦发银行、平安银行、比亚迪、腾讯、阿里巴巴等多家企业留下了学生探索职场的脚步。而每年暑假，更将学生们带出校门，遍布大江南北的脚步，学生们从立项起自主完成的各类社会实践，每年历时近半年，各种落在实处的实践项目结果，无一不践行着深大"三自精神"的校训。荣获2017年深大暑期社会实践十佳团队银奖、2018年深大暑期社会实践标兵团队金奖、短视频大赛二等奖等多项荣誉。

中心以培养更加职场化的专业服务团队、建立更实际的服务评价机制为己任，以为校内外师生提供更高满意度的服务为目标，争取为孵化学生创业团队提供更多机会，将校内成果扩大化，年均培养勤工助学学生100余名，为学生未来踏入社会打造更贴近职场的过渡平台。

四　党建平台，发挥党员先锋模范作用

根据市委《关于大抓基层大抓支部强化城市基层党建的若干措施》的通知要求，2017年，深圳大学在学生事务服务中心的基础上，打造党群服务中心，以标准化引领城市基层党建规范化，规范提升校园服务水平。

（一）建立首个校内党群服务平台，凝聚党心

在国内高校创新性建立高校党群服务中心，建立中心党支部、工作团支部，将党员服务落到实处。一方面，着力发挥基层党组织的政治引领作用，搭建党员发挥先锋模范作用的平台，党员干部直接参与到中心工作中去，充分发挥党员模范带头作用，实现"中心抓党建，党建促中心"。另一方面，着力提高党员发展质量，在服务群众的实践中，发现引导优秀青年向组织靠拢，考察入党积极分子的政治觉悟、思想品质和现实表现，教育培养发展其为合格的党员。

（二）引入社区党群服务中心项目，服务师生

从2018年11月起，中心与深大社区工作站（深大社区党群服务中心）进行合作，引入更多服务校园师生的业务，如居住登记、退伍军人登记、志愿者招募、老人优待证办理、党员服务咨询等，将中心业务拓展到面向校园里的每一位师生及其家属，将"服务师生"的理念落实到日常的每一位办事师生、每一项事务办理、每一次咨询接待中。后续将挂牌社区党群服务中心服务

点，征集师生意见，引入更多服务业务，丰富服务体验。

（三）联合培养学生入党积极分子，推优入党

中心年均向各学院推送优秀学生入党积极分子五人至六人，在中心的工作实践中发现、培养、推荐优秀青年学生，和学院联合发展学生党员，向各党支部输送优秀人才，努力做到"心中有党，党在身边"。

2017年深圳大学学生事务服务中心勤工助学团队获"深圳市共青团员先锋队"称号，2018年深圳大学学生事务服务中心党支部获全省教育系统基层党支部组织生活创新案例三等奖、深圳大学"三型"党支部称号。

第七节 紧贴思想政治工作本质，推进辅导员队伍建设

为深入贯彻落实党的十九大、全国高校思想政治工作会议精神和《中共中央 国务院关于加强和改进新形势下高校思想政治工作的意见》《普通高等学校辅导员队伍建设规定》文件精神，根据《深圳大学文化创新发展纲要》工作部署，深圳大学先后制定《深圳大学辅导员岗位管理办法（暂行）》《辅导员岗位配置方案》和《深圳大学辅导员思政工作专项考评办法（试行）》，并采取一系列措施，不断加强辅导员队伍建设，为学生思想政治教育的科学发展提供有力保障。

一 优化工作模式，完善工作机制

学校自2002年组建辅导员工作办公室，陆续选聘数十位专职辅导员，进驻学生社区，开展属地化的学生思想政治教育及管

理工作，逐步形成"学院＋社区"学生思想政治教育工作模式。在实际工作中，由于学院辅导员与社区辅导员的工作边界不够清晰、权责分配不够均衡，两支队伍未能形成最大合力。为进一步加强和改进深圳大学学生思想政治教育工作，提升育人实效，为深圳大学高水平大学建设提供基础性服务，学校决定优化学生思想政治工作模式，调整辅导员岗位配置，并于2017年11月颁布执行《辅导员岗位配置方案》。方案以落实学院思想政治教育的主体责任、逐步配齐建强辅导员队伍为具体目标，将社区辅导员充实到学院辅导员队伍中，撤销原社区辅导员岗位，学生社区属地化的思想政治教育及管理工作交由学院负责，辅导员工作办公室调整为学校辅导员队伍建设及管理的专职机构。方案进一步梳理了辅导员的工作机制，要求每名辅导员负责约200名学生的日常思想政治教育工作，建立师生逐一对应匹配名册，任务包干，工作到位，责任到人；要求全体辅导员在依托学院履行好学生思想政治教育主体责任的同时，将工作重心延伸到学生社区，在学生社区设立辅导员值班室，实行365天×24小时全天候轮值工作制，同时辅导员每周固定两个时间段（15：00—22：00）深入学生社区开展工作，原则上所负责的学生宿舍每个月至少走访一遍，重点对象要重点关注。方案强调辅导员在学生社区主要负责公共安全教育管理、文明养成教育、社区作息秩序维护、矛盾问题调解、突发事件干预等工作，要求辅导员工作办公室加强全校辅导员的监督检查和考核，并作为辅导员年终绩效考核、职级晋升的重要依据。

二 规范岗位管理，加强制度保障

为切实加强深圳大学辅导员队伍建设，促进辅导员岗位管理规范化、制度化，推动辅导员队伍专业化、职业化发展，学校制定了《深圳大学辅导员岗位管理办法（暂行）》，并于 2017 年 11 月颁布执行。

（一）优化岗位配置

学校明确规定按师生比（含研究生）总体不低于 1∶200 的比例，设置专职辅导员岗位。同时根据实际情况，将专职辅导员岗位分为全责和专责类。全责岗位是指隶属学院全职从事学生日常思想政治教育和学生公共事务服务管理工作的岗位，专责岗位是指依托学院从事学生日常思想政治教育专门工作并承担所在单位管理工作的岗位。专职辅导员选配在校党委统一领导下，由用人单位提出申请并组织推荐，经辅导员工作办公室审核，报学校审批同意，其中，全责岗位由学校组织考试、选定、聘任，专责岗位由学院面向校内选聘，报学校批准转岗、聘任。专责辅导员的设立，在很大程度上缓解了由于全责辅导员人数不足造成的压力，同时也更好地整合了全校的学生工作力量，形成全员育人的大德育格局。

根据工作需要，学院可从优秀专任教师、研究生和高年级本科生中选聘一定数量的兼职辅导员，协助开展学生日常思想政治教育和学生公共事务服务管理工作。其中，专任教师兼职辅导员的，可由学院核定一定的公共服务工作量；研究生、高年级本科生兼职辅导员的，可设定为校内勤工助学岗位，除享受勤工助学岗位报酬外，经考核合格后，还可享受不超过勤工助学岗位报酬标准 50% 的奖励性绩效酬金。辅导员兼职岗位由学院面向本单位选配，报辅导员工作办公室核定、备案。

（二）严格选聘标准

学校严格按照政治强、业务精、纪律严、作风正的标准，坚持德才兼备和全面发展、竞争择优与人岗匹配、优化队伍结构及公平、公正、公开的原则，从具有全日制本科以上学历和相关专业背景的应聘者中遴选具有较强的组织管理能力、综合分析能力、沟通协调能力、文字表达能力和具备开展思想理论教育和价值引领工作的能力的优秀人员，重点考察他们是否具备热爱学生思想政治教育事业，是否愿意长期从事学生思想政治教育工作，是否乐于奉献，勇于创新，是否有较强的事业心和责任感以及是否身心健康，具备辅导员岗位所必需的身体素质和心理素质，严格把好入口关。

（三）明确岗位要求与职责

为加强岗位管理，提升辅导员综合素质，促进辅导员不断增强工作积极性和主动性，开创性地开展工作，学校从以下五个方面明确了辅导员的岗位要求：主动学习研究学生思想政治教育的理论与方法，遵循学生思想政治教育规律，坚持继承与创新相结合，创造性地开展工作，促进学生健康成长与成才；主动思考研究学生党团组织建设的规律性和前沿性问题，不断丰富党团建设工作经验与理论素养，发挥党团组织在学生思想政治教育中的重要作用；研究把握心理健康教育、危机事件应对、职业生涯规划与就业指导工作的规律，积极创新学生事务管理的理念和方法，不断总结凝练实践工作经验，提高工作技能与水平；注重运用新媒体技术，推动思想政治工作传统优势与信息技术相融合，拓展工作途径，提升工作实效，增强思想政治教育的吸引力和感染力；在依托学院履行好学生思想政治教育主体责任的同时，将工作重心延伸到学生社区，每周固定两个时间段（15：00—22：00）深入学生社区开展工作。

《普通高等学校辅导员队伍建设规定》（教育部43号令）明

确指出，辅导员是开展大学生思想政治教育的骨干力量，是高校学生日常思想政治教育和管理工作的组织者、实施者和指导者，辅导员应当努力成为学生的人生导师和健康成长的知心朋友。辅导员在履行工作职责时始终不能偏离思想政治教育的方向和实质。为进一步明确辅导员工作职责，厘清工作边界，强化辅导员在学生思想政治教育方面的育人职能，深圳大学在《深圳大学辅导员岗位管理办法（暂行）》中将辅导员岗位职责分为两大类：学生日常思想政治教育工作和学生公共事务服务管理工作。

在学生日常思想政治教育工作方面，辅导员岗位职责包括：（1）结合岗位工作开展社会主义核心价值观教育，引导学生树立正确的世界观、人生观和价值观，引导学生自觉践行"自立、自律、自强"校训精神；（2）经常性地开展谈心活动，有针对性地帮助学生处理思想认识、价值取向、学习成才、择业交友、健康生活等方面的具体问题，提高学生的思想认识和精神境界；（3）经常性地走访学生宿舍，了解和掌握学生思想动态及诉求，把握学生关心的热点、难点问题，及时进行教育和引导，化解矛盾冲突，参与处理有关学生的突发、应急事件，维护校园安全和稳定；（4）构建网络思想政治教育重要阵地，积极传播先进文化；加强学生网络素养教育，引导学生创作网络文化作品，弘扬主旋律，传播正能量；加强与学生的网上互动交流，运用网络新媒体对学生开展思想引领、学习指导、生活辅导、心理咨询等；（5）积极关注各类困难学生，协调做好包括心理危机干预在内的各类困难帮扶工作；（6）主动开展理论和实践研究。结合学生日常思想政治教育工作实践，研究探索新形势下学生思想政治教育工作规律，不断总结工作经验，及时调整工作思路和方法。承担与学生思想政治教育、心理健康教育、就业指导相关以及党

（团）课等课程的教学工作。

在学生公共事务服务管理工作方面（适用于辅导员全责岗位），辅导员工作职责主要包括：（1）开展学生骨干的遴选、培养、激励工作，做好学生党员发展和教育管理服务工作，指导学生党支部和班团组织建设；（2）为学生提供职业生涯规划和就业促进等方面的指导和便利性服务，协助学校心理健康教育机构开展心理健康教育活动；（3）指导开展学生评优评先、贷款资助、勤工助学、文体和社会实践活动等事务性工作，受理学生事务性工作中的异议情况。

（四）规范转岗流程

为保证辅导员队伍的稳定性，学校要求全责辅导员自签约之日起，至少做满一个聘期、经考核合格、符合转任岗位条件，方可申请转单位或岗位。辅导员转单位或岗位须由个人提出申请，经转出、转入单位领导及分管学生工作的校领导同意，报学校党委批准后，方可流转。辅导员在转出原单位之前须做好工作交接。

三 构建培训体系，提升专业能力

辅导员培训坚持理论联系实际、系统规划、按需组训、讲究实效的原则，实行基础培训与高级研修相结合，集中学习与分散自发研讨相结合，注重提升辅导员队伍的理论素养、政策水平和综合素质。

辅导员培训工作由辅导员工作办公室统一组织协调。近三年来，先后举办了 15 期校级辅导员培训，邀请多名思想政治教育及学生工作相关领域的专家学者和广东省优秀辅导员来校做专题讲座，内容涵盖了高校学生工作的意识形态安全问题与应对策略、政治辅导员的角色认知、思想政治教育研究的方法与技巧、大学生心理危机干预、辅导员的能力素质及发展、谈心谈话艺术、大学生职业生涯规划等方面。为帮助新入职辅导员尽快明确岗位职责、熟悉工作程序、提升业务能力，除了组织新入职辅导员参加省教育主管部门的岗前培训之外，辅导员工作办公室每年都邀请学校相关业务负责人为新入职辅导员做相关培训，内容涉及深圳大学学生工作框架、思路、体制、机制，团学组织及校园文化建设工作，学院学生工作与社区学生工作，民族学生的教育管理工作，学生心理辅导工作，学生资助工作，学生职业规划与就业创业指导工作，辅导员职业生涯发展等方面。为准确把握高校思想政治工作面临的新形势和新要求，不断推动深圳大学思想政治工作的创新发展，辅导员工作办公室积极组织辅导员参加相关网络培训，如国家教育行政学院开办的普通高等学校辅导员网络培训班、"高校辅导员创新创业教育和指导能力提升"专题网络培训等。同时，选送优秀辅导员参加全国高校思想政治工作骨干示范培训班、广东高校思想政治工作骨干高级研修班等校外培训。

四　畅通晋升通道，提高职业认同

学校严格落实辅导员具有教师和管理人员双重身份、实行职务职级双线晋升及职务（职称）评审单列计划、单设指标、单独评审政策，并结合实际情况，不断畅通辅导员职务晋升渠道。2016年6月学校颁布《深圳大学专业技术职务申报条件》《深圳大学专业技术职务评聘办法（试行）》，对辅导员评聘思想政治教育专业教授、副教授职务的申报条件、指标进行单列。2018年9月学校颁布《深圳大学思想政治教育专业讲师（辅导员）申报条件》，对辅导员评聘思想政治教育专业讲师职务的申报条件进行单列。按照上级文件要求，深圳大学辅导员专业技术职务评聘更加注重考察辅导员的工作业绩和育人实效，将辅导员开展主题班会、入学教育、心理健康教育与咨询、职业规划与就业指导、生涯咨询、国防与军事教育、党课、团课、指导社会实践、指导学生参加学科竞赛、承担新生军训任务等工作计入教学课时量，将辅导员的实际工作情况纳入业绩条件范围，如获"省高校辅导员年度人物"以上荣誉称号或"省辅导员职业技能大赛"一等奖以上奖项或担任广东省高校名辅导员工作室主持人等同于主持完成市厅级以上思想政治教育类课题；将辅导员在学生党建与思想政治教育、日常管理、就业指导、校园文化建设、学生安全稳定等方面有突出表现并得到学校主管部门认可，或在学生思想政治工作上有创新举措并运用到工作实践中且效果良好，纳入业绩条件范围；将辅导员直接指导的学生在全国大学生"挑战杯"课外科技竞赛中获人文社会科学类国赛二等奖或省赛一等奖及以上，视同发表1篇权威期刊学术论文，获省赛三等奖及以上，视同发表1篇较高水平学术论文；在UOOC联盟课程平台公开开设1门思想政治教育相关MOOC课程（讲授不少于1/2的课时）可视同发表1篇较高水平学术论文。

五 加强绩效考核，强化德育职能

为强化引导并评价辅导员履行学生日常思想政治教育工作职责，充分发挥工作考评的激励和导向作用，促进辅导员依约履职，学校制定了辅导员思政工作专项考评办法。辅导员思政工作专项考评，本着公平、公正、公开的原则，重点评价履行学生日常思想政治教育工作职责情况，注重过程与结果相结合，定量与定性相结合，常规工作与特殊事件相结合，学生测评与组织考核相结合，个人与团队相结合。

（一）考评方式

辅导员思政工作专项考评分为两个部分：团队考评和个人考评。团队考评考察学院辅导员团队开展思政工作的整体情况，个人考评考察辅导员个人开展思政工作的具体情况。学校将成立考评领导小组，由分管学生工作的校领导和组织部门、人事部门、学生工作部门、研究生工作部门等单位负责人组成，负责学院辅导员团队考评的组织协调及结果审定。辅导员工作办公室根据考评领导小组要求，主要具体负责团队考评工作的实施。学院成立考评工作小组，具体负责本学院辅导员个人考评工作方案的设计与实施。

（二）团队考评

团队考评包括述职、学生测评、业务主管部门评议和学校评定等四个环节：

1. 述职

每学年末，学院辅导员团队须认真总结一年来的思政工作情况，填写《辅导员思政工作专项考评表》（见表2—1）和《辅导员思政工作特殊事件考评表》（见表2—2）。

2. 学生测评

学院组织本院全体学生按照《辅导员思政工作专项考评学生测评表》（见表2—3），对本院辅导员团队及自己的辅导员进行评分。

3. 业务主管部门评议

业务主管部门根据学院辅导员团队的述职及实际工作情况，按照《辅导员思政工作专项考评业务主管部门测评表》（见表2—4）对学院辅导员团队进行评议。

表 2—1　　　　　　辅导员思政工作专项考评表

（　　　年度）

学　院			学生总人数	＿＿＿＿（全日制本科生、全日制研究生）	
辅导员团队	人数：＿	分管学生工作领导	职务：＿＿＿＿＿＿		姓名：
		全责辅导员	人数：＿		姓名：
		专责辅导员	人数：＿		姓名：
年度工作述职	（从意识形态教育、谈心谈话、走访宿舍、突发事件处理、网络思政教育困难学生帮扶、思政理论研究及教学方面，总结团队履行学生日常思想政治教育工作职责情况，可另附页） 单位：　　　　　　（盖章） 　　　　　　　　　　　　　　　年　月　日				
得分	基本分			附加分	
	学生测评团队成绩平均分（40%）	业务主管部门评议综合分（20%）	团队中的个人考评平均分（40%）	特殊事件评分	
	考评总得分 = 基本分 + 附加分				
考评总得分	考评总得分：＿＿＿＿＿＿分 辅导员工作办公室（盖章）： 　　　　　　　　　　　　　　　年　月　日				
考评等级	考评等级为： 学校考评领导小组组长（签名）： 　　　　　　　　　　　　　　　年　月　日				
备注					

表 2—2　　　　　　　辅导员思政工作特殊事件考评表

学院：　　　　　填表日期：　　年　月　日

序号	考评内容	特殊事件情况简介	学校考评领导小组评分
1	特殊贡献 （+10 分）		
2			
3			
4			
5	失职 （-10 分）		
6			
7			
	总　得　分		

说明：

1. 特殊贡献。团队或个人获得与思政工作相关的国家级、省级、市级主管部门颁发的荣誉，分别按 3—5 分、2—3 分、1—2 分，由学校考评领导小组酌情加分；在重要时间节点、特殊对象群体、整体性学生思政工作、应急突发事件等方面有突出的责任担当和行为表现的，或树立学生思政工作品牌、形成可示范可推广的特色经验做法的，由学校考评领导小组根据学院报送的材料及具体情况酌情加分。累计加分不超过 10 分。

2. 失职。由学校考评领导小组根据具体情况酌情扣分。累计扣分不超过 10 分。

表 2—3　　　　　　辅导员思政工作专项考评学生测评表

学院：　　　　　填表日期：　　年　月　日

1. 您对"学院积极开展价值观教育、校纪校规教育、普法教育、安全主题教育等，引导学生自觉践行'自立、自律、自强'校训精神"的满意度是：

　　A. 满意　　　　B. 比较满意　　　C. 基本满意

　　D. 不太满意　　E. 不满意

续表

2. 您对"学院积极了解和掌握学生关心的热点、焦点问题,并及时进行教育和引导,化解矛盾冲突,营造安全稳定的学习生活氛围"的满意度是:

A. 满意　　　　B. 比较满意　　　C. 基本满意

D. 不太满意　　E. 不满意

3. 您对"学院积极关注家庭困难、学业困难、心理困难等特殊学生群体,有计划有针对性地开展帮扶工作"的满意度是:

A. 满意　　　　B. 比较满意　　　C. 基本满意

D. 不太满意　　E. 不满意

4. 您对"学院积极采用有效措施帮助学生处理好思想认识、价值取向、学习生活、择业交友等方面的具体问题"的满意度是:

A. 满意　　　　B. 比较满意　　　C. 基本满意

D. 不太满意　　E. 不满意

5. 您对学院思政工作成效的总体评价是:

A. 满意　　　　B. 比较满意　　　C. 基本满意

D. 不太满意　　E. 不满意

6. 您对您的辅导员在言传身教、为人师表方面的认可度是:

A. 满意　　　　B. 比较满意　　　C. 基本满意

D. 不太满意　　E. 不满意

7. 您对您的辅导员工作能力与责任心的认可度是:

A. 满意　　　　B. 比较满意　　　C. 基本满意

D. 不太满意　　E. 不满意

8. 您或您身边的同学向辅导员反映问题、寻求帮助时,辅导员在给予反馈的及时性、有效性、积极性方面做得如何?

A. 满意　　　　B. 比较满意　　　C. 基本满意

D. 不太满意　　E. 不满意

9. 您的辅导员在主题班会、网络媒体、公共空间传播正能量和先进文化方面做得如何?

A. 满意　　　　B. 比较满意　　　C. 基本满意

D. 不太满意　　E. 不满意

续表

10. 根据您与您的辅导员接触情况，您对他（她）的评价是：

A. 很好，有亲和力、有责任心、有能力；

B. 比较好，愿意与他（她）交流、合作或再次寻求帮助；

C. 一般，可有可无；

D. 不太喜欢，没事不联系；

E. 非常不喜欢，不想再联系。

11. 您不知道或不熟悉您的辅导员的原因是：（有此情况的同学填写）（不计分）

A. 没见过任何与辅导员相关的信息；

B. 想接触，但不知道途径；

C. 不关心，也不想知道是谁；

D. 我很少参与学院事务与活动；

E. 觉得辅导员对我没帮助。

说明：

1. 每个学院的学生总参评率原则上不低于80%。

2. 每位辅导员所负责学生的参评率原则上不低于80%，其中所负责学生人数超过200的，以200核计。

3. 计算团队成绩及个人成绩时，按参评人数分别去掉前10%的高分、后10%的低分，然后取平均分。

表2—4　　**辅导员思政工作专项考评业务主管部门测评表**

学院：　　　　　填表日期：　　年　月　日

序号	考评项目		分值	评分			
				优秀 （43— 50分）	良好 （35— 42分）	合格 （30— 34分）	不合格 （0— 29分）
1	履（述） 职情况	意识形态教育	50分				
		谈心谈话					
		走访宿舍					
		突发事件处理					
		网络思政教育					
		困难学生帮扶					
		思政理论研究、教学					

续表

序号	考评项目	分值	评分			
2	工作对接落实情况	20分	优秀（17—20分）	良好（14—16分）	合格（12—13分）	不合格（0—11分）
3	工作态度、责任心	20分	优秀（17—20分）	良好（14—16分）	合格（12—13分）	不合格（0—11分）
4	工作台账完成情况	10分	优秀（9—10分）	良好（7—8分）	合格（6分）	不合格（0—5分）
	合计	100分	总得分：_____			

说明：根据学院辅导员团队的述职及实际工作情况，在考评项目对应的等级栏中填写分数。

4. 学校评定

学校考评领导小组结合学院述职、学生测评及业务主管部门评议情况，并根据《辅导员思政工作特殊事件考评表》，对学院辅导员团队在学生日常思想政治教育工作方面的特殊贡献及失职情况进行评分，确定考评等级。

团队考评总得分由基本分和附加分相加形成。其中，基本分采用百分制，由学生测评团队成绩平均分、业务主管部门评议综合分和团队中的个人考评平均分，按照4∶2∶4的权重累加形成；特殊事件考评分为附加分。

（三）个人考评

学院根据《深圳大学辅导员岗位管理办法（暂行）》有关

规定，结合实际，制定本院辅导员思政工作专项考评细则，报辅导员工作办公室备案，并自行组织实施本院辅导员个人考评工作。

辅导员个人考评可包括学院党委（主管领导）评价、学生测评、辅导员互评等环节。辅导员个人考评成绩采用百分制，须包含《辅导员思政工作专项考评学生测评表》中的辅导员个人工作成绩，其权重不低于40%。

（四）考评结果

团队考评结果分为优秀、良好、合格、不合格四个等级，由学校考评领导小组评定。考评总得分排名位于前20%的，可评定为优秀；考评总得分排名位于前50%的，可评定为良好；考评总得分低于60分的，评定为不合格；团队或个人不能落实本学院学生思政教育任务或出现职责范围内的责任事故，团队考评结果不能评为优秀；产生严重不良后果的，团队考评结果评为不合格。

考评结果为合格以上的团队享受专项绩效奖金。专项绩效奖金由辅导员工作办公室依据团队考评结果统一发放到学院。团队考评为优秀等级的，按平均额度的1.4倍发放；良好等级的，按平均额度的1.2倍发放；合格等级的，按平均额度发放。学院依据辅导员个人考评成绩分配专项绩效奖金。

考评结果为不合格的团队，由学校党委主管部门负责督促其制定措施，限期整改。考评结果为不合格的个人，由学院党委负责督促其制定措施，限期整改。对于失职或渎职，造成恶劣影响或严重不良后果的，按学校有关规定追究责任。

六 拓展工作载体,提升育人实效

(一)设立"名辅导员工作室"

为进一步推动辅导员队伍职业化、专业化、专家化建设,发挥优秀辅导员的示范引领效应,学生部于2017年12月首期设立并培育2个"名辅导员工作室",重点开展少数族群学生教育管理工作,其中1个聚焦于少数民族学生教育管理,另外1个聚焦于港澳台学生教育管理。目前工作室正有序开展相关工作,其中港澳台学生工作办公室完成了制定《深圳大学港澳台学生管理规定》和《深圳大学港澳台及华侨学生奖学金评审实施细则》,加强港澳台生学业帮扶、开展《创客教育大学生导师培养计划》等工作;民族学生工作办公室完成新疆民族学生信息联动滚动摸排、学业预警约谈、引导少数民族学生创业、完善关爱帮扶机制等工作。

(二)打造工作品牌项目

为切实提升深圳大学学生工作总体品质和影响力,推进学生工作科学化、专业化进程,学校设立"深圳大学学生工作品牌项目",并制定《深圳大学学生工作品牌项目建设管理办法》,于2017年11月颁布实施。

学生工作品牌项目培育建设以立德树人为导向,以创新学生教育、管理、服务工作机制为驱动,激励学生工作队伍加强工作研究、深化实践成效、提升理论素养、创新工作思维,重点培育和资助一批育人成效显著、示范推广价值高的项目。

学生工作品牌项目主要包括学生工作精品项目、辅导员课程和学生"三自"创新项目三个类别。

学生工作精品项目:由辅导员或学生工作团队结合学生实际

开展的精品化学生工作项目，包括学生思想教育活动、学风建设活动、学生发展支持、学生骨干培养、校园文化活动、社会实践活动等；或由辅导员或学生工作团队针对学生工作新形势、新问题、热点焦点等组织开展的创新型工作，对学生工作体制机制、模式载体、方式方法、平台途径等进行的"微改革、自创新"项目，以及对提升学校总体发展或管理水平具有重要推动意义的学生工作研究项目。

辅导员课程：由辅导员或学生工作团队开设的大学生思想政治教育类品牌课程，包括党课、团课、主题班会、心理健康教育与咨询、学习指导、职业规划与就业指导、创新创业教育、社会实践指导等第二课堂教育课程。

学生"三自"创新项目：以践行"自立、自律、自强"校训精神为宗旨，由学生组织、社团或学生自组团队组织实施，以学生为参与主体的创新型自我教育、自我管理、自我服务实践项目，包括校务参与、党团建设、学风建设、朋辈支持、文体活动、社区建设、公益服务、事务管理、权益维护、文明养成等。

学生工作品牌项目申报工作由学生部负责组织实施，每年开展一次，深圳大学从事学生思想政治教育工作的一线专职辅导员和相关学生工作人员，在校学生组织、社团或学生自组团队均可申报，鼓励跨学院、跨部门、师生联合申报。2017年11月遴选出第一批"深圳大学学生工作品牌项目"，其中"国际工程教育体系下的高校学业困难学生帮扶模型构建与实践""基于数学文化视角的学风建设创新实践""青春团校，领跑未来""关于建立全方位深大校内学生意见反馈与解决体制的智慧和谐校园项目"等4个项目为重点资助项目，拟予以8万元至13.5万元的经费资助；"高校学生思想政治工作预警体系建设探索——以物理与能源学院为例"等8个项目为一般资助项目,予以2万元至5万元的经费资助,共计73.5万元。

第八节　践行"三自"校训精神,深入开展国防教育

国防教育是爱国主义教育的主阵地,也是思想政治教育的主阵地。国防教育是高校培养有理想、有道德、有担当的新时代大学生的有效途径,能够塑造大学生热爱祖国、热爱集体、热爱生活、珍惜荣誉、积极进取的精神,促进大学生综合素质的全面提升。

深圳大学作为特区大学、窗口大学、实验大学,紧跟深圳发展步伐,不断探索军民融合、军校联动新机制,致力在强军兴军新形势下,围绕立德树人根本任务,建立高校国防教育体制机制,争做国防建设的坚强后盾。1986年9月,深圳大学军训办成立,后改为深圳大学武装部,与学生部合署办公,主要负责大学生军训、大学生征兵、预备役连、民兵营、军事教研室及军事俱乐部组织与管理等国防工作。武装部设部长、副部长各1名,干事2人,设专门的办公室、文印室、军事教研室、战备库、会议室、作战指挥室和8所物资仓库,应急处突和防汛物资齐全,并建有一套远程视频会议系统,购买军事类书籍300余册,做到制度上墙,规章明确,装备齐全,人员到位,软硬件保障充足。多年来,深圳大学先后多次被省军区司令部、省教育厅、深圳警备区、深圳预备役五团评为"学生军训工作先进单位""全民国防教育先进单位""征兵工作先进单位""先进基层武装部""十佳基层建设标兵单位"。

一 创新军训育人模式

军训，不仅是国家法律赋予部队和高校的一项政治任务，更是高校深化大学生思想政治教育工作所依托的主要阵地之一。深圳大学于1986年被列为全国高等院校军训试点单位之一。32年来，在学校党委行政的领导下，在深圳警备区、42集团军、广东陆军预备役高射炮兵师、深圳警备区防化团、广东省公安边防总队第六支队、深圳市鹏程穗华教育培训基地等部队的大力支持下，共完成了32届108525名学生的军事训练，经费投入达7878万元。本着"立德树人"的理念，深圳大学始终把理想信念教育贯穿于学生军训全过程，把学生军训作为实践育人、文化育人的重要手段来抓，以强化学生军事技能与军事理论素养为基础，以提高学生综合素质、增强学生国防观念和爱国主义精神为目标，积极引导学生树立正确的理想信念，增强政治鉴别力。

（一）健全制度，强化保障

深圳大学从2013年开始在校内组织新生军训，2014年开始由夏季军训改为冬季军训。每年军训前，专门成立军训领导小组，联合各相关部门、各学院带队教师、医护人员、后勤保障人员召开军训协调会。武装部制定军训方案和应急预案，编印《深圳大学教师军训工作指引》和《深圳大学学生军事训练手册》，团部相关制度规章上墙，党建团建文宣每日更新。形成部队管军事，学校管思想，各部门分工明确相互监督，下情上传及时准确，信息反馈直观翔实的良性运作机制。严格落实《高等学校军事训练大纲》，加强思想引领、健全管理机制、丰富训练内容、加大宣传力度、落实安全保障、创新工作思路，本着优质高效、改革创新的原则，坚持严格训练、严格要求、严格管理，推进安全军训、人文军训、和谐军训、快乐军训，军训工作具有特色，并取得显著成绩。

(二) 科学组训、注重创新

深大军训因地制宜，创造性实施冬训，避免更多干扰，提升学生的参与度。训练内容和时间按照《高等学校军事训练大纲》规定：包括军姿、三大步伐、队列方队组合练习、班排集合离散、阅兵式、分列式等在内的军事科目训练，在既定军训科目基础上，还增加了广播体操、消防救火、战场救护、紧急疏散、军体拳、警棍术、匕首操、擒敌术、特种作战等特色科目。军训期间邀请海军陆战学院、深圳市孙子兵法研究会深圳现代军事研究中心老师、深圳警备区首长为参训学生进行《中国东海与南海韬略》《中日海军对比》《战略环境》《高技术与信息化战争》《中国国防与军事思想》《富国强军，迈向复兴》等国防教育专题讲座，邀请深圳市国家安全局讲授《国家安全》南山分局网警大队讲授《网络安全》等，利用经典国防安全案例和最新的国防安全事件，教育引导学生提高社会责任意识，增强国防观念。在军训中注重微课平台、随训辅导员、承训教官三方联动，线上测验、日常表现、训练成果三管齐下，促进学生在受训过程中全面发展。

为践行"自立、自律、自强"的校训精神，2017—2018 年连续 2 年分别组织 20 多名退伍学生参与承训任务，同时由深大预备役 40 名学生组成军训特战方队，在军训中展示特种部队的机智、勇猛、果敢的军人风采，这些学生以朋辈的身份言传身教，取得了良好的效果。

(三) 党建为基，思想引领

党建工作是深圳大学军训工作的特色。军训党建坚持"围绕思政教育抓党建、抓好党建促思政"的思路,加强党建基础工作,引导学生自觉践行社会主义核心价值观。实行支部建在连上的做法,军训团建立临时党支部,学校领导、各院领导、各级教师分别为参训学生开授大型及微型党课,每次军训微党课开课次数过百,累计参与人次达到4000。积极组织民主生活会,认真开展军训工作中的批评与自我批评;举办党的十九大报告、党史、校史及国防教育知识竞赛等,基本实现全覆盖。入党申请书提交率达90%以上。

(四)丰富渠道,有效宣传

军训宣传工作注重线上线下联动,比赛竞赛结合。深大广播站、深大校报和深大官微、军事俱乐部、深大百科等微信公众号、微博对军训积极关注和报道,各团依据自身特色,开通了"砺剑一团""荣耀二团"等微信公众号,发布军训相关通知,推送军训最新动态,单篇推文最高点击量近8000。设军训宣传小分队,文娱小分队,创办《军训快报》、军训板报,汇编军训日记,制作微视频,开设"艺动军营"、"我和教官面对面"、"最美教官"、"最美方阵"、电台板块"军旅之声"、图片板块"剪影"等栏目,深受学生喜爱。

(五)注重安全,快乐军训

军训安全是保底工程,是实现"以人为本、和谐军训"局面的基础。军训始终牢固树立"安全第一"的意识,各部门通力合作,规范管理,严格把握军训每个环节,做实做细学生安全保障工作。军训现场设置医疗点,为参训学生提供及时的医疗保障;后勤部门为学生定时定点提供热水;学校心理辅导中心的朋辈辅导员,在军训期间开通热线电话,关注参训学生的情绪等。此外,辅导员每天深入一线,走近学生,及时把握学生的思想和身

第二章 实践育人

心状况,及时处理突发事件。

在保证安全的同时,各团积极开展各类文体娱乐活动,丰富学生们的军训生活,营造了快乐军训的氛围。训练间隙教官组织学生教唱军歌,举办拔河比赛、定向越野比赛,编排诗朗诵《我骄傲,我是中国人》、歌舞《我和我的祖国》,开展文艺小分队巡回演出、大合唱,开展展板评比、写"三句半"、微视频比赛、"H5"设计评比、制作照片墙等活动,使训练场上处处洋溢着快乐军训、温情军训的氛围。

1994年9月30日,在广东省学生军训十周年阅兵比赛中,深圳大学以良好的军政素质和崭新的精神面貌取得第一名。

在1996年全国首届大学生军用枪射击比赛中,深圳大学代表广东省获得团体总分第一名,并获得女子个人精度射第一名、男子速射第二名等多项佳绩。

2001年深圳大学荣获教育部、总参谋部、总政治部表彰的全国学生军训工作先进单位;同时,梁桂麟同志荣获全国学生军训工作先进个人称号。

2009年12月,李永华被中共中央宣传部、中华人民共和国教育部、解放军总政治部、国家国防教育办公室评为"2009年国防教育先进个人"。

2011年8月,深圳大学被广东省军区司令部、广东省教育厅评为"广东省学生军训工作先进单位"。

2009—2017年,深圳大学连续多年被深圳警备区评为年度全民国防教育先进单位。

二 扎实推进大学生征兵工作

大学生参军入伍不仅是应尽义务更是时代使命。2001年11

月1日，中央军委、国务院修改《征兵工作条例》，开始在大中专院校就读学生中试点征集新兵，深圳大学成为广东省指定的八所试点院校之一，开始向部队输送在校大学生。深圳大学始终秉持中央军委和国防部关于征兵工作精神，坚决落实，认真组织，广泛动员，充分发挥校园新媒体和社团组织开展征兵宣传。先后出台了一系列的征兵优惠政策，从预征、宣传、动员、体检、政审、政策保障等方面得到充分体现。18年来，深圳大学共为部队输送优秀大学生453名，其中31人考入军校，79人在服役期间入党，1人荣立二等功，33人荣立三等功，223人次获评优秀士兵，180人次获得军、师级等多项荣誉。近年来，深圳大学宣传力度逐步加大，学生应征报名稳步提升。

（一）整合校园资源，打牢思想基础

深圳大学党委将征兵工作作为一项重要的政治任务，纳入国防教育体系，进行整体布局。近年来，学校逐步构建了以国防教育和人才培养需要为引领，以大学生参军入伍、大学生军训、军事理论课教学、预备役连建设、民兵营建设、军事俱乐部学生社团建设为主要内容和载体的校园国防教育整体格局，全面精准把握国防教育与教书育人的互动、互构关系。学校将征兵工作与爱国主义教育、国防教育有机结合，实施"红色文化育人工程"，注重培育校园国防文化氛围和精神，每年组织开展25公里拉练缅怀革命先烈、走进军营体验一日兵、军事主题比赛、军事讲座等活动，并通过军训期间的国防动员，引导青年学生从内心深处认同国家安全观念，认同自身责任担当，自发热爱军旅，从而筑牢学生应征入伍的思想基础。

（二）建立核心领导，健全组织保障

学校将征兵工作作为"一把手"工程，专门成立征兵工作领

导小组，由校党委书记亲自任组长，分管校领导任副组长，学校党委武装部、各学院主管学生工作的院领导、政治辅导员、退役学生骨干共同参与征兵工作。制定征兵工作责任清单，把任务指标分解到各职能部门、各院系，在各学院成立征兵工作领导小组，指定专人做好宣传、咨询和预征对象推荐等各项工作。及时召开各学院征兵工作会议，传达上级征兵工作指示精神。

（三）完善激励措施，强化制度保障

编印《深圳大学征兵工作指南》，不断完善工作流程。学校为鼓励学子踊跃报名参军，在国家和深圳市对大学生入伍优惠政策基础上，深圳大学先后增设了一系列的征兵优惠政策，从预征、宣传、动员、体检、政审、政策保障等方面给予支持。

退役复学后，学校将按在读研究生标准发放生活津贴（8000元/年），发放期限为国家规定的相关专业相应学制剩余期限。

入伍前享有奖学金的学生，入伍前一次性发放。退伍学生服役期间未受到任何处分，退伍复学回校后即可申请服役期间特殊贡献奖学金，其中：在部队获三等功以上（含三等功）奖励者，回校后当年获深圳大学特殊贡献奖学金5000元；获团嘉奖及优秀义务兵称号者，回校当年获特殊贡献奖学金3000元；获营级以下（含营级）嘉奖者，回校当年获特殊贡献奖学金2000元；其他同学获特殊贡献奖学金1000元。

学校在毕业生中选拔政治辅导员时，将优先录取退伍大学毕业生。

为退役学生安排集体住宿，在校预备役连担任骨干职务。

各学院根据任务指标完成情况获得不同层级奖励，完成报名数奖励1000元，完成上站数奖励1000元，完成入伍数奖励2500元，完成任务数后每超出一人奖励1000元。

根据教育部和国防部征兵办视频会议精神，制定了退伍返校学生优先入党措施，计划每年给予若干名额，单列给表现突出的退伍返校学生。

（四）创新宣传模式，优化动员体系

征兵宣传动员做到早着手、早发动、全覆盖。充分发挥军训优势，组织开展军事定向越野、国防知识竞赛、国防法宣讲，设立征兵宣传点和宣传栏，组织军事游戏等活动，同时组织征兵预报名，要求学院辅导员将征兵政策传达到每一位参训同学。

推动征兵宣传常态化，建好用活宣传栏、校园网、广播台、电子屏等宣传渠道，引导有志青年到军营实现梦想。学校连续三年承办深圳市大学生征兵启动仪式，主办全市高校"征兵海报设计大赛"和"征兵宣传语大赛"，获奖作品被全区乃至全市采用，已经成招牌活动。组建"征兵大使"团队，将优秀退伍兵事迹各学院巡回宣讲，由退伍学生一对一介绍军旅生活和入伍政策。印制"致广大荔园学子的一封信"及"致应届毕业生的一封信"发放到各学生宿舍，并利用微信推送给每位学生；对较贫困的学生群体、毕业生进行重点发动宣传。将"致高校青年学生的一封公开信""大学生应征入伍宣传单""致广大荔园新生的一封信"宣传单，随深圳大学的录取通知书发给新生，让新生及早了解深圳大学征兵政策。在校内设立征兵报名咨询点，张贴宣传海报、横幅，通过学校公文通、学生短信群、微信群、QQ群、电子宣传栏发布征兵消息及相关政策；组织学生参加"走进军营"活动，做到让每一位学生知道、了解征兵情况，不遗漏每一位有意愿参军的学生，极大鼓舞了广大青年学子携笔从戎，报效国家的参军热情。

第二章 实践育人

三 加强民兵营和预备役力量建设

民兵是中国共产党领导的在长期革命战争中逐步发展起来的不脱离生产的群众武装组织,是中国人民解放军的后备军,是巩固基层政权、维护国家安全与社会稳定的一支重要力量,是进行现代条件下人民战争的基础。新中国成立后,民兵制度已成为国家的一项军事制度。《兵役法》规定,我国实行民兵与预备役相结合的制度。预备役是国家平时以退役军人民兵为基础、现役军人为骨干组建起来的战时能够迅速转化为现役部队的武装力量。

2002年7月19日,深圳大学成立民兵防空营,隶属深圳警备区,民兵防空营干部队伍以教师为骨干组成,学生为民兵队员。现全营共有127人,其中干部11人,战士116人。2005年6月,深圳大学组建预备役连队,是全国高校第一支成建制的预备役连队,现有一名现役军官担任连长,由在校教师担任军官,由退伍学生和热爱军事的学生组成。全连共有125人,其中现役军人1人,预任军官9人,战士115人。

(一)营连正规化制度化建设

在民兵营、预备役连队的管理上,以正规化、常态化、科学化原则,营连编排符合现役规定,并设有连部办公室1间、战备室1间、文印室1间、作战指挥室1间、会议室1间、物资仓库3间。单兵战备物资125套,物资装备齐全,管理严格。制定了深圳大学预备役士兵管理暂行规定,明确班排职责、权利义务。结合大学生的特点不断创新激励措施,训练与学分挂钩,专门为连队开设《城市防空作战》课程,个人表现与党员发展同步,优秀士兵与优秀学生干部双向互动,服役经历入档记录个人成长。辅导员担任排长,退伍兵担任骨干,学生工作经验丰富,带兵有方法。每年 5 月连队整组，并举行总结表彰暨新兵授衔大会、老兵出队新兵入队。预备役优秀骨干会被挑选担任军训教官，部分战士组成军训保障分队，保证军训顺利进行。每年连队均有学生成功参军入伍，保障征兵工作，学校国防氛围不断提升。

（二）常态化科学化组训

每年制订训练计划，实现每学期六次晨练不动摇，大项训练穿插进行的组训框架，思想政治教育课与心理辅导讲座跟进，实现学训兼修的良好局面。在常抓日常化队列、体能的同时，努力实现野外按图行进训练考核和清明 25 公里徒步拉练暨缅怀先烈活动常态化，并已形成招牌活动。坚持暑期集训，不定期组织实弹射击训练、战备演练、战场救护培训和体能考核，突出主业，集中提高。组织参加"学英模、做好人、当好兵"、"两学一做"、党的十九大精神宣讲、国防教育论坛等各类专题思想教育活动，提升党性和觉悟。参加预备役高炮师庆祝建党 90 周年及 95 周年的歌咏大会等大型活动，提升集体荣誉感。参加校内灾后恢复，国防教育组织保障等工作，在校内影响广泛。

2011 年及 2016 年分别组织 300 人及 100 人的预备役合唱团，参加预备役高炮师庆祝建党 90 周年、95 周年的歌咏大会。2014 年，深圳大学派出学生参加深圳警备区的民兵比武竞赛，4 人获得单个科目第一名，1 人获得第六名的好成绩，受到上级部门的表彰和各级首长的一致好评。2015 年 8 月，深圳大学预备役连队参加了广州战区"联合行动 - 2015C"演习，以 4 具靶标的骄人成绩，圆满完成演训任务，得到了上级首长的高度赞扬。通过全体官兵的不懈努力，营连先后多次荣获广东预备役师"基层建设先进单位"和"先进党支部"。

第二章 实践育人

四 深入开展军事教研

为加强深圳大学国防教育,组织好对学生的军事训练和教学工作,按照上级有关文件精神,深圳大学于1992年设立"军事教研室",与校军训办公室合署办公。经过与海军陆战学院的合作,我部继续开设了两门军事课程:《海洋与海防》旨在通过教育普遍提高地方大学生的海洋意识,充分认识海防在国防体系中所处的独立的重要作用,满足部分有军事爱好的学生的兴趣;结合深圳大学预备役连队建设的实际,开设《城市防空作战》课程,我部还专门组织力量编写出版了《海洋与海防》《城市防空作战》的教材,为课程建设打下了基础。通过教育,丰富了预备役连队战士的知识,提高了他们理论水平,促进了预备役连队全面建设。

近年来,学校聘请中国军事科学院战略研究部部长姚有志少将,深圳市委常委、深圳市警备区政治委员、党委书记王小毛大校,广东预备役高射炮兵师师长黄朴大校、政治部主任胡训军大校为深圳大学特约教授。邀请国防大学原副政委李殿仁中将,广东省边防总队第六支队政委张文辉,原深圳市委常委、深圳警备区司令员、深圳市关工委副主任李有烈,深圳市警备区政委陈友清大校,国防大学徐焰少将等为学生开设军事讲座和论坛。学校充分发挥UOOC联盟教学资源共享平台的优势,积极创新,大胆改革,搭建网络平台,开设了军事理论慕课。该课程融合多媒体、微课等创新的教学方式,基于在线教育平台,学生可以随时随地进行学习、交互、测验、考试,直至获取学分,弥补了传统军事理论课的灌输式教学的不足,推动军事理论课教学的理念转变、模式的创新以及资源利用的最大化,成为高校军事理论课教学的重要实践。

另外,成立军事教研学生组,主要由学生骨干组成,开展研究军事课题,走进中小学进行义务国防教育,为国防事业不懈努力。

五 打造军事俱乐部育人平台

全民国防教育需要全社会的共同参与,结合时代需要探索新的方式方法。大学生群体思想活跃,追求自由,独立性强,倾向于社团化的学生组织,将国防教育大众化,寓教于乐,会更适合大学生的需求。

2004年3月17日,深圳大学2001年应征入伍的21名返校继续学业的退伍军人以"弘扬军队优良传统、优良作风,树立深大新风"为宗旨,在深圳大学党委的领导和武装部的指导下,依照国家法律法规和学校规章制度,成立深圳大学军事俱乐部,制定《深圳大学军事俱乐部章程》。俱乐部通过不断吸纳军事爱好者,举办军事活动、组织军事沙龙等各种形式普及国防知识、开展革命传统教育,努力培养学生国防观念,提高学生军事素养,活跃校园文化生活。

到今年已有12批退伍学生兵返校就读,目前在校退伍学生80余人。俱乐部将凝聚起退伍学生群体和共同爱好者,消除因入伍产生的年级差,增进归宿感。同时继续发扬他们在军队学到的好思想、好作风,感染并带动周边学生,为校风、学风建设注入了新的活力。

俱乐部立足校园实际,积极开展多样化国防教育活动,组织校园真人CS、国防类讲座、军事模型展、军体拳教学、定向越野等活动,为在校大学生提供接触国防,感受军事的条件,在学生群体中产生了积极响应。同时协助武装部和预备役开展征兵、军训和预备役训练保障等工作，成为武装部的得力助手，培养了一批骨干队伍。

六 关于高校国防教育的思考与探索

（一）不断探索军训新模式，提升国防教育水平

加强与承训部队合作，探索军训新模式、新内容。尝试选取综合素质过硬的退伍兵和预备役民兵战士担任主训教官。完善线上慕课，丰富课程内容，推进线下微型化精细化的教学新局面。拓宽教学内容，增加国防法律、医疗救护、防灾避灾等专业知识，提升军训实效。

（二）加强军事教研室建设，培养军事研究人才队伍

强化军事教研课题小组建设，开展预备役连建设、民兵防空营建设、大学生军训、军事俱乐部管理专项研究及国防建设研究。每学期邀请军事专家，对干部骨干进行1—2次国防教育培训。

（三）拓宽征兵联动机制，完善征兵政策举措

实现"征兵大使"模式化，深入学院和课堂讲解政策，分享从军经历。继续完善学院征兵工作激励机制，加深与各学院的联系，将征兵工作纳入到学院工作日程。拓宽退伍兵、预备役民兵和俱乐部在校园内的活动形式，建立国防教育站点，推进校园国防教育常态化。

（四）严格预备役民兵队伍，坚持科学化正规化建设

加强连队对干部骨干的专业化培训，建设一支综合素质过硬的骨干队伍。坚持实战化标准，在保证基础训练的同时，加强《军事地形学》、医疗救护、消防救护等知识的学习。强化连队党

支部的堡垒作用，实行党员传帮带，发挥党员先锋作用。与深圳多家国防教育基地建立合作机制，实现"走出去"战略，提升官兵整体素质，努力培养更多能够承担军训任务的战士。

（五）推进校园国防文化建设，打造精品项目

推进国防装备进校园项目，与驻地部队建立合作，实现轻武器展示进校园，让学生近距离接触武器装备。邀请部队官兵进校开展文化活动，引进武器装备模型，塑造校园国防景点文化，营造爱国卫国氛围。推动预备役民兵和俱乐部文化建设，培养一批文化骨干队伍，塑造军魂意识。

（六）实现俱乐部生态生长，推动宣传工作更进一步

社团性质的军事俱乐部，在制度范围内实现自由生长，充分发挥学生智慧，广泛吸纳军迷，建设军迷社区。强化俱乐部公众号建设，实现推文高质量、多形式、常态化的目标。

国无防不固，民无兵不安。强国的脚步必须走在强军之路上，建立强大国防是实现中华民族伟大复兴的必然要求。历史告诉我们，国家安全、社会稳定，依靠的不是军队一方的力量，需要全社会的共同努力。大学生是国家未来的建设者和保卫者，深入开展国防教育，加速国防教育改革，不仅能使未来的主人翁掌握一定的军事知识和技能，磨炼坚忍不拔的意志和强健的体魄，更能促使他们以无限的爱国热情和奉献精神，高度的社会责任感、使命感，更好地担负起历史和时代赋予的神圣使命，投入到国家的建设之中去。

第三章 学生工作案例

第一节 思想政治引领类
——"青春团校·领跑未来"

一 项目背景及意义

党的十九大吹响了建设社会主义现代化强国的时代号角,自觉学懂、弄通、做实党的十九大精神,自觉以习近平新时代中国特色社会主义思想武装头脑,是对中国大学生骨干培养的基本要求,也应当是新时代合格的青年马克思主义者的政治追求。在实现中华民族伟大复兴中国梦的道路上,如何在青年中培养一批坚定的马克思主义者,使之未来成为党和国家的栋梁,是一个重要的战略课题。

2017年9月,深圳大学在地方高校中率先制定实施《深圳大学文化创新发展纲要》,响亮提出"建设有灵魂的大学"的目标,把建设先进政治文化作为办学治校的根本抓手,坚持中国先进政治文化的前进方向,营造风清气正的校园生态,积极探索内涵式发展的新路径,这也彰显了特区大学鲜亮的政治底色、高度的文化自信和教育自觉。[①]

在此时代背景和时代任务要求之下,深圳大学经济学院在全校范围内率先成立二级团校,坚持政治性、突出思想性、注重实践性,旨在创新思政教育模式,通过教育培训、实践锻炼和技能提升等行之有效的方式,不断提高学生党团干部、积极分子、优秀学子等青年群体的思想政治素质、政策理论水平、创新实践能力和组织协调能力,使青年进一步坚定跟党走中国特色社会主义道路的信念,为党组织输送合格人才。自 2017 年 11 月经济学院"青春团校"项目成功申请为学校学生工作重点培育项目以来,各项任务有条不紊推进,项目认知度和认可度不断提升,而学生教育工作者也在这一系列实践中积累了宝贵的经验。该项目的意义主要体现在以下三个方面:

(一)坚定理想信念,凝聚深大精神,实现校园文化创新发展,开启德育教育新平台

"青春团校"项目的实施可以培养具有较高理论修养和工作能力的共青团干部,培养具有坚定共产主义信念、善于思考、勇于实践的青年马克思主义者,促进青年团员在思想政治与道德素养、文化素质与身心发展、技能提高及社会实践等各方面的成长成才,成为引领校园文化创新发展的方向标。同时,通过团校的开班仪式、结业仪式、佩戴团徽等有仪式感的活动环节可以增加党团身份的庄重感、荣誉感,优化践行机制,体现深大精神的内涵,通过一系列课程设计及公益服务、实践活动让深大精神内化

---

① 刘洪一:《勇于担当特区大学的改革使命》,《中国教育报》2017 年 12 月 7 日第 12 版。

于心、外化于行,增进教师和青年学生对深大的归属感和认同感,创设具有特区大学特色的团校文化。

(二)培育核心价值,提升青年团员综合素质,培养优秀团员干部和青年领袖,实现特区高校育人的时代目标

团校坚持把思想引领放在首位,是广大青年团员学习掌握先进理论方法的大课堂,有助于其端正学习态度,增强对党团知识的了解和对社会问题的关注,树立起正确的世界观、人生观和价值观,时刻督促自己努力做到勤于学习、善于创造、甘于奉献;同时,团校也是青年团员增长才干的大熔炉,对于弥补团员干部在实际工作中所缺乏的组织管理、沟通协调能力等有着很强的指导作用,可以有效培养团干部的认知能力、表达能力、实践能力以及社会责任感,引导他们在心态上走向成熟,培养他们分析判断问题的逻辑周密性,增强他们面对困难和挫折的心理准备,不断提升工作水平和专业素养。

(三)通过组织规范及系统化的培养,为党团组织输送优秀人才,保持党团组织的生机活力,实现组织的政治使命和担当

高校共青团是党联系大学生的纽带和桥梁,也是党的助手和后备军,承担着为党输送优质人才的责任和使命。而经济学院"青春团校"项目的实施正是以提高团员素质为目的,用课堂教学配合实践的方式增强青年团员处理日常事务、组织管理以及规划未来的能力。在培养对象上,参加团校培训的学员主要是经各班民主投票产生的优秀团员和团干部;在培训内容上,团校重点加强学员的政治意识和思想道德教育,强化团员意识,实现思政教育的常态化、制度化。通过一系列课程及实践活动的熏陶,团校得以持续向党组织输送新鲜血液和力量。

二 项目实施情况

深圳大学经济学院"青春团校"项目面向经院全体学生,每年开展两期培训班(与深圳大学推优入党的时间安排保持一致),每期持续4个月左右(跨寒暑假)。培训班学员包括从各基层团支部推优产生的优秀青年团员以及经济学院团委、学生会、研究生会骨干成员。通过理论课堂、实践调研、公益活动以及实地参观等多种途径的学习,坚持理论课程与实践探索相结合,第一课堂和第二课堂协同发展,实现全方位育人的目标。项目的思路如图3—1所示:

(一) 组织构架

经济学院团校校长由院党委副书记担任,统筹协调团校各项工作的开展;团校常务副校长由院团委书记担任,具体落实各项工作的完成;团校副校长由4名团委委员担任,分管秘书部、考核部、实践部和宣传部,及时监督跟进各项工作的落实情况(见图3—2)。其中,团校秘书部主要负责培训班课程及活动的策划,做好会务和资料印发工作,对学员进行统一管理;考核部主要负责团校学员在校成绩的考核,做好每次课程和实践活动的签到盖章工作,监督各小组活动开展情况,将学员成绩进行登记并根据得分和表现评选出"优秀学员";实践部主要负责联络公益活动和实践活动的对接单位,提前安排出行相关事宜,并带领各小组完成实践活动,记录实践过程;宣传部主要负责团校新闻稿撰写、图片视频拍摄等工作,及时对团校各项活动进行记录和宣传报道,运营经院团校的微信、微博公众号,使该项目成为有一定影响力的品牌项目。

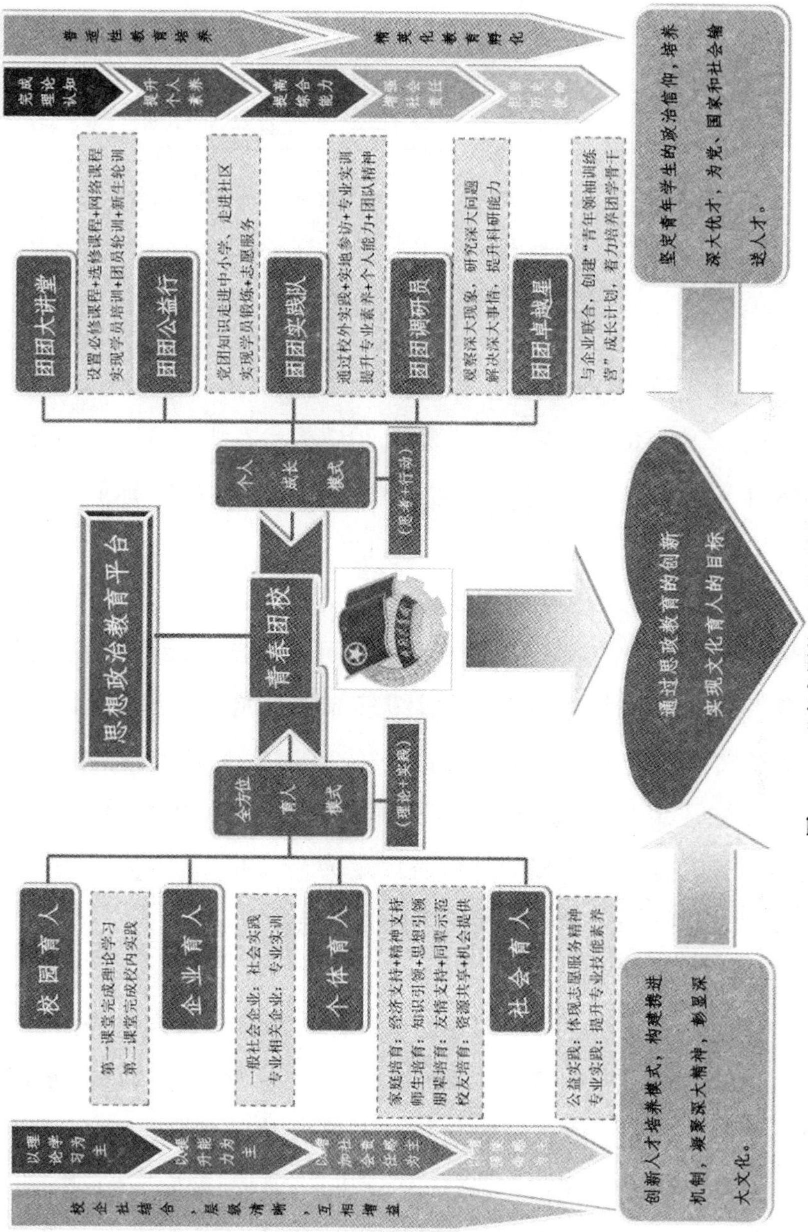

第三章　学生工作案例

图3—1　"青春团校"项目思路总图

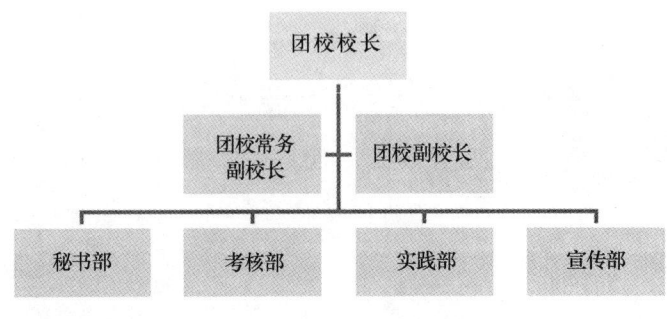

图3—2　团校组织构架图

（二）实施内容

经济学院团校第一期培训班于2017年12月12日正式开班，2018年4月15日圆满结业。第一期培训班分为团学骨干素质与修养培训班与团员素质与修养培训班两类，共吸收学员190余名。第一期培训班已开通"团团大讲堂""团团实践队""团团调研员"三部分内容，学员在培训期间的考核成绩由课程出勤、结业考试成绩及小组调研答辩成绩三部分组成，三部分考核均及格的学员可获得团校颁发的结业证书。其中，总成绩排名前15%的学员被评定为"优秀"，排名前15%—50%的学员被评定为"良好"，其他成绩合格的学员被评定为"合格"。学院在进行推优入党时会优先考虑团校成绩优良的学员。

1. 团团大讲堂

这是团校项目的基础部分，也是核心部分，旨在充分发挥第一课堂的教育引导功能，帮助广大青年团员掌握党团理论知识，对社会热点问题形成正确的判断，不断提升自身综合素质。"团团大讲堂"将必修课程、选修课程和网络课程相结合，其中网络课程是将必修课和选修课录制而成的，也会开通在线直播平台，方便广大学员随时观看学习。

基于共青团人才培养的需求,"团团大讲堂"主要开设五大类共 15 门课程,分为必修课、选修课以及网络课程三种模式,学员可结合自身实际选择修读课程,修满 38 个学分即可达到结业标准,同时其所修全部学分都计入最后的考核成绩中,鼓励学员在有时间、有精力的条件下完成更多门课程学习。具体课程及学分设置如表 3—1 所示。

表 3—1　　　　　　　　团校第一期培训班课程表

课程模式	课程类别	课程名称	课程学分
必修课	基础理论类	《团校第一课》	4
必修课	基础理论类	《团旗飘飘的故事》	4
必修课	基础理论类	《荔园荔史话你知》	4
必修课	共青团实务类	《团章与团务知识学习》	4
必修课	共青团实务类	《新时期团建与校园文化建设》	4
必修课	社会热点类	《时政/经济热搜榜》	3
必修课	校友分享类	《对话:优秀校友的成长之路》	3
选修课	素质修养类	《你的礼仪价值百万》	3
选修课	素质修养类	《演讲艺术与领导力提升》	3
选修课	素质修养类	《情绪智商与情绪管理》	3
选修课	素质修养类	《时间管理》	3
选修课	素质修养类	《公文写作与策划技巧》	3
选修课	素质修养类	《办公软件:从新手到高手》	3
选修课	素质修养类	《学生工作的艺术与创新思维》	3
选修课	素质修养类	《青年学生的职业生涯规划》	3

2. 团团实践队

社会实践活动是学生第二课堂的重要载体,积极参加社会实践活动不仅可以让青年学生了解国情社情,还可以将在学校里学习到的理论知识运用起来,丰富社会阅历,提高独立自主的能

力,在实践中进一步体会深大"自立、自律、自强"的校训精神。团校的实践主要包括社会实践和专业实训两种形式,具体内容如下:

(1)社会实践:学员在团校期间需以小组为单位完成一次社会实践活动,形式包括参观学习、实地调查、企业或产业园基地参访、爱国主义教育基地参访等,也可以与双休日实践活动和寒暑期社会实践活动相结合;可以是学员自主寻找、联系的活动,也可以是由团校统一组织安排进行的活动。学员需在实践活动前提交立项申请书,获批后方可实施;实践活动结束后,各学员需上交个人活动感想和带有实践单位盖章的《深圳大学学生假期实践考核表》,审查合格后可获得学校教务部认可的实践学分。

(2)专业实训:团校实践与学院各专业的实习实训相结合,要求学员按专业划分组别,前往学院固定的实习基地及合作单位进行至少两周的专业实操,接受行业导师的专业指导和训练,系统掌握工作内容及工作方法,了解行业发展情况,提升专业素养和职场能力。本环节由团校统一组织安排,学员需认真对待并努力完成实践单位交予的各项任务,实训结束后需上交个人实训收获和带有实践单位盖章的《深圳大学学生专业实习情况登记表》,经各系审查合格后可获得学校教务部认可的专业实训学分。

3. 团团调研员

为全面了解青年学生群体的迫切需求和现实难题,发挥优秀青年团员在大学生群体中的代表性和示范性作用,团校学员应在培训期间以小组形式共同完成一次调研活动,主要围绕与大学生密切相关的学习、生活等各类问题进行主动探索,努力做到"观察深大现象,研究深大问题,解决深大事情,提升科研能力",团校也会给出一定数量的课题以供参考。小组成员通过调研收集意见和建议,并商定出合理的解决方案,为学校的发展建言献策。

经过反复推敲与筛选,团校第一期培训班的调研主题定为"如何践行深大精神,建设有灵魂的大学",共有15个小组参与其中,调研要求内容积极向上,围绕校风学风、校园文化活动、学校建设等各方面开展均可,贴近大学生群体的实际生活,样本数据真实可靠,步骤严谨,逻辑清晰;各小组需共同完成一份调研报告,并在结业仪式上进行成果展示和答辩,所得分数计入学员的总考核表中。希望通过调研过程的体验锻炼学员自主探索问题、解决问题的能力,培养团队协作意识和组织沟通能力。

4. 团团公益行

团校将每年4月和11月定为"党团活动月",要求每位学员在团校期间完成规定的公益服务时长(不低于10个小时),可以接受团校统一安排,也可以由各小组自行寻找合适的志愿服务项目,具体内容和要求如下:

(1)团校统一安排:利用课余时间以小组为单位走进中小学校、社区开设课堂、宣传党团知识,课堂内容及形式可由各小组结合实际商讨后决定,如:党团历史普及课程、重走长征路文化课程、党团知识趣味竞赛课程等,旨在弘扬爱国主义精神、增强优秀青少年对于党团组织的认识和了解,树立优秀共青团员的形象,为社会做一些力所能及的贡献。

(2)各组自行开展:各组可报名参加校内外组织的各类志愿服务活动,如关爱特殊儿童、敬老院探访、爱心义卖、城市志愿者、专业研讨会志愿服务等,要求所选活动健康向上、内容丰富、可操作性和执行性强,安全性高,紧密结合时代特征和社会问题,符合青年团员身份,能为社会做出力所能及的贡献。各组在开展活动前需提交立项申请书,获批后方可实施。

(3)实施要求:各组开展活动时需穿着团校统一定制的团服,佩戴团徽,体现团员身份,树立青年团员的良好形象;各组在活动过程中需保留照片、视频等影像资料,充分利用团校微信、微博平台大力宣传活动开展情况,在课程结束后以小组为单位向团校上交个人活动感想,审查合格后学员可获得相应义工时数。

5. 团团卓越星

本部分是团校项目的拓展提升部分,不列入基本考核,主要从优秀基层团干和院团委、学生会、学代会等学生组织中择优选拔学生接受更高层级的培养锻炼,使之成为具备宽广视野和出众能力的青年学生领袖。具体工作开展如下:

(1)与国内各高校进行学生干部工作交流,建立起沟通联络的平台,了解各高校的先进经验和做法,优秀学生干部之间互相交流工作心得和体会,学他人之长补己之短,通过有益借鉴和优化不断丰富学院团学工作的形式及内涵,实现创新突破,也有助于团学骨干更快更好地成长进步。

(2)与企业联合开设"青年领袖训练营",通过制订系统的成长计划,由行业导师带领团学骨干深入职场,完成从理论培训到实战提升,再到报告演说的全过程,体验优秀企业的工作环境及运营管理模式,近距离接触行业高层领导,了解其成功之道,为自己的职场之路奠定基石。

三 项目成效及创新之处

(一)经济学院团校坚持理论课程与实践探索相结合,第一课堂和第二课堂协同发展,实现全方位育人的目标

团员在团校中需依托第一课堂完成多门课程学习,其中既包

括党团基本知识及当前国内外热点问题分析,又包括社交礼仪、演讲技巧、公文写作与策划技巧训练等团干部素质提升类课程,还可以聆听优秀青年之友的经验分享。多元化的课程设置可以提升青年团员对党团的认识,明确自身的权利和义务,强化身份认同,也为团员干部打造了提升自身综合素质的平台。与此同时,团校鼓励青年团员走出象牙塔、深入了解国情社情,在公益服务、实地参观和调研探索的过程中培养积极进取、乐于奉献的精神品质和主动发现问题、解决问题的能力,开阔视野,增长才干,塑造"有知识、有能力、有责任、有担当"的优秀团干部形象。

(二)经济学院团校课程多样化,采用学分制学习模式,设置必修课与选修课,既能实现共性目标,又能满足学员个性化需求

团校设置7门基础必修课(26学分)和8门素质选修课(24学分),共计50学分,每个学员完成38个学分即可达到结业标准,同时其所修全部学分都计入最后的考核成绩中,鼓励学员在有时间、有精力的条件下完成更多门课程学习。8门素质选修课主要包括社交礼仪、演讲技巧与领导力训练、情绪与压力管理、青年学生的职业生涯规划等内容,充分结合当前大学生学习与工作的实际,在共性目标的基础上倡导个性发展,旨在培养高素质的青年团员领袖。

(三)打破以往"布置任务型"的简单模式,更加重视青年团员和团干部自身素质的提升,建立"寓培训于实践"的人才培养模式

团校集中整合优秀讲师、杰出青年校友、中小学校、党团教育基地等各方资源,建立系统化的培训平台,实现对青年团员和

团干部规范完整、可持续的培养，不断为党组织输送优秀人才。广大团员和团干部在接受培训之后，会更有方法、更有效率、更为专业地开展工作，创新性地引领团组织及各基层团支部发展方向，增强内部成员对党团组织的认同感和归属感，提升团组织的凝聚力、战斗力，在服务他人的同时也收获自我成长。同时，团校考核也可以为"优秀共青团干部""优秀团员"等荣誉的评定提供更公平公正的依据。

（四）将团校培训考核与"推优入党"紧密结合，严格规范团员入党流程，完成党团队伍在组织上的衔接

团校成立之后，经济学院学生入党严格按照"班级推优入团校—取得团校结业证书—经党支部讨论通过确定为入党积极分子—经考察确定为入党发展对象—预备党员—正式党员"这一流程执行，切实做到条件公平、程序公开、结果公正。同时，充分发挥共青团作为党的助手和后备军的作用，为开展党团基本理论知识学习提供组织保障和资料保障，加强对青年团员的理想信念教育，引导他们从思想上、行动上积极向党组织靠拢，端正入党动机，提升新党员质量，使党团组织永葆生机活力，走在时代最前列。

（五）采取校社企联合全方位育人模式，整合利用各类资源，提升青年团员综合实力，实现全员育人的目标

团校的各项项目的设置充分利用校园第一课堂和校外第二课堂、企业提供的普通实践和专业实训、社会提供的公益实践来引导学生通过自主思考形成自主行动来完成理论学习及行为实践，践行深圳大学"自立、自律、自强"的"三自"校训精神，向组织和社会展示文化育人的成果。

四　项目总结与建议

深圳大学经济学院"青春团校"项目自实施以来，各项任务有条不紊地推进，基本实现预期目标，在学生思想政治教育工作方面收效显著，品牌项目的影响力持续扩大。为了继续做好团校育人的工作，针对第一期培训班实施过程中的不足，在认真听取师生反馈的基础上，特此提出以下建议和期待：

（一）坚持将思想引领与解决问题相结合，实施分层次培养

团校应当紧扣青年学生思想意识中具有普遍性的关键点，深入剖析其内在原因和逻辑关系，引导青年学生自主地观察社会、了解社会，使他们的认识更理性、更深刻；与此同时，团校要坚持将思想引领与解决学生具体问题相结合，针对不同年级、不同专业学生分别存在的入学适应、学术科研、就业创业、恋爱交友、升学辅导等问题分类提供具体有效的指导和培训，更大限度地吸引青年、感召青年。

（二）建立长效机制，促进团校工作的规范化、系统化

不断完善团校运行的体制建设和制度建设，理顺管理层级和责任分工，用制度来保障各项任务的积极落实；建立健全激励约束机制，比如培训班学员的考核制度和学习档案制度，将学员参加培训的情况计入学习档案，各小组之间也进行考核激励，强化学员的团队精神，同时，将团校考核成绩作为学生干部选拔任用和评选先进的条件之一，实现"上岗必培训"的目标，夯实特区高校思政教育的基础，为党组织输送人才。

（三）完善课堂设计，使团课教学科学化

团校作为培养人才的重要基地，其课程设置必须贴合广大青年学生的实际需求，在确定团校工作目标的基础上，理应将团校

课程科学化，通过座谈、调研、数据分析等途径收集学生需求，制订教学大纲和教学计划，合理安排培训内容、上课形式等；此外，要充分发挥高校的教学资源优势，调动多方面积极性，打造各方参与、多层次、多渠道的青年学生思政教育平台，建立专家人才库，形成长期稳定的培养趋势。①

（四）积极创新活动形式，扩大覆盖面，深入开展"网上团校"

团校要坚持将思想引领与尊重时代特点相结合，准确把握新时代青年学生思维方式和行为方式的变化，用学生喜欢的话语体系进行教育引导，用互联网、手机APP等新兴线上平台和时尚元素创新教育手段。② 团校项目可以结合深大特色，将团课录制成MOOC（慕课）形式供广大学生进行线上学习，减少时间和空间的限制，有效拓宽覆盖面，实现学院全体青年学生的轮训，推动特区高校思想政治教育与时俱进。

第二节　学生危机处置类
——物理与能源学院构建学生思想政治工作预警体系的探索

一　学生思想政治工作预警体系概况

为进一步增强学生思想政治工作的针对性和实效性，物理与能源学院以落实立德树人根本任务为核心，以培育学生健康

---

① 张亚娜：《团校必须做好新时期青年干部的培训》，《陕西青年职业学院学报》2012年第2期。

② 方堃等：《大学生思想教育分类引导模式探究——以华中师范大学团校"三个三培养模式"为例》，《思想政治教育研究》2011年第2期。

发展为目标，创新工作理念和手段，从理论与实践两个层面构建学生思想政治工作预警体系，把思想政治工作贯穿教育教学全过程，实现全程育人、全方位育人，努力开创学生工作新局面。

物理与能源学院探索构建立体式预警体系，以班主任—班委—全班学生为横轴线、以团学义协心协等学生组织为纵轴线，根据工作分工形成平面交叉网络，实现信息互通和保持联络通畅。在平面网络基础上以多种形式构建立体网格，以学生党员—积极分子立体散射线连接，以学代会—各班班长实现立体结构呈现，以各年级设立高一年级班导群体模式实现相邻年级连接互动，再以每年级15—20个学习小组模式实现各年级立体分层互联。两位辅导员老师和副书记以"多重分身"分布在各个网络维系角度中，各种身份的学生干部和"信息员"也在整个预警体系中切实践行"三自"精神，实现有效的自我管理和自我服务。学院学工办联合教工党员和专业教师共同努力，一方面从各个维度弘扬"三自"精神、推进学风建设，开展务实创新院风建设；另一方面对各年级学生开展立体分层的分类管理和分级管理，及时发现和回应学生关切问题，及时收集各渠道反馈的问题，实现学生群体的自我管理、自我培养、自我精致化服务。

预警体系实时将各类问题前置提示或预警，学工办根据反馈的问题和现象，按照学生分级管理状况，采取谈心疏导、批评教育、导师跟进、集体会商等方式进行预警处置，并及时在协作机构范围内进行反馈通报。

二 学生思想政治工作预警体系实施方案

（一）构建学院学生思想政治工作预警体系的必要性

1. 国际环境的变化，给高校思想政治工作提出了新的挑战

作为培养国家现代化建设急需人才的高等院校，成为西方敌对势力进行思想文化渗透的主要目标，面临着西化、分化的巨大威胁。高校如何有效防范西化、分化，维护意识形态安全，抵御和防范敌对势力渗透，加强思想政治工作，预警学生思想政治动态，任务十分紧迫。

2. 国内经济社会转轨转型，对高校思想政治工作转变方式提出了新的要求

市场化的社会环境使学生在个人发展上获得了更广泛的自由度和选择权，也使他们感受到更强的竞争和更大的压力。经济社会转型过程中所产生的一些深层次社会问题，也给青年学生造成了一定程度的负面影响。这些对高校如何进一步转变思想政治工作方式，不断提高应对复杂局面能力、增强为学生服务能力和化解学生内部矛盾能力提出了新的要求。

3. 现代传播技术的发展，给高校思想政治工作带来了新的考验

随着信息技术的迅猛发展，互联网已经实现对高校学生的全面覆盖、全程融入，无日不网、无网不在成为高校学生的基本生活方式，开辟了学生思想政治工作的新阵地，重塑思想政治工作格局和舆论生态。习近平总书记指出，"网上斗争成为一种新的舆论斗争形态，成为我们面临的'最大变量'"，互联网的快速发展，加剧思想政治工作的复杂性，增强了工作难度，对如何运用新媒体新技术使工作活起来，推动思想政治工作传统优势同信

息技术高度融合提出了新的课题。

4. 学生群体的多样性，给高校思想政治工作带来了新的不确定性

当代大学生思想活跃、个性鲜明、独立意识比较强，但他们中也有一些人团结协作、艰苦奋斗精神不足，心理素质欠佳，抗挫折能力比较弱。目前高校部分学生表现出缺乏集体感、班级概念弱，同年级同专业甚至同班同学彼此之间相互不够关心和了解，有个别学生反映自己感觉孤独，有的学生到四年后毕业都不熟悉本班同学，这些都影响了高校思想政治工作的实效性，使得学校教育不能够延伸到每一位大学生，有个别甚至漂移在群体之外。

（二）学院学生思想政治工作预警体系的架构图

构建学院学生思想政治工作预警体系的架构设想是建立一个学生立体网络自主管理结构，配合学生思想政治工作队伍的管理从各个维度开展思想政治工作，保障每个个体都在可触及状态。在学生思想政治工作预警体系里可以对各年级学生开展立体分层的分类管理和分级管理，及时发现和回应学生关切问题，及时收集各渠道反馈的问题，实现学生群体的自我管理、自我培养、自我精致化服务。

1. 平面交叉网络的搭建

探索构建立体式预警体系，以班主任—班委—全班学生为横轴线，以团学、义协、心协等学生组织为纵轴线，根据工作分工形成平面交叉网络，实现信息互通和保持联络通畅。

2. 在平面网络基础上以多种形式构建立体网格

一方面以学生党员—积极分子立体散射线连接，以学代会—各班班长实现立体结构呈现；另一方面以各年级设立高年级班导

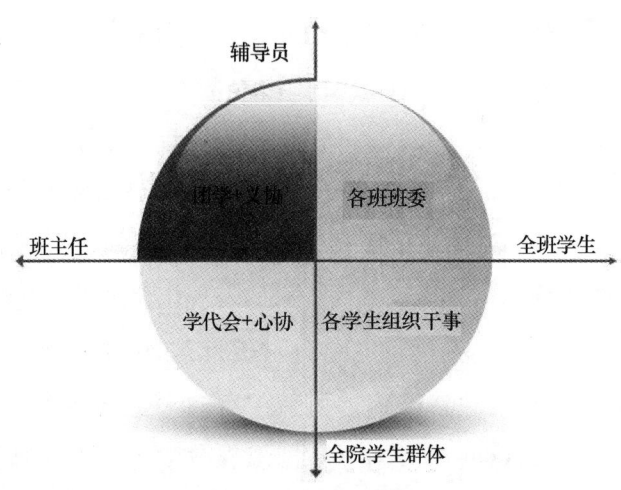

图3—3 预警体系基础平面架构图

群体模式实现相邻年级连接互动,再辅助以每年级15—20个联络小组(或者学习小组)模式实现各年级立体分层互联。通过这样建立的立体网格结构,既能促进学生群体之间的互联互动和相互交流,又可以促进各类交叉互联的年级间、班级间的联系和交互,让每位学生感受集体氛围和集体关注。

3. 高校学生思想政治工作队伍辅以"多重分身"分布在各个网络维系角度中,各种身份的学生干部和"信息员"在整个预警体系中切实践行和指导学生实现自我管理,培养集体精神,实现有效的自我管理和自我服务。高校学生思想政治工作队伍联合教工党员和专业教师共同努力,一方面从各个维度推进务实创新的高校学风建设和校园文化建设,另一方面对各年级学生开展立体分层的分类管理和分级管理,及时发现和回应学生关切问题,及时收集各渠道反馈的问题,实现学生群体的自我管理、自我培养、自我精致化服务。

预警体系实时将各类问题前置提示或预警,学生思想政治工

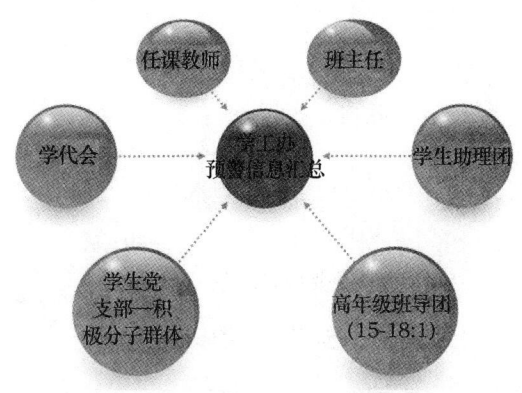

图3—4　预警体系散射线架构图

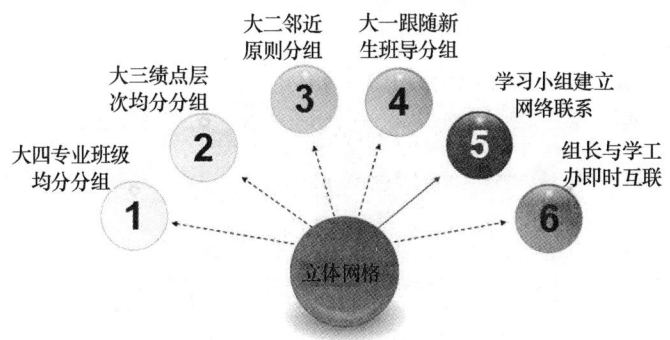

图3—5　预警体系立体架构图

作队伍根据反馈的问题和现象，按照学生分级管理状况，采取谈心疏导、朋辈帮扶、批评教育、导师跟进、集体会商等方式进行预警处置，并及时在协作机构范围内进行反馈通报。

（三）学生思想政治工作预警体系的工作重点

第一，把准学生的思想脉搏，加强对学生的思想政治引领。第二，加强人文关怀和心理疏导，积极回应学生思想关切。第

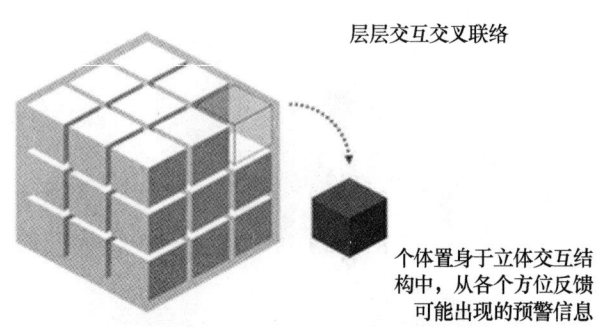

图3—6 学生预警体系立体图

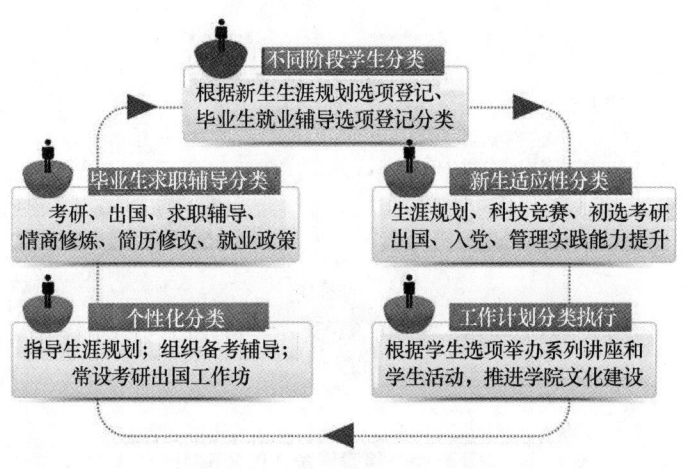

图3—7 学生分类辅导图

三,帮助学业困难学生建立学习信心,顺利完成学业。重点针对学习有困难学生,引导后进学生激发学习热情,掌握科学的学习方法,促进共同进步。第四,关注学生"网上生活",加强网上交流引导。高校学生思想政治工作要把握好互联网这个"最大变量",主动占领"新阵地"、创新思想政治工作"新话语"、运用思想政治工作"新方法","推动思想政治工作传统优势同信息技术高度融合",形成高校网上网下思想政治工作的最大合力。

逐步拟定《学生思想政治工作预警信息系统管理办法》,规范思想政治信息收集渠道,按照统分结合、管理规范、内容齐全、互通联动,收集有序、预警及时的工作要求,建立运行学生思想政治工作信息管理系统,其中包含1个学生思想动态信息库以及收集报送、数据查询、统计分析、预警提醒等4个子模块。形成抓早抓小,即时联动帮扶机制。制定《学生思想政治工作预警信息分类处置办法》,实行思想政治信息定期分析和分类处置会商制度,每月召开一次思想政治信息(问题线索)分析排查会,发现问题苗头,集中研究解决普遍性问题,对具有特殊性、时效性的思想政治信息提出分类处置意见,建立问题台账,分解工作任务,对目标学生实施联动帮扶,切实解决学生的热点难点问题。

三 学生思想政治工作预警体系的应用——学生朋辈自我救助案例

2018年7月暑假期间,本科毕业生小天因一门专业课未能通过考核导致不能正常毕业,以结业生离校。小天在办完退宿手续后显得情绪有些低落,小天的几位同学(原舍友,毕业后保研)感觉到他情绪不佳,分别对他进行开导宽慰,协助他将个人物品搬到在学校附近的出租屋内。

搬到出租屋的第二天下午,其中一名龙姓好友在当天下午3点左右与小天微信聊天,从聊天内容感觉到小天有轻生念头,3点20分立即通过微信的语音通话功能联系另外两位好友,其中一位谢同学距离出租屋相对比较近,他得知情况后非常关注,立即从自己所在宿舍赶往小天所在的出租屋，到达时大约 3 点 40 分。在多次敲门和拨打小天电话均无响应后，果断强行踹门进入房间，并发现小天身体已经有异样，遂马上拨打 120 叫救护车，同时熟悉小天家庭情况的谢同学立即联系了小天的家长。救护车约 3 点 50 分到达事发地，在 10 分钟内送达最近的一家医院急救室。经过医生的及时洗胃抢救，小天同学情况稳定。

小天的家长到达医院时，小天已经情况稳定，情绪也逐渐平复。辅导员老师与小天的家长见面，当面沟通了解小天的病情以及日常的一些言行。从家长口中了解到，小天进入毕业班后有些学习压力，并出现心理情绪，家长也曾建议小天看医生和调整心态，但从未向学院联系和沟通此情况，小天也不愿让老师知道自己出现情绪问题。鉴于此，小天的家长不愿多说小天看心理医生的事情，表示是小天一时的个人情绪变化、自尊心比较强而已，不需要太担心，不是学院的责任，也不想此事太多领导老师和同学知道；沟通过程中得知医院建议办理住院手续进行监护和后续治疗，小天的母亲随后去办理住院手续。在确认小天情况稳定，且小天的父母亲都表示能够陪伴和关心孩子，出院后将直接接回家里休养和调理身心后，辅导员表示后续会时刻关心小天的选课和修读情况，家校互相配合帮助小天。

本案例基于学生思想政治工作预警体系搭建，将各级各班同学细化分组，以建立学习小组模式实现每个小区域范围的立体网格化管理，增加同学们自我管理自我服务朋辈互助，从学业互助互促到竞赛小组再到相邻宿舍联络，逐步形成各类立体网格化的学生间联络体系，从各个角度促进学生朋辈互助，增进同学间交往，也从学生角度防患于未然。

学生思想政治工作预警体系在实践中坚持"五结合"原则：

"内部防控"与"外部联动"相结合;"事前防范"与"预警处置"相结合;"刚性管理"与"柔性服务"相结合;"静态管理"与"动态跟踪"相结合;"激励机制"与"约束机制"相结合。在后期实践中将继续探索网络思想政治工作如何更好实现先知先觉、精准判断,主动推动计算思维、互联网思维在思想政治工作中的融入应用,拓展覆盖面、增强针对性、提升吸引力,把"键对键"和"面对面"有机结合起来,吸引更多学生主动靠近、自动连接,让思想政治工作活起来。

第三节　学业规划指导类
——计算机与软件学院学业困难学生帮扶模型构建与实践

达到学业预警线的学业困难学生,是高校教育教学需要关注的重点对象,也是难点之一。这些学生常常会伴随思想、心理和行为的偏差,他们的消极厌学情绪,也会影响其他学生,其心理问题还可能衍生隐性安全问题。因此,妥善解决学业困难学生的问题,对于高校形成优良学风,建设和谐校园,促进学生全面发展,具有重要的现实意义。因此,不断探索和完善学业困难学生帮扶工作是高校学生工作的重点任务。

一　深圳大学计算机与软件学院学业困难学生帮扶工作

(一) 学业困难学生帮扶工作背景

目前高校对学业困难学生帮扶的研究存在两个方面的缺陷:一是大部分学校对学业困难学生进行"单向式"的帮助,学业困难学生被动地接受老师的安排为主;二是受助者的结果、感想未能反馈到教育部门并促使教育部门从源头作出调整或者改变，所以无法建立持续评估机制和"闭环式"的帮扶机制。

计算机与软件学院从 2014 年开始开展本科国际工程教育，本科专业教育按照华盛顿协议精神来设计。其核心理念：一是以学生为中心，教育的目标围绕学生的培养，每个教育者都必须考虑全体学生，明确教育责任；二是以产出为导向，强调学生为结果而学习，关注整个学校或专业开展的全部教学活动及评价环节；三是建立持续评估机制，注重多种评估、持续评估，持续改进质量，形成闭环的保障机制。

我们要让学生真正成为学习的主体，需要把握以学生为本、因人而异的帮扶原则。因此，在国际工程教育体系指导下，计算机与软件学院学业困难学生的帮扶工作确立了"以学生为中心、以产出为导向，并具有多种且持续的评估和改进功能"的理念。

（二）学业困难学生帮扶模型构建

在学业困难学生帮扶理念的指导下，学院着力构建"以学业困难学生为中心，学生工作办公室为连接点，教师、朋辈、学校相关职能部门、就业单位、家庭参与"的帮扶系统，构建"闭环式"的帮扶模型。借助软件技术，确保 5 个模块之间信息交流和共享顺畅，从而达到对学业困难学生进行精准帮扶。

1. 教师帮扶模块

教师的帮扶主要包括班主任、任课老师、项目导师、学业导师等在专业学习方面的帮扶。

（1）班主任

学生工作办公室每学期整理学生成绩、学业困难学生名单及课表给班主任，班主任每学期与学业困难学生进行谈话，了解学生个性特点及需求，并记录在班主任工作记录本上，学期末交给学生工作办公室汇总。

（2）任课老师

学生工作办公室每学期筛选需要关注的课程及学生名单给对应任课教师，任课教师重点关注学业困难学生上课出勤、作业实验提交情况，每日在教师工作群里反馈考勤及作业情况，同时教学过程中重视学生的情感体验，关注学生的成长和专业能力提升，利用office time每周进行一对一补课。同时开展密切师生关系——课程辅导，学生自主选择辅导课程和老师进行学习。

（3）项目导师、学业导师

本科生在大二以后进入研究所和实验室，跟随老师做项目是激发专业学习动力的一个重要措施。辅导员动员和指导学业困难学生根据自己兴趣和潜能加入各类实验室，督促学生的学习情况，并从实验室了解学生的学习动态。对学习基础较为薄弱的新疆和西藏学生，学院同样在双向选择的前提下为新疆、西藏少数民族学生安排一名学业导师。此外，开展名师工作坊活动，定期邀请老师开展主题工作坊，学生可以根据兴趣自主参与。

2. 朋辈帮扶模块

（1）学生讲师团

学生工作办公室动员学院学习成绩优秀的学生（以下简称学优生）组建成近300人的"学生讲师团"，党员和入党积极分子积极参加，课后为学业困难学生进行课程辅导。自主开发选课系统，由学业困难学生主动选择学优生进行课程辅导，并且设计《学生辅导课程评价反馈表》，让学业困难学生表达本人对辅导课程以及学生讲师的感受，这一做法突出了以学生为中心的导向。

开放学院实验室、师生工作室、党员之家等场地作为自习室供学生自主学习。

（2）朋辈陪伴

学生党员、入党积极分子、学生干部等组成"朋辈陪伴"队伍，在双向选择的基础上，朋辈陪伴者负责督促学生日常生活作息、上课和身体锻炼等。团委学生会组织策划体育活动，提高学业困难学生人际交往等能力，对部分有抑郁倾向的学生有心理调适的作用。

（3）班级模块

班干部包括班长、寝室长、心理委员等，负责了解班级和宿舍的整体情况，每月将掌握的情况定期反馈给辅导员。为低年级的班级开展沙盘游戏拓展培训，辅导员从中了解学生个性特点，并加以引导。

3. 学校相关职能部门帮扶模块

心理辅导中心每年开展心理健康普查并将结果反馈给学院，由辅导员组织面谈确认结果，同时每月上报《学院班级情绪情况汇总表》，与心理辅导中心共同关注需帮扶的学生。

大一下学期全面开展 MBTI 职业人格测试（就业指导办公室提供），收集测试结果并提供咨询和分析，可提前发现不适合本专业或者对专业认同度较低的学生，提前进行干预。

4. 实习和就业单位帮扶模块

通过每年麦可思就业分析报告及就业单位的反馈了解毕业生的就业情况，我们及时了解和掌握学院学生在就业过程中存在的一些问题，如语言表达能力、简历制作能力有待提高，跳槽较频繁等。针对这些问题，我们对在校学生做有针对性的指导和帮助。我们将班会作为每个学生锻炼语言表达能力的主要抓手，要求本科生四年必须在班会上演讲不少于 2 次，每次不少于 6 分钟。同时通过行业简历制作、专业面试技巧等提高学生简历制作能力，举办职业生涯规划讲座及就业经验分享会等树立学生正确的职业观。

5. 家庭帮扶模块

每学期初学生工作办公室整理学业困难学生学业预警通知书、成绩单及课表，并根据学生的实际情况写"给学生家长的一封信"，一并寄给学生家长。同时通过电话与家长联系，确保家长知晓子女的在校情况，并与家长沟通如何帮助学生提高学习成绩，共同帮助学生成长成才。

二 学业困难学生帮扶模型的特色与创新之处

（一）学业困难学生帮扶模型特色

学业困难学生帮扶模式注重多种且持续的评估和改进。

1. 学业困难学生预判——帮扶信息的输入端

学生的信息收集是对学业发展趋势进行准确预判的前提，是做好学业困难学生帮扶工作的基础。预判和跟踪的主要任务是通过收集相关数据，即每年心理健康普查结果、MBTI 职业人格测试结果、学生课堂和实验情况、作业提交情况，期末考试成绩、社会实践、亲子关系、经济情况等，对学生未来学业发展进行预测和判断。将以上数据量化，输入建立学生信息库，在帮扶过程中不断完善信息库信息，并对相关内容和数据进行比较分析，为帮扶者提供参考依据。

2. 持续评估改进，形成闭环——帮扶信息的输出端

首先，学院每月组织院领导午餐会，听取全体学生对培养方案、教学方式和德育工作的意见，形成会议纪要，提交院务会讨

论并推行,从而改进教学和学生工作的各个环节。

其次,借助软件系统,输入学业困难学生的阶段性数据,将结果与其初始状态进行对比,评估帮扶效果,修正帮扶措施。软件系统的使用确保5个模块之间信息交流和共享顺畅,从而达到对学业困难学生的精准帮扶。

最后,每个帮扶模块参与者都要明确他们的责任,帮助全体学生达到学业标准,每个帮扶环节都要持续改进,形成闭环式的学业困难学生帮扶模型。

(二) 学业困难学生帮扶模型创新之处

1. 理论创新

以国际工程教育体系对本科生教育的要求为指引,以人本主义的教育观为理念,帮助学生认识到他们自己的独特性和潜能。学生作为实践者,要从帮扶过程中培养学生自发、自觉的学习习惯,让学生成为学习的真正主体。在国际工程教育体系下,以学业困难学生为中心,动员所有力量帮助学业困难学生,从"教学—学工""课内—课外""老师—学生""学院—家庭"等形成有效的联动机制,构建并实践有效的帮扶模型与激励措施,以保障帮扶工作的顺利传承,建立长效机制。

2. 管理创新

学业困难学生帮扶模型由多条帮扶线同步进行,通过制度及管理确保每一条帮扶线信息的畅通和双向反馈,由学生工作办公室作为连接中心汇总信息和数据,建立学生个人档案,形成学生信息库。

3. 方法创新

依托计算机与软件学院的专业优势,快速、准确筛选出学业困难学生和学优生的相关数据,开发课程辅导选课系统,建立学生信息库，对项目实施过程中各类数据进行汇总和科学的分析，针对大数据分析的结果再进行帮扶模型的完善和实践。

三 学业困难学生帮扶工作初步成效

（一）教师和学生帮扶

学业困难学生帮扶工作得到学院老师的支持，建立"公共服务群"，从老师反馈的考勤信息可以第一时间知道学生上课及作业情况，及时进行干预，避免以往等到学生挂科或者黄牌预警才了解情况，也确保了信息的共享和畅通。党员老师开展的"密切师生关系"辅导，上学期总共辅导27次课程。由学生自主报名参加小团体辅导，可以更有效、有针对性帮助学业困难学生。

学院开展学生讲师辅导课程，自主开发选课系统，由学业困难学生主动选择学优生进行课程辅导。开放学院机房作为自习室，供学生进行晚自习学习使用，同时安排学生志愿者每晚陪伴学业困难学生学习，学业困难学生自习时有遇到不懂的，可请教学生志愿者。据统计，上学期有38名学业困难学生自主选择参加课程辅导，有34名同学期末取得学分占比相比前一学期有所提高，甚至有8名同学的取得学分占比是100%。38名同学中，有33名同学在上学期由于课程取得学分达不到选课学分的一半受到黄牌预警，经过一学期各项帮扶工作的开展和学生的努力，黄牌人数减少为只有13人。

2015级的A同学是其中进步较大的一位学业困难学生。在帮扶工作开展前的一个学期，她的课程成绩是，选了28学分，期末取得8学分，取得学分占比29%，平均学分绩点0.55。上学期A同学主动参加学院组织的各种帮扶活动，选了3位学生讲师帮助辅导课程，并积极参加密切师生关系工作坊教师辅导活动,经过一学期的帮扶和学生努力,A 同学上学期期末取得 22.5 学分,取得学分占比 100%,平均学业绩点达到 1.38。类似的学生例子还有不少,学院也在不断总结经验,通过座谈会和调研等形式,不断调整帮扶模式,以更好地帮助到更多学生。

(二) 其他帮扶工作

除了教师和学生两大帮扶模块,其他开展的工作有,院领导午餐会收集学生问题和意见,主题班会帮助学生更好成长,收集学生心理健康普查结果、MBTI 职业人格测试结果、班主任谈话情况、期末考试成绩、经济情况、宿舍走访情况等数据。收集相关信息和数据,是做好学业困难学生帮扶工作的基础。同时研究如何将数据量化和分析,是系统开发在维度、权重、可信度方面进行人为设定和不断修正的重要基础。

(三) 学业困难学生系统开发工作

学业困难学生系统开发最重要的问题是顶层设计,需要设计好数据库、分析方法和整个流程。目前逐步完善数据库,通过学业困难学生的帮扶工作不断收集各维度的阶段性相关数据,并进行权重人为设定,用科学的方法对数据进行分析,得出学生学业问题等级,并跟实际情况进行匹配、跟进,不断调整各维度的权重,输入学业困难学生的阶段性数据,将结果与其初始状态进行对比,评估帮扶效果,修正帮扶措施。

四 加强对学业困难学生的关注和帮扶

学业困难学生帮扶工作是国内各高校的一项重要工作,学业困难往往伴随心理问题的产生。作为高校的教育工作者,我们应当结合工作实际,掌握一套行之有效的思想教育和帮扶方法,让学生真正成为学习的主体,始终坚持立德树人、以学生为本的教育理念，发挥学生的主观能动性。

深圳大学计算机与软件学院学业困难学生的帮扶工作便是在此基础上，确定了"以学生为中心、以产出为导向，并具有多种且持续的评估和改进功能"的理念，坚持以学生利益为教育工作的出发点和落脚点，关心关爱学生，注重满足学生综合素质的培养与个性差异相统一的个性需求。同时借助学院的专业优势，开发学业困难学生帮扶系统，以达到对学业困难学生情况进行提前预判和精准帮扶，帮助更多的学生顺利完成大学学业，健康成长！

第四节　心理健康教育类
——用心陪伴，照亮你的"心房"

心理健康问题已成为困扰大学生健康成长的主要因素之一。根据国际心理卫生大会的定义，心理健康是指身体、智能及情感、情绪十分协调；在适应环境、人际关系中彼此谦让；有幸福感；在工作和职业中，能充分发挥自己的能力，过有效率的生活。大学生正处在人生发展的重要时期，将逐步完成从青年到成年的过渡及转变。然而在转变过程中会遇到各种困惑和矛盾，来自学业、人际关系、就业等方面的压力会让他们感到前所未有的孤独、迷茫及困惑，主要面临的心理问题有抑郁症、焦虑症、强迫症、躁狂症、社交心理障碍、网络成瘾等。为此，高校辅导员本着助人的原则，及时干预、积极陪伴并正向面对。现根据实际情况，以大学生抑郁症为主题总结案例，凝练经验，充分展现高校辅导员新时代下大学生指导者及引路人的重要作用。

一 案例概述

2016年的一天下午，接到李四同学（化名）反馈，其室友刘欢同学（化名）入校半年来，行为孤僻、反应迟缓、情绪低落，常常在宿舍哭泣，经常逃课或在课堂上表现异常，爱独处或沉浸在自我的世界中，不愿与同学们小组讨论及合作完成作业，更不参加集体活动，每日早出晚归，常常彻夜失眠并在宿舍内保存有大量中成药剂，偶尔会有破坏东西或喊"杀杀杀"的表现。为进一步了解情况，我第二天上午紧急约谈了刘欢同学。

上午10点，刘欢同学走进学院办公室，身着厚外套（当时是夏天）、双耳戴耳机（内无歌声）、背重书包、手持水杯，两眼无神，步伐缓慢且轻飘飘。在短短一小时内，我与刘同学就学业问题、家庭问题、人际交往问题、个人成长史等进行沟通，但其均表现出没精打采、被动回答、精神不集中、反应迟缓、眼神闪避等症状。

从刘欢同学及其父母的陈述中得到的信息：家境一般，父母均为个体工商户，家中还有一个弟弟和一个妹妹，从小聪明伶俐，爱好音乐、舞蹈、美术、小说、动漫等。在其中学时，在校期间遭受校园暴力，被校霸在厕所内殴打并讹诈财物，不敢同父母及家长反馈，成绩一落千丈，老师及家人对其比较失望。后因沉溺于日本动漫及cosplay，不为父母所理解，父亲为此扇了其一耳光并将其动漫物品全部摔碎，从此与父母不再进行任何沟通。在高三那年，其曾在房间内有过自杀行为，后被家人及时解救。母亲为确保其安全，带其前往中医馆开具大量中药，每日服用，直至大学，依旧坚持。

二 案例定性分析

刘欢同学寡言少语、性格内向、情绪低落、意志消沉、行动迟缓、行为孤僻且怪异，特别是其高中时候的自杀事件，需要特别引起关注。通过了解刘欢的家庭情况和成长经历，初步推测其可能患有重度抑郁症。

三 解决思路

（一）分析问题诱因

1. 家庭因素

孩子在遭受校园暴力问题后未及时关注并解决，对孩子的兴趣爱好未给予理解，处理办法欠妥，父母的沟通方法、教育方法有待改进。

2. 个人因素

个人存在不良认知，未及时就校园暴力问题同父母及老师反馈解决；个人沟通方式存在问题，未就个人兴趣问题同父母合理沟通解释。

（二）解决方法

冰冻三尺，非一日之寒。刘欢的症状是其成长过程中问题的长期累积和爆发。通过真诚地与刘欢同学进行沟通，我们之间建立了基本的信任。为了有效地帮助到刘欢同学，确保其健康快乐地在校学习，我尝试通过药物治疗、心理辅导及积极陪伴的方法，将人文关怀融入心理辅导中去。

四 实施办法

(一) 陪同其前往专科医院治疗并监督服用药物

由于刘欢同学情况严重，故立即携其前往康宁医院进行问诊。根据学校与康宁医院签订的协议，可直接前往绿色通道挂号急诊。经由医生一系列专业测试、心理测试及问诊，最终诊断刘欢同学为重度抑郁并开具了一周的药物，要求家长或老师作为监护人监督服药。出于对刘欢同学人身安全的考虑，我随后同刘欢同学的父母取得联系，并就相关情况进行详细沟通，亦将后续解决方案进行描述，要求父母尽快到校商量解决问题的办法。

(二) 心理辅导及陪伴

1. 引导其进行合理情绪宣泄和调适

刘欢同学喜欢音乐及美术，因此首先鼓励他在情绪难以控制的时候转移注意力，以绘画的形式将情绪描绘出来，充分发挥个体的积极性、创造性和主动性。通过对其情绪绘画作品的收集及分析，艺术心理疗法对其个人心理变化起到了重要的影响。其次是加强与刘欢的联系，通过定期约谈刘欢同学，对其一段时间内的情绪进行关心及了解，建立更为稳固的关系。最后是改善刘欢同学的沟通方法，通过引导其参与一些口语类活动、培训讲座等，尽我所能地为他提供展示自我的机会，并及时给予鼓励，以此加强其与同学间的联系及沟通，使其在沟通方法及技巧上取得进步。

2. 采用心理沙盘游戏治疗法

这种辅导方法是使用沙、沙盘以及有关人或物的缩微模型来进行心理治疗与心理辅导的一种方法，主张充分利用非言语交流和象征性意义，强调创造过程本身的自主性和自发性，最大限度地给人们以想象的自由,允许人们精心构造和发展自己头脑中任意驰骋的各种主题。通过与学校心理辅导中心联系,定期邀请刘欢与校心理健康老师做沙盘游戏,为其构建一个自由、受保护的空间,让其在沙盘内用各种模型、玩具摆弄心灵故事,使其与无意识接触并表达和发泄超语言的经历和被阻碍的能量。这种接触与表达,可促进激活、恢复、转化、治愈、新生的力量,对其心理健康的维护、想象力和创造力的培养、人格发展和心性成长都有很大的促进作用。

（三）解决其日常学习及生活中的实际问题

除了心理辅导与陪伴,还要重点解决学生遇到的实际问题,在实际工作中给予其帮助和关爱。如在日常生活中,积极引导他参与学院的活动及专业竞赛,给予精神鼓励,引导他认识到自己的优点,探索自身价值,培养良好的情绪；针对刘欢同学家庭因素的影响,积极同其父母沟通情况,并建议父亲或母亲陪读,在日常生活中予以积极陪伴及关注,加强双方间的沟通,同时鼓励刘欢同学打开心门,化解与父母间的隔阂。

五 经验与启示

（一）建立畅通反馈机制

宿舍舍友及时的反馈,让我们及时地发现了刘欢同学的心理问题及异常,及时干预并预防突发事件的发生,所以畅通的反馈机制在学生工作中显得十分重要。不仅要注重培养心理委员及时汇报、主动沟通的意识,还需要完善班主任、辅导员、心理辅导中心等的畅通信息反馈沟通机制,时刻掌握异常学生的思想动态,一旦发现问题,立即协调解决。本次刘欢的问题是由室友反馈的,而班级心理委员在日常工作中未及时发现上报。鉴于心理委员日常工作内容及要求，建议在学院内建立二级心理辅导工作站，为学院内解决心理异常问题及完成心理委员工作提供空间。

（二）建立良好的陪伴关系

同学们在学院办公室时，多少会有不同程度的防御及抵触心理，他们都会选择性地给予回应。起初，刘欢同学表现出没精打采、被动回答等特征，经过一段时间的相处及沟通，我的诚恳态度和认真倾听取得了他的信任，他也把内心深藏已久的矛盾和问题——呈现，讲到校园暴力、与父母的隔阂、自杀事件时，他抱着靠枕痛哭，这应该是几年以来最彻底的一次发泄。我没有打断他的内心告白，没有安慰他的眼泪，只是在他需要倾诉的时候做一个倾听者和陪伴者。在我看来，咨询关系主要在于倾听、理解、共情、陪伴和支持。在心理问题的解决上，找好切入点，学会把教育的主动权交给学生。咨询的学生宣泄了不良情绪，看到了最真实最无畏的自己，也赋予了自己努力去改变去生活的勇气和力量，跨越了一个个看不见的障碍，这就是陪伴的意义。

（三）加强对特殊群体学生的无条件积极关注

辅导员老师应加强对存在思想困惑、经济困难、学业困难、心理异常等特殊群体学生的沟通及关注。作为一名辅导员，不仅要对工作有热情，还要具备对学生工作的敏锐性，更要贴近学生的学习生活，以"真心、专心、用心、细心"的积极态度，认真做好每一位学生的思想政治教育工作。要重点做好特殊群体的思想政治教育工作，并组织学生工作干部及党员进行一对一的爱心帮扶活动，最大限度地满足特殊学生群体的合理需求，切实帮助学生解决思想上、学习上、生活上、行为上和生理上的困难和问题，让学生在助人、自助中体验到人文关怀。

（四）家庭教育对个体成长的重要作用

父母是子女心理发展最重要的资源，是心理健康发展的起点和基石。从刘欢身上可以看到，其心理问题来源于中学时的创伤经验及家庭因素。在校园暴力问题上，刘欢未及时同父母老师反馈；在个人兴趣爱好上，他也未合理地向父母表达个人想法，反而封闭自我。父母方面，未曾关注到刘欢同学在经受校园暴力时的情绪变化，未对其兴趣爱好表示尊重及理解，未注意同子女的沟通方式，进而在有效的时间内改变认知及建立良好的关系。父母对孩子内心世界的关注不够、沟通方法不当、教育方法不当，这些都是导致刘欢同学出现心理异常问题的重要因素。因此，应高度重视家庭对子女心理发展的影响，使家庭教育与学校教育形成合力。

第五节 就业创业辅导类
——大学生职业辅导常见案例与应对

大学是明确职业方向、确定职业目标的关键时期，职业生涯规划是学生在大学生活中需要面对的一个重要人生课题。处于不同年级的学生面临着不同的职业生涯困惑，对于高校教育工作者而言，大学生的职业辅导是一项重要而有意义的工作。如何根据不同的问题给予学生相应的辅导和正确的指导显得尤为关键。大学生职业辅导包括帮助学生进行自我认知探索、了解工作世界、进行职业决策、制订行动计划、简历面试指导、就业法律法规等多个方面。我接触学生职业辅导已超过三年时间，接待从大一新生到研究生的来访者已有近百人，案例涉及不同学院不同专业，现结合工作中的真实案例将大学生职业辅导的常见问题及辅导思路进行总结整理,以供教育同行们交流参考。①

第一类:专业选择问题

此类问题主要出现在大一和大二的学生身上,特别是在每年申请转专业和申请辅修双学位的时候出现。学生出现的主要问题包括:不喜欢本专业是否该转专业?不确定是否对某个专业感兴趣?对本专业没兴趣又转专业失败了怎么办?是否该辅修双学位?等等。

案例:小林是某理工科专业的大一学生,对新闻传媒类工作很感兴趣并已有过不少实践实习经验,包括电视台记者、新媒体公众号编辑、纸媒类编辑。小林很想从事媒体新闻方面的工作,对目前专业没有兴趣,也不想从事专业对口的工作。所以想转到新闻传播类专业,但是顾虑媒体类工作工资低又担心放弃目前的专业会不好。面临当前选择的困惑,不知自己该做何选择。

辅导思路:既然对两个专业都有顾虑和担忧,说明心中有纠结。不妨引导学生分别想象一下五年后转专业和不转专业的最好结果和最坏结果是什么样的。让学生对每个选项描述一个最好故事和最坏故事,辅导老师可以启发学生详细描述故事的具体情境、人物、细节信息。接着对这两个最好故事做比较,最想要哪个?对两个最坏故事做比较,最不可以接受哪个?你可以做些什么避免最坏故事发生?当学生发现即使是最坏的结果也能接受的时候,内心也就放下纠结不再冲突。接下来可以好好准备转专业考试,不管结果如何都可以接受。与学生商定下一次辅导的目标

---

① 按照行业规范,文中所涉及的案例均得到来访者的知情同意,并进行专业化处理,隐去相关个人信息,适当改编,以保护个人隐私。

在于如何准备转专业考试，制订行动计划，提高成功率。

第二类：职业目标定位问题

职业目标可以说是大学生们最关心的一个问题，也是职业辅导中占比最多需求最大的问题，从大一学生到研究生都逃不开这个困惑。大学生的痛点在于对自我认知不清晰，不知道自己的兴趣所在、能力优势、价值观，再加上对职业世界的不了解，如何能够找到自己的定位？职业目标的缺乏就像航行中迷失方向的船只，会让学生感到茫然焦虑无助。

案例1：小青是一名工商管理专业的大二学生，小青表示自己在这个专业没有学到什么，对未来的工作感到迷茫，不知道自己喜欢什么以及能做什么。小青虽然从事过一些兼职，但是对工作世界并不了解，也没有职业方向，感到很迷茫。

辅导思路：这个案例是典型的大学生常见职业目标定位问题，大学生人生经历有限，往往对职业世界茫然不知，不了解有什么样的工作可以从事、企业有哪些职能岗位、工作的内容和要求是什么。而大学生又处于建立正确职业认知观念的重要时期，有必要为他们提供一定的行业、企业、职业信息。所以作为职业辅导老师本身需要大致了解工作世界的分类、岗位职能和行业趋势，在学生完全对工作世界没有概念的时候，通过简单介绍让他有一个基本的职场岗位概念和职业认知，并教给学生寻求信息的途径和方法，再让学生回去对感兴趣的职业和岗位进行深一步的探索，下一次辅导时带着收集到的信息与老师进行深入分析。

此外，这个案例的学生对于自己的兴趣、能力、价值观也不清晰，所以辅导需要分别从这三个方面进行探索，结合收集到的职业信息进行分析确定职业目标。

案例2：小张是医学专业某方向的研究生，未来一年即将面临毕业。小张认为这个专业的科研和技术方向不太适合自己,自己能力也不够,所以想从研究转做这个行业的销售或者市场。另一方面,小张也对公务员感兴趣,但不了解这个职业是否能提供给自己想要的生活条件。他又表示自己在行动力上比较弱,容易因为有退路而不去努力。

辅导思路:这个案例是转行类型的职业定位,学生本身对职业已经有过一些思考,也对自己有一定的认知了解。所以辅导可以从人生价值观的角度深度分析哪个选择更接近学生的价值观和想要的理想生活。对于行动力不足的问题,这个也是很多学生的通病,需要帮学生明确这个选择对于自己的价值以及意识到不努力行动带来的后果和遗憾。学生表示当想放弃的时候认识到这些,就会有动力去努力。并且可以根据现有的资源和人脉,和学生一起制订半年的行动计划,也是推动学生行动的有效办法。此外,除了帮助他探讨目前的两个选择外,辅导老师还可以帮他拓展其他职业的可能性,看看是否还有其他职业选择。

第三类:毕业路径选择问题

此类问题可以说是大三、大四学生的通病了,他们几乎都会问同一个问题:老师,你说我是该出国,考研,还是就业呢?面对毕业后的多种选择,学生往往容易产生从众和跟风的心理,盲目地考研、出国、考公务员,却无法认清真正适合自己的道路。

案例1:欣欣是一名环境设计专业的大四学生,她困惑于室内设计这几年不好就业,尤其是作为外地女生更想进设计所,但是能力不够,对于是否出国以及未来的职业方向感到迷茫。欣欣谈到自己是因为兴趣而从事设计类的专业,并且希望未来转向景观设计的方向。但是家人更希望她找到像老师这种稳定的职业,所以她同时在准备教师资格证的考试。她自己也认同如果考到教师资格证留一条后路也是很好的。欣欣在大学阶段有国外交流经验，同时在考虑本科毕业后出国读硕士，但对于专业的选择犹豫不定，父母希望她不继续读设计类而转成语言类或管理类专业。目前面临不同的路径多个选择不知如何决策。

辅导思路：对于毕业后路径选择问题的关键在于"跨越选项看目标"。出国或者考研只是手段并不是目的，最终的目的都是更好地就业。所以是否出国或考研的根本在于升学这个手段是不是实现目标的必需，也就是想从事的目标职业是否需要一个硕士学历，还是更重视工作经验。所以对于路径选择的困惑，首先需要明确学生的职业目标是什么，学生对这个职业了解多少，是否有过相关的实习实践经历，对于这个职业来说硕士学历是不是必需？还是只是一个加分项，更重视实践经验。这时候就需要评估升学的价值了，因为这个问题的关键在于：假如同样的时间成本，硕士学历和工作经验哪个对你实现职业目标的价值更大？

如果学生对于自己的职业目标都模糊不清，就需要先进行职业目标的探索和定位。只有明确了目标，对路径选择的探讨才有意义。不然就是为了升学而升学，出国或考研几年后同样会面临职业选择的困境，而且在这个过程中付出的时间、金钱、职业成本更大。在这个案例中，同时还需要澄清父母对于该学生决策的影响程度，也就是自己是否具有决策权以及决策后如何与父母沟通等问题。

第四类：生活平衡问题

大学生活丰富多彩，从忙碌的社团生活到各种的兼职实习再到跃跃欲试的创业机会，当纷纷向学生抛来橄榄枝的时候，难免让人分身乏术。一天只有 24 小时，如何平衡好学习和业余生活成为一个难题。如何在众多机会中进行取舍也是一种需要学习的智慧。

案例：小陈是一名大一学生，已经在尝试创业，自己很喜欢，是这个公司创业团队里的一员，目前发展不错，前景可观。同时还有一个兴趣方面的俱乐部，作为主要负责人之一，并得到了上司认可。如果大学期间继续待在俱乐部，毕业后可以直接就业于这个俱乐部。小陈认为这两者他都可以兼顾，前者更侧重建立事业，后者更侧重兴趣发展，时间上目前没有分配问题。小陈表示即使以后创业也最好要有一定的文凭，而他的专业目前需要付出大量的时间和精力去学习，他个人更注重能力的培养和训练，成绩方面不突出，常常感到不顺心。

辅导思路：这个案例是典型的多角色冲突造成生活平衡问题，对于这类问题的辅导需要先澄清现状的时间分配情况，从中梳理出导致生活不平衡的原因和影响因素。让学生意识到不同角色是否可以兼顾（如案例中学生和工作者两个角色），如果不能兼顾，需要引导学生明晰目前的重点角色进行取舍，暂时放弃非核心的任务。如果可以兼顾，则需要根据当下的核心任务，对于不同的角色采取不同的时间分配策略，有侧重点地发展角色从而实现生活平衡。同时提高时间管理的效率，老师可以分享一些时间管理的技巧，与学生探讨相关的有效措施并帮助学生制订时间任务管理计划来促进行动。

第五类：求职面试问题

大四的学生面临求职应聘，难免会遇到各种问题：投了很多份简历却石沉大海怎么办？面试中的自我介绍应该怎么说？如何应对面试中的刁钻问题？性格不张扬如何在群面的无领导小组讨论中脱颖而出？有两个工作 offer 该怎么选？公司要求先签三方协议，但又有了更好的工作机会怎么办？面对这些问题，老师们需要有意识地学习简历和面试技巧并在实际中积累相关经验才能给予学生正确的指导。

案例1：小涛即将毕业于非重点大学行政管理专业，学习成绩中等，在校期间做过几份实习，但都不是知名企业。参加过一些社会实践活动，但没有做过团队管理者，没有特别突出的技能。小涛有意愿应聘营销专员的岗位，但不知道如何根据自己的经验撰写简历，所以前来求助。

辅导思路：简历辅导的重点在于展示个人能力，体现出与所应聘岗位的匹配度。好的简历都是针对某个岗位定制的，所以简历辅导前需要先明确所应聘的岗位要求。如案例中的营销专员，可以通过分析招聘信息中的岗位描述明晰应聘者所需的能力和特质，并结合学生的自身经历明确与岗位之间的匹配。如果学生的经历可以反映相关的能力就需要在简历中重点体现，可以通过一些写作技巧，如用数字量化工作成果、通过排版突出重点、对应职位描述的关键词等展现亮点。另外，关注简历的细节是辅导的另一个重点。简历的细节决定成败，包括错别字、段落间距舒适、中英文标点不混杂使用、边距留白得当、格式统一等。细节也是体现个人特质和求职态度的一个方面，有的学生简历内容不错，但输在细节上，影响了整体印象岂不可惜。

案例2：小李是计算机专业应届毕业生，经过两轮的面试后，小李收到了某科技公司发出的《通过公司面试的通知》。通知中载明，小李通过了科技公司的咨询顾问岗位面试，为确保小李掌握岗位相关的知识、技能，胜任入职后的工作需求，该公司将对小李进行相关培训，公司与小李各负担培训费用的50%。考虑到该行业的发展前景，小李向科技公司缴纳了培训费2万元。然而，五个月的培训后，科技公司并未与小李签订劳动合同，也未向小李提供工作岗位。已经错过求职时机的小李只得将科技公司诉至法院,要求科技公司返还培训费2万元。

辅导思路:《劳动合同法》第十条规定:"建立劳动关系,应当订立书面合同。"所以老师需要提醒学生,入职公司的时候要签订劳动合同保障自身权益。如果公司未按规定时间与学生签订合同,根据《劳动合同法》第八十二条:"用人单位自用工之日起超过一个月不满一年未与劳动者订立书面劳动合同的,应当向劳动者每月支付二倍的工资。"学生可及时根据相关法律维护自身权益。

《劳动合同法》第九条明确规定:"用人单位招用劳动者,不得扣押劳动者的居民身份证和其他证件,不得要求劳动者提供担保或者以其他名义向劳动者收取财物。"所以老师应提醒学生,如果有公司入职时要求应聘者支付培训费,都需要小心具有欺诈嫌疑。如案例中的公司明显违反相关法律规定,老师可建议学生通过法律途径解决。法院经过审理发现,科技公司在五个月的培训期内并未对小李进行正规、系统的课程培训,亦未对小李进行相应考核,故判决科技公司应向小李返还2万元培训费。

大学生职业辅导是一项任重而道远的工作,短期来看,职业辅导会直接影响学生的求职应聘和就业质量;长远来看,职业生涯规划关系到学生一生的职业发展和生涯平衡。在现实中接触到不少的学生案例,职业问题看似虽小,但如果学生不及时解决或求助而采取逃避拖延的态度,有的职业问题并不会自动缓解而是会继续发展,在这个过程中有可能会引发学生的情绪心理问题和其他家庭矛盾等,严重的甚至产生轻生念头。职业辅导是一门专业性和实践性兼具的学科和工作,作为高校辅导老师,一方面需要增强自身的辅导水平和专业理论知识,在实践辅导工作中积累经验；另一方面也需要加强职业生涯规划的宣传和教育，提高学生对职业规划的重视，认识到职业问题在每个人的生涯中都有可能遇到并懂得遇到问题时采取积极的态度和行动，知道如何寻求帮助的途径。

参考文献

一 著作类

陈平原:《大学何为》,北京大学出版社2006年版。

陈万柏:《思想政治教育学原理》,中国人民大学出版社2012年版。

陈志军:《社会主义核心价值体系融入大学生思想政治教育全过程研究》,光明日报出版社2009年版。

邓洪波:《中国书院史》,武汉大学出版社2012年版。

费孝通:《论文化与文化自觉》,群言出版社2005年版。

冯友兰:《中国哲学简史》,北京大学出版社2013年版。

耿乃国:《高校辅导员工作理论与实务》,北京师范大学出版社2011年版。

《加强和改进大学生思想政治教育重要文献选编（1978—2008）》,中国人民大学出版社2008年版。

金耀基:《大学之理念》,牛津大学出版社2000年版。

李宣海:《文化建设视阈中的思想政治教育》,东华大学出版社2012年版。

刘铁芳：《古典传统的回归与教养性教育的重建》，北京师范大学出版社 2010 年版。

骆郁廷：《思想政治教育原理与方法》，高等教育出版社 2010 年版。

《马克思恩格斯选集》（第 1 卷），人民出版社 1995 年版。

《毛泽东选集》，人民出版社 1991 年版。

钱穆：《新亚遗铎》，生活·读书·新知三联书店 2004 年版。

钱穆：《中国文化精神》，九州出版社 2012 年版。

沈壮海：《思想政治教育有效性研究》，武汉大学出版社 2016 年版。

沈壮海：《中国大学生思想政治教育发展报告 2015》，北京师范大学出版社 2016 年版。

谭德礼等：《当代大学生思想特点及成长成才规律研究》，人民出版社 2012 年版。

滕尼斯：《共同体与社会》，商务印书馆 1999 年版。

习近平：《决胜全面建成小康社会 夺取新时代中国特色社会主义伟大胜利——在中国共产党第十九次全国代表大会上的报告》，人民出版社 2017 年版。

《习近平谈治国理政》，外文出版社 2014 年版。

肖永明等：《书院传统与当代大学教育》，湖南大学出版社 2017 年版。

张楚廷：《教育哲学》，教育科学出版社 2006 年版。

张岱年等：《中国文化概论》，北京师范大学出版社 2004 年版。

张祥云：《大学教育回归人文之蕴》，中山大学出版社 2004 年版。

张耀灿：《思想政治教育学原理》，高等教育出版社 2015 年版。

郑永廷：《思想政治教育方法论》，高等教育出版社 2018 年版。

中共中央党校：《以习近平同志为核心的党中央治国理政新理念新思想新战略》，人民出版社2017年版。

中共中央文献研究室：《十八大以来重要文献选编（上）》，中央文献出版社2014年版。

中共中央文献研究室：《十八大以来重要文献选编（下）》，中央文献出版社2018年版。

中共中央文献研究室：《十八大以来重要文献选编（中）》，中央文献出版社2016年版。

中共中央宣传部：《习近平总书记系列重要讲话读本》，人民出版社2016年版。

[美] 约翰·S.布鲁贝克：《高等教育哲学》，浙江教育出版社2001年版。

[德] 卡尔·雅斯贝尔斯：《什么是教育》，邹进译，生活·读书·新知三联书店1991年版。

二 期刊类

陈宝生：《切实推动高校思想政治工作创新发展——深入学习贯彻习近平总书记教育工作重要讲话精神》，《光明日报》2017年8月4日。

陈继红、王易：《中国传统文化与思想政治教育研究的论域、问题与趋向》，《思想理论教育导刊》2013年第11期。

陈勇等：《论新形势下立德树人思想要求的拓展与提升》，《思想政治教育研究》2017年第11期。

戴锐、曹红玲：《"立德树人"的理论内涵与实践方略》，《思想教育研究》2017年第6期。

冯刚、房正：《把高校思想政治工作推向新高度》，《教育研究》

2017年第7期。

冯刚、王振：《着眼大学生成长发展需求，构建培育践行社会主义核心价值观长效机制》，《思想理论教育导刊》2017年第2期。

顾海良：《新时代高校思想政治教育的理论指导和发展理念》，《思想理论教育导刊》2018年第1期。

郭俊：《书院制教育模式的兴起及其发展思考》，《高等教育研究》2013年第8期。

侯勇：《新媒体视域下青年思想政治教育的话语困境》，《中国青年社会科学》2017年第2期。

李建国：《文化育人的哲学反思》，《高等教育研究》2014年第4期。

李进付：《"因事而化、因时而进、因势而新"的内在意蕴及方法论意义》，《思想教育研究》2017年第5期。

李艳：《思想政治教育话语权的内在规定》，《马克思主义研究》2016年第3期。

李艳艳：《深刻把握高校思想政治工作的时、势、事》，《思想理论教育导刊》2017年第6期。

林伯海、张军琪：《当代大学生成长规律探究》，《思想教育研究》2017年第8期。

刘川生：《在大学生中培育和践行社会主义核心价值观　为实现伟大"中国梦"提供重要思想支撑》，《思想教育研究》2013年第6期。

刘铁芳：《大学文化建设：何种文化　如何建设》，《高等教育研究》2014年第1期。

刘献君：《论文化育人》，《高等教育研究》2013年第2期。

刘云山：《深入学习贯彻习近平新时代中国特色社会主义思想》，《人民日报》2017年11月6日。

骆郁廷：《文化发展视域下的大学生思想政治教育》，《思想教育研究》2012年第3期。

骆郁廷、项敬尧：《论新时代思想政治教育创新发展的基本遵循》，《思想理论教育》2018年第1期。

佘双好：《高校思想政治工作的新变化、新观点和新趋向》，《青年发展论坛》2017年第1期。

《始终坚持社会主义办学方向——二论学习贯彻习近平总书记高校思想政治工作会议讲话》，《人民日报》2016年12月10日。

宋志臣：《教育文化论》，《教育研究》2012年第10期。

苏国红等：《习近平"立德树人"教育思想的主要内涵及其实践要求》，《思想理论教育导刊》2018年第3期。

王石径：《新时代大学生思想政治教育改革创新的方法论研究》，《教学与研究》2018年第2期。

王习胜：《当前思想政治教育的主要矛盾与发展趋向》，《马克思主义研究》2015年第9期。

王学俭、刘珂：《融入日常生活：思想政治教育的微观建构》，《思想教育研究》2015年第2期。

习近平：《把思想政治工作贯穿教育教学全过程　开创我国高等教育事业发展新局面》，《人民日报》2016年12月9日。

习近平：《坚持中国特色社会主义教育发展道路　培养德智体美劳全面发展的社会主义建设者和接班人》，《人民日报》2018年9月11日。

习近平：《青年要自觉践行社会主义核心价值观——在北京大学师生座谈会上的讲话》，《人民日报》2014年5月5日。

习近平:《在庆祝中国共产党成立95周年大会上的讲话》,《人民日报》2016年7月2日。

习近平:《在哲学社会科学工作座谈会上的讲话》,《人民日报》2016年5月19日。

张楚廷:《大学人文教育与人的解放》,《高等教育研究》2011年第2期。

张应强、方华梁:《从生活空间到文化空间:现代大学书院制如何可能》,《高等教育研究》2016年第3期。

郑永廷:《把高校思想政治工作贯穿教育教学全过程的若干思考》,《思想理论教育》2017年第1期。

周谷平、王胡英:《高校优秀辅导员基本角色形象及其特征》,《高等教育研究》2015年第1期。

周苏娅:《对高校开展中华优秀传统文化教育的思考》,《教育探索》2015年第5期。

后 记

"立德树人"是当今高等教育共同面对的重大时代命题,作为培养人才的系统工程,高等教育要始终紧紧围绕立德树人这个中心。习近平总书记在出席全国高校思想政治工作会议时强调指出,高校立身之本在于立德树人。立德树人是教育的根本任务,也是大学生思想政治教育的内在要求。立德树人与思想政治教育有着内在一致的价值追求,加强高校思想政治工作是确保中国高等教育健康发展,落实立德树人根本任务,培养更多优秀人才的根本保证。为贯彻落实习近平新时代中国特色社会主义思想和党的十九大精神,进一步推进落实《深圳大学文化创新发展纲要》有关立德树人的工作部署和要求,加强对纲要实施的理论总结和价值提升,党委学生工作部组织开展立德树人理论与实践研究。

本书围绕大学生思想政治工作展开研究,集理论思考、实践探索和案例探讨于一体,重点围绕当前学生思想政治工作的重点、难点和热点问题,就如何提高大学生思想政治教育工作的科学化水平,增强思想政治教育工作的针对性和实效性,在工作思路、方法创新和实践途径等方面开展研究。同时对深圳大学近年来在落实立德树人工作方面的实践经验进行总结与提升。本书旨

后 记

在加强工作研究、深化实践成效、提升理论素养，以理论创新推动工作创新，为今后学校立德树人工作的进一步提升提供理论基础与实践路径。

本书导论和第一章理论探索篇中的 8 篇论文均由党委学生工作部姜慧颖供稿，其他部分的作者分工如下：第二章：第一节：姜慧颖，党委学生工作部；第二节：曾庆璋、文钰欣、朱亚彬、侯琼琼，学生资助中心；第三节：周红，心理辅导中心；第四节：尼加提·买买提，民族学生工作办公室；第五节：吴宜璇，创业创客指导中心；第六节：刘瑶，学生事务服务中心；第七节：龙晓丽，辅导员工作办公室；第八节：苏鹏飞，武装部。第三章：第一节：赵瑶，经济学院；第二节：郑纯、张建霞、张兆荣，物理与能源学院；第三节：黄晓聪，计算机与软件学院；第四节：刘东，艺术学部；第五节：孙竞，学生就业指导中心。本书所有供稿者都是奋斗在一线的学生工作者，其中大部分是辅导员，具有丰富的学生工作实践经验，是学校学生管理和思想政治工作的主力军。

由于学生思想政治工作是一项复杂的系统工程，加之水平有限，本书肯定存在不少疏漏和不足，殷切期盼同行和读者批评指正！

编者

2020 年 11 月 6 日